CAHIERS
D'ÉCONOMIE POLITIQUE

PAPERS
IN POLITICAL ECONOMY

66

2014

L'Harmattan

Depuis 1974, les *Cahiers d'économie politique* sont un lieu privilégié pour les discussions théoriques qui prennent en compte toute la dimension historique de la discipline économique. Considérant que l'étude des auteurs passés et les débats actuels en analyse économique peuvent mutuellement s'enrichir, ils publient des articles qui relèvent de l'histoire de la pensée économique, de la philosophie économique, ou qui se situent à l'intersection de l'histoire de la pensée et de la théorie économique contemporaine ou de l'histoire économique.
Les *Cahiers d'économie politique* publient deux numéros par an, généralement en juin et décembre. Un de ces deux numéros est thématique. Les numéros thématiques publient des sélections d'articles proposés dans le cadre de colloques ou de journées d'étude. Ces manifestations sont organisées par la revue ou par des institutions universitaires sur le principe d'un appel à communication. Pour envisager qu'un colloque soit publié dans la revue, il est nécessaire que le responsable prenne contact dès l'organisation de la manifestation avec le comité de rédaction des *Cahiers*.

Since 1974, *Papers in Political Economy* have published and participated to the main theoretical discussions by paying a particular attention to the historical aspects of economic analysis. Considering that the study of past authors and present debates are complementary, the PPE publish papers on history of economic thought, economic philosophy, or papers overlapping fields of history of economic thought and contemporary economic theory or economic history.
Papers in Political Economy is a biannual journal, usually published in June and December. One of the two yearly issues is thematic and includes papers presented at a workshop or conference and selected among responses to an open call for papers. For proceedings to be published in this form, conference organizers are invited to contact the journal's editorial board at a very early stage.

Adresse • Address

Site Internet : http://www.cahiersdecopo.fr/

Éditeur : Éditions L'Harmattan, 5-7, rue de l'École Polytechnique, 75005 Paris

Tél. : 01 40 46 79 10 – Site Internet : http://www.editions-harmattan.fr

Éditeur électronique : CAIRN, http://www.cairn.info/

Instructions aux auteurs • Notes for contributors

Les *Cahiers d'économie politique* acceptent les articles en français et en anglais. Normes de publication disponibles sur le site internet : http://www.cahiersdecopo.fr/

Papers in Political Economy accept papers in French and in English. For a full and complete guide for authors, please go to: http://www.cahiersdecopo.fr/

REMERCIEMENTS AUX RAPPORTEURS

Au cours des deux dernières années, les rapporteurs suivants ont contribué à l'examen des articles soumis à la revue. Nous les en remercions.

Thierry Aimar
Bruno Amable
Massimo Amato
Laure Bazzoli
Christian Bidard
Egidius Berns
Katia Caldari
Anna Carabelli
Mario Cedrini
Sébastien Charles
Laurent Cordonnier
Sergio Cremaschi
Cécile Dangel-Hagnauer
Claude Diebolt
Annette Disselkamp
Pierre Dockès
Ariane Dupont-Kieffer
Véronique Dutraive
Ragip Ege
Olivia Ekert Jaffé
Renaud Fillieule
Samuel Ferey
Jean-Luc Gaffard
Claude Gamel
Domenico Delli Gatti
Bernard Gerbier
Jean-Sébastien Gharbi
Harald Hagemann
Jimena Hurtado
Herrade Igersheim
Gilles Jacoud
Jean-François Jacques
Feriel Kandil
Hansjörg Klausinger
Heinz Kurz
Odile Lakomsky
Marc Lavoie
Charlotte Le Chapelain
Stéphane Longuet
Rainer Metz
Valérie Mignon
Delphine Pouchain
Frédéric Poulon
Alain Raybaut
Sylvie Rivot
Goulven Rubin
Philippe Steiner
André Tiran
Christian Tutin
Annie Vinokur
Benoît Walraevens

5-7, rue de l'École Polytechnique, 75005 Paris

www.librairieharmattan.com
diffusion.harmattan@wanadoo.fr
harmattan1@wanadoo.fr

ISBN : 978-2-343-03868-1
EAN : 9782343038681

SOMMAIRE

Notes bibliographiques

CONTENTS

Bibliographical Notes

COMMENT LA POURSUITE DE L'ABONDANCE ANNIHILE LA CULTURE
Essai d'interprétation des *Perspectives économiques pour nos petits-enfants* de J. M. Keynes (1930)

Antonin Pottier[1]

Dans les *Perspectives économiques pour nos petits-enfants*, Keynes articule son raisonnement autour de trois thèmes : la croissance économique, l'occupation de l'homme et l'amour de l'argent. Les réceptions existantes soit se focalisent sur un thème spécifique, soit ignorent une partie du raisonnement. Si l'on considère le raisonnement dans son entier, Keynes propose en fait une critique du capitalisme, qui laisse libre cours à l'amour de l'argent, stimule les activités utilitaires et détruit la possibilité de profiter de l'abondance qu'il crée.

How pursuing wealth annihilates the arts of life. Interpretative essay of* Economic Possibilities for our Grandchildren *from J. M. Keynes (1930).

Keynes' rationale in Economic Possibilities for our Grandchildren *uses three pivotal themes: economic growth, man's occupation and the love of money. Interpretations either focus on one specific theme, or disregard parts of the rationale. We consider the rationale as a whole and show that Keynes displays a criticism of capitalism, as it destroys the possibility to enjoy the affluence it has produced.*

Mots clefs : Keynes, capitalisme, croissance, arts, loisirs.

Keywords: Keynes, capitalism, growth, arts, leisure.

JEL classification: B22, B25

1. Chercheur au Centre international de recherche sur l'environnement et le développement (CIRED), mél : pottier@centre-cired.fr

Avec la crise monétaire et financière que connaissent les économies occidentales depuis 2008, les idées de Keynes font un retour remarqué dans le débat public. Certains commentateurs n'hésitent pas à mentionner le concours de beauté comme métaphore des marchés financiers, mais ce sont surtout les politiques « keynésiennes » de relance qui retiennent leur attention. Les réflexions de Keynes sur l'économie ne se limitent pourtant pas à ces recettes à la mode, qui trahissent sa pensée au moins autant qu'elles la perpétuent. Keynes théorisait et pratiquait l'économie comme science sociale et politique. Loin des problèmes de conjoncture, il pensait aussi parfois le très long terme, comme dans les *Perspectives économiques pour nos petits-enfants*[2]. Cet essai, publié en 1930, développe sa vision de l'économie, de son fonctionnement, de ses finalités et de ses contradictions. L'occasion de revenir sur l'essai de Keynes et sa réception nous est fournie par la parution récente de *Revisiting Keynes* [Pecchi et Piga, 2008], recueil de commentaires et de contributions d'économistes contemporains sur les *Perspectives*. Des recensions ont déjà relevé les lacunes de cet ouvrage [King, 2010 ; Zinn, 2009]. Plutôt qu'une nouvelle critique, l'article apporte une vision complémentaire, en insistant sur des thèmes négligés par la « sagesse conventionnelle ». Contrairement à certains commentaires [Skidelsky, 1992 ; Solow, 2008 ; Toye, 2009], il ne considère pas l'essai comme une fantaisie, mais comme une œuvre digne d'une attention soutenue : il en propose une interprétation nouvelle qui réunit des aspects jusqu'ici abordés séparément.

La première partie rappelle l'argumentation de Keynes. Elle fait ressortir trois thèmes majeurs : la solution prochaine du problème économique, la question de l'occupation de l'homme et celle de l'amour de l'argent.

La deuxième partie examine chacune des étapes du raisonnement de Keynes en regard des critiques couramment émises. L'interprétation la plus répandue de l'essai en fait un questionnement sur le loisir offert par la hausse de la productivité. Elle opère une réduction naturaliste du sens des *Perspectives* et apparaît insuffisante.

La troisième partie montre que l'essai de Keynes est une critique du capitalisme, critique fondée sur une analyse de sa dynamique et de son esprit.

2. Cet essai, initialement une conférence tenue en 1928 devant des étudiants de Cambridge, paraît pour la première fois dans *The Nation and Athenaeum*, les 11 et 18 octobre 1930 ; il est repris dans *Essays in Persuasion* (1931). Les références renvoient à l'édition de M. Panoff [Keynes, 1972] ; pour faciliter le recours à d'autres éditions ou au texte original, le numéro de page est suivi du numéro de paragraphe (la première partie s'arrête au paragraphe 16, la seconde s'étend des paragraphes 17 à 47). Dans la suite, l'essai est simplement nommé *Perspectives*. Une édition française plus récente des *Perspectives* est disponible dans le recueil *La pauvreté dans l'abondance* [Keynes, 2002a, p. 103-119] ; elle contient une notice de présentation.

Cette interprétation est mise en regard d'une interprétation moralisatrice des *Perspectives* ainsi que d'autres critiques du capitalisme. Une discussion des difficultés à accéder à cette interprétation clôt cette partie.

1. Les *Perspectives*

1.1. La solution du problème économique

Keynes écrit son essai alors que l'Angleterre est confrontée aux premières conséquences du krach boursier de 1929. Dans une première partie, Keynes rappelle, au-delà des difficultés conjoncturelles, la hausse constante du « rendement technique » [p. 127, §2] et l'augmentation du niveau de vie. Il s'efforce d'imaginer quel pourrait être le développement de la vie économique dans une centaine d'années.

Keynes adopte volontairement une vue cavalière sur le passé, dans une perspective de longue durée. Il retrace l'évolution technique à partir du néolithique. Jusqu'au XVIIIe siècle, il n'y eut pas de montée significative du niveau de vie, malgré des fluctuations locales et temporaires. Cette stagnation s'explique par « l'absence frappante de tout perfectionnement technique d'importance et l'incapacité du capital à s'accumuler » [p. 129, §6]. À partir du XVIe, les deux phénomènes se mettent en place et Keynes souligne à ce propos le « pouvoir de l'intérêt composé » [p. 130, §10] – nous dirions : la force vertigineuse de la croissance exponentielle. Par le jeu de ces deux forces, de moins en moins de travail est nécessaire pour produire la même quantité de richesse. La conséquence directe fâcheuse est le chômage technologique, celui « qui est dû au fait que nous découvrons des moyens d'économiser de la main-d'œuvre à une vitesse plus grande que nous ne savons trouver de nouvelles utilisations au travail humain » [p. 133, §15]. Mais il s'agit là d'une « période passagère d'inadaptation. À long terme tout cela signifie que l'humanité est en train de résoudre son *problème économique* » [p. 133, §16].

Dans le texte, la notion de « problème économique » n'est pas précisément explicitée. Cependant, le problème économique est rapporté à la fourniture des moyens pour satisfaire les besoins de la communauté humaine. Keynes adopte ici une approche substantiviste[3] de l'économie : résoudre le problème économique signifie répondre aux besoins.

3. Polanyi [2008] a distingué l'approche substantiviste et l'approche formaliste. Du point de vue substantif, l'économie est un « procès institutionnalisé d'interaction entre l'homme et son environnement, qui se

Pour écarter l'objection que les besoins sont insatiables et que, par conséquent, le problème économique est insoluble, Keynes distingue besoins absolus et besoins relatifs. Les premiers sont des besoins de base, universels ; ils sont assouvis à partir d'un certain seuil. Au contraire, les besoins relatifs viennent de la comparaison avec les autres individus, de la compétition pour gagner la prééminence sociale. Seuls ces derniers pourraient être insatiables. Après cette clarification analytique, Keynes néglige les besoins relatifs et réaffirme que « le *problème économique* peut être résolu, ou que sa solution peut au moins être en vue, d'ici à cent ans » [p. 134, §19]. Cela découle de la conjonction de la finitude des besoins de base et des formidables gains de productivité du travail humain qu'il a décrits auparavant.

Pour Keynes, entrevoir l'horizon où le problème économique sera résolu offre une perspective « saisissante » car « le problème économique, la lutte pour la subsistance nous apparaissent comme ayant toujours été jusqu'ici le problème primordial et le plus pressant de l'espèce humaine. Et c'est encore trop peu dire, car ce n'est pas seulement de l'espèce humaine, mais de tout l'univers biologique depuis les premiers commencements de la vie sous ses formes les plus primitives que la recherche de la subsistance a été le problème dominant » [p. 134, §20].

1.2 La perte de la finalité traditionnelle

Keynes se fait ici le porte-parole d'une origine naturaliste du problème économique, en le reliant au fonctionnement de la vie, marquée par la recherche de subsistance.

En accord avec cette vision de la Nature, l'Homme est tout entier tourné vers le problème économique : « Ainsi la nature a-t-elle expressément guidé notre développement, avec tout ce que cela comporte en fait d'impulsions et de profonds instincts, vers la solution du problème économique comme tâche spécifique. » [p. 134-135, §21] La fin du problème économique entrevue par Keynes est saisissante non seulement parce qu'elle signale un affranchissement d'une situation aussi vieille, selon lui, que l'humanité, mais surtout parce qu'elle pose un problème nouveau : « [S]i le problème économique est résolu, l'humanité se trouvera donc privée de sa finalité

traduit par la fourniture continue des moyens matériels permettant la satisfaction des besoins ». L'économie dans son sens formel renvoie « à une situation de choix découlant de l'insuffisance de moyens ». La figure centrale de cette approche de l'économie, appelée aussi néo-classique ou orthodoxe, est bien sûr le marché. Cette distinction sera reprise en 2.1.

traditionnelle. » [p. 135, §21] Keynes « pense avec inquiétude à la réadaptation requise de l'humanité commune qui peut se voir poussée à répudier dans quelques décennies les habitudes et les instincts qu'elle s'est assimilés depuis d'innombrables générations » [p. 135, §22].

La suite des *Perspectives* développe les implications de ce problème nouveau et les solutions que l'auteur envisage. Les thèmes abordés doivent retenir toute notre attention : originaux et méconnus, ils sont responsables en grande partie de l'attrait du texte et de sa capacité à éclairer le présent. Leurs ambiguïtés et les tensions entre eux constituent l'énigme dont l'interprétation proposée dans cet article souhaite donner la clef.

Les mieux lotis face au problème de l'abondance seront « les peuples[4] capables de préserver l'art de vivre et de le cultiver de manière plus intense » [p. 136, §26]. L'expression « préserver l'art de vivre » (*keep alive the art of life*) indique que l'art de vivre existe bel et bien mais qu'il est présentement menacé. À côté du travail, l'Homme a donc développé d'autres activités, qui échappent à la finalité traditionnelle.

Keynes oscille ainsi entre une vision naturaliste, fortement mise en avant, et une vision plus culturelle, qui affleure en de nombreux endroits. Dans cette dernière vision, plusieurs motivations et activités existent chez l'Homme, mais l'organisation sociale met l'accent sur certaines motivations ou activités, au détriment des autres. Ce balancement se retrouve dans la suite : « [N]ous avons été entraînés pendant trop longtemps à faire effort et non à jouir. Pour l'individu moyen, dépourvu de talents particuliers, c'est un redoutable problème que d'arriver à s'occuper, plus redoutable encore lorsque n'existent plus de racines plongeant dans le sol ou les coutumes ou les conventions chéries d'une société traditionnelle. » [p. 136, §27]

Trouver à s'occuper est un problème pour l'Homme. Mais toutes les sociétés ne sont pas sur un pied d'égalité pour vaincre l'ennui. L'importance que notre société accorde à l'effort la rend moins bien équipée que les sociétés traditionnelles pour ce faire, dès lors que le travail n'est plus nécessaire. Mais la phrase suggère aussi que notre société met en œuvre un processus de déracinement, de suppression des conditions de vie traditionnelles qui résolvaient (au moins en partie) le problème de l'occupation. Cette

4. Le texte original emploie *peoples* qui signifie bien « peuples ». De manière énigmatique, H. Jacoby [1933] et T. Demals [2002] traduisent par « gens ». Ce faux sens donne une tournure individualiste à ce qui relève pourtant d'une construction sociale. Le sens « peuples », choisi par M. Panoff, est confirmé par la phrase suivante du texte, où Keynes parle de *no country and no people*. Quand Keynes veut dire « gens », il emploie *people*.

dichotomie entre les sociétés traditionnelles et la nôtre renvoie à une lecture implicite qui serait culturelle, en opposition avec les éléments naturalistes exposés auparavant. Il est cependant significatif que Keynes ne qualifie pas le type de société dans lequel nous vivons, mais se contente de l'opposer à un type traditionnel. Nous discuterons plus loin (cf. 3.1.) ce que cache cette omission.

Une solution partielle serait de partager le travail entre tous : trois heures de travail par jour devraient suffire pour donner satisfaction au « vieil Adam », qui a « besoin d'effectuer un *certain* travail » [p. 137, §29].

1.3. La fin de l'amour de l'argent

En plus de la question de l'occupation par le travail, Keynes aborde frontalement la question de l'abandon de l'amour de l'argent.

La mansuétude accordée à l'avarice se justifie uniquement parce que « la détermination et l'effort acharné des faiseurs d'argent nous transportent tous avec eux dans le giron de l'abondance économique » [p. 136, §26]. En effet, « toutes sortes d'usages sociaux et de pratiques économiques touchant à la répartition de la richesse et des récompenses et pénalités économiques » existent, sont acceptés et maintenus, « malgré leur caractère intrinsèquement dégoûtant et injuste parce qu'ils jouent un rôle énorme dans l'accumulation du capital » [p. 138, §30].

Il nous met en garde contre un abandon prématuré de ces principes : « Avarice, Usure et Prudence devront rester nos divinités pour un petit moment encore. Car elles seules sont capables de nous faire sortir du tunnel de la nécessité économique pour nous mener à la lumière du jour. » [p. 140, §43] Cet avertissement révèle une explication téléologique de l'adoption de ces principes.

Mais « quand l'accumulation de la richesse ne sera plus d'une grande importance sociale, de profondes modifications sociales se produiront dans notre système de moralité » [p. 137, §30]. La fin du problème économique doit donc aussi signifier la fin de « principes pseudo-moraux [...] qui nous ont fait ériger en vertus sublimes certaines des caractéristiques les plus déplaisantes de la nature humaine » [p. 137, §30]. Lorsque l'accumulation du capital et le progrès des techniques auront fait disparaître le problème économique, « l'amour de l'argent comme objet de possession, qu'il faut distinguer de l'amour de l'argent comme moyen de se procurer les plaisirs et les réalités de la vie, sera reconnu pour ce qu'il est : un état morbide plutôt répugnant, l'une de ces inclinations à demi criminelles et à demi pathologiques dont on confie le soin en frissonnant aux spécialistes des maladies mentales » [p. 137, §30]. N'ayant plus de justifications fonctionnelles, l'avarice, l'amour de l'argent et le souci du lendemain pourront disparaître.

La fin du problème économique a donc deux conséquences majeures : elle pose le problème nouveau de l'occupation en l'absence de nécessité, et elle permet la disparition de l'amour de l'argent, répugnant sur le plan moral. Si la dernière conséquence est explicitement culturelle, Keynes hésite pour la première entre des motifs naturalistes et culturels. La suite de l'article est consacrée à élaborer une interprétation qui englobe ces deux conséquences et qui éclaire la place des deux motifs dans la ligne de l'argumentation.

2. Quelques réceptions communes des *Perspectives*

Nous commencerons par étudier les réceptions communes de ce texte de Keynes. Les limites et les lacunes de ces réceptions signaleront les écueils que notre interprétation devra éviter ; par contraste, elles fourniront des indications sur la ligne directrice à suivre.

Certains économistes s'émerveillent de la prescience de Keynes au sujet de la stabilité de la croissance. Ils retiennent prioritairement la description de l'accumulation du capital et du progrès technique, leur identification comme facteurs de croissance. Cette discussion, pour intéressante qu'elle soit, limite considérablement la portée du texte. Elle fait surtout une lecture rétrospective de ce texte, à partir de débats postérieurs, spécifiques à la théorie de la croissance[5]. Dans les *Perspectives*, Keynes ne cherche pas principalement à montrer que la dépression qui s'amorce dans les années 1930 ne sera que passagère. En effet, l'introduction (§1-3) a été ajoutée en juin 1930 alors que la plus grande partie de l'essai a été conçue en 1928, donc avant la crise de 1929. Cette lecture étroite ignore le sujet principal de l'essai, la fin du problème économique et ses conséquences. Nous nous intéressons ici aux

5. Inaugurée par les travaux de Harrod (1938) qui cherchait à généraliser la *Théorie générale* au long terme, la théorie de la croissance se développa surtout à partir de la réponse de Solow (1956). Pour Harrod, la croissance n'était stable que sur le fil du rasoir : les capitalistes ne voyaient leurs anticipations satisfaites et les travailleurs ne trouvaient suffisamment de travail que sur un improbable chemin de crête. On retient du modèle de Solow que la croissance est stable lorsque capital et travail sont substituables dans la production. En réalité, la stabilité de la croissance est avant tout due aux hypothèses néo-classiques sur le marché du travail et des capitaux. Celles-ci évacuent les préoccupations de Harrod plus qu'elles ne les résolvent.

réceptions qui prennent en compte le thème principal et se positionnent par rapport à lui.

2.1. Des disqualifications simplistes

Certains auteurs refusent d'envisager la fin du problème économique et, partant, ne se confrontent pas réellement aux thèses de Keynes. Pour neutraliser le raisonnement, trois arguments sont avancés, à des étapes variables selon l'acceptation croissante des prémisses de Keynes.

En se limitant à la fourniture des besoins, Keynes aurait sous-estimé l'étendue du problème économique. En effet, selon l'orthodoxie néo-classique, le problème économique doit s'entendre non dans un sens substantiviste comme fourniture des besoins, mais dans un sens formel comme allocation optimale de moyens rares pour des fins illimitées. Dans le cadre de l'économie formelle, la fin du problème économique, c'est-à-dire l'inanité de l'allocation optimale des ressources rares, est une absurdité. Avec ce cadre de pensée, la problématique de Keynes est *ipso facto* rejetée. C'est la position de Becker et Rayo [2008, p. 182-183] :

> « Keynes went wrong partly because economists have greatly broadened their analysis beyond the material aspects of life to include subjects like happiness, altruism, social interactions, marriage and divorce, and others dealing with more nonmaterial aspects of life. These developments indicate that Keynes defined "economics" much too narrowly. About the same time Keynes wrote this essay, Lionel Robbins also published his important 1932 book *An Essay on the Nature and Significance of Economic Science*, which took a far broader approach to "economics". Robbins's definition of the economic problem is the analysis of, and prescriptions for, the allocation of scarce means to competing ends. »

En reprenant la définition de Robbins, laquelle constitue la cible de l'analyse de Polanyi [2008], Becker et Rayo donnent précisément au problème économique son sens formel, sans mentionner qu'un sens substantiviste est aussi possible. Dans la perspective formaliste, la science économique devient praxéologie, science de l'action efficace, tandis que l'approche substantiviste conserve le sens commun de « connaissance des phénomènes concernant la production, la distribution et la consommation des richesses, des biens matériels dans la société humaine[6] ».

6. Définition du dictionnaire Le Robert.

Le parti pris formaliste ne peut pas être contesté. Il s'agit là d'une position de principe qu'il est difficile de confirmer ou d'infirmer. Cette disqualification *ab ovo* du propos de Keynes n'est pas la manière la plus féconde d'appréhender les *Perspectives*. Keynes raisonne en termes de besoin, et il est déplacé de lui reprocher de ne pas raisonner en termes d'allocation efficace. Puisque Keynes adopte une perspective substantiviste, il faut *a minima* accepter ce point de vue, et non le rejeter sur la base d'un apriori.

Laissons donc de côté le point de vue formaliste qui ne correspond pas aux intentions de Keynes et acceptons, dans une perspective substantiviste, de raisonner sur les besoins et leur satisfaction. Selon une lecture commune, suggérée par la théorie de la demande du consommateur, l'Homme a, en plus des besoins, toute une gamme de désirs. Désirs et besoins sont équivalents car personne ne peut juger du superflu ou du nécessaire. Le consommateur désire sans fin et n'arrive jamais à satiété ; sa capacité de consommation est infinie. Il est donc futile de s'interroger, comme Keynes, sur un état du monde où sa satisfaction serait totale.

Voulant consommer toujours plus, l'Homme travaille toujours autant. La possibilité d'un désœuvrement ne se présente pas. La croissance de la production donne à chacun de plus en plus de biens pour répondre à ses désirs. Loin de provoquer une « dépression nerveuse » [p. 135, §23], cette évolution nous conduit vers toujours plus de félicité. Très répandue chez les économistes, cet argument prend souvent la forme d'une discussion technique entre l'importance de l'effet-revenu et de l'effet-substitution dans l'arbitrage travail/loisir[7].

Cette critique dénote un manque de recul par rapport à l'idée conventionnelle d'un consommateur désirant sans fin. Elle fait de l'Homme un consommateur « par nature », mais la « nature » n'est souvent que l'autre nom de l'habitude, acquise dans une structure sociale donnée. L'infinité des besoins absolus repose *in fine* sur une conception anthropologique particulière. Celle-ci est historiquement située et concorde mal avec ce que nous enseignent, par exemple, les observations des sociétés primitives [Sahlins, 1976, chap. 1]. Il ne nous appartient pas de trancher ici de la véracité de cette conception. Celle de Keynes paraît au moins aussi valable :

7. L'ampleur réelle de la diminution du temps de travail dans les sociétés occidentales ne fait pas consensus, cf. l'appréciation critique de F. Zilibotti [2008, p. 32-35]. Le diagnostic dépend essentiellement de la sélection des activités à comptabiliser, ainsi que de la période retenue (la vie entière ou la semaine de travail). De nombreux commentaires développés dans *Revisiting Keynes* [Pecchi et Piga, 2008] sont influencés par le débat du milieu des années 2000 sur la divergence dans la répartition travail/loisir entre les États-Unis et l'Europe. La recension de Chilosi [2009] ne s'intéresse qu'à cet aspect.

cela nous suffit pour l'accepter, écarter l'objection et poursuivre l'explication de son essai.

La théorie de la demande du consommateur, imposante axiomatique de la métaphysique utilitariste, ne fait pas l'unanimité chez les économistes. Alors que les besoins ne sont, selon la théorie dominante, que des caractéristiques internes du consommateur, certains économistes reconnaissent l'existence de besoins relatifs, c'est-à-dire liés à l'interaction sociale entre les individus. Ils acceptent donc la distinction de Keynes entre besoins absolus et relatifs.

Galbraith [1961, chap. x] a analysé comment la théorie de la demande évacue l'idée d'une saturation de la consommation. La courbe de demande de ce bien est décroissante en fonction des quantités acquises d'un bien, grâce à l'hypothèse de la décroissance de l'utilité marginale, toutes choses égales par ailleurs. Mais cette hypothèse suggère également que la satisfaction marginale de la consommation, sur l'ensemble du panier de biens, diminue ; elle rend légitime de discuter l'importance de la consommation quand celle-ci est déjà élevée. Pour Galbraith, la théorie s'est protégée de ces interrogations dérangeantes, d'une part en refusant l'évaluation de deux niveaux de consommation à des instants différents, d'autre part, en passant de l'utilité cardinale (qui a une mesure) à l'utilité ordinale (qui est un simple ordre). Ainsi on ne peut plus assigner un ordre de priorité aux désirs de consommation : chaque désir devient aussi légitime et urgent qu'un autre. Au sujet des *Perspectives*, Galbraith [Galbraith, 1961, p. 145] remarque que « Keynes, peu lié comme toujours par les règles traditionnelles, n'hésita pas à commettre l'impardonnable crime de distinguer deux catégories de désir », les besoins absolus que l'on doit satisfaire et les besoins relatifs que l'on peut laisser de côté. Galbraith accepte l'existence de besoins relatifs : la satisfaction de ces besoins en engendre de nouveaux. Mais les besoins relatifs ne sont pour lui qu'un exemple mineur de besoins créés par le processus de production : plus considérables sont les besoins suscités directement par la production et les méthodes de vente, la publicité notamment [Galbraith, 1961, chap. xi].

Fred Hirsch [1976, p. 24-26] accepte l'idée de deux catégories de besoins. Il reformule la différence faite par Keynes entre besoins absolus et relatifs quand il établit une distinction entre biens matériels, qui sont disponibles pour tous, et biens positionnels, qui sont attribués en fonction de la position sociale. Les biens positionnels sont souvent une réponse à des besoins relatifs. Si les besoins relatifs peuvent être assouvis pour un individu, ils ne peuvent pas l'être au niveau de la société tout entière.

Pour Robert Frank [2008], la théorie néo-classique se fourvoie en ne faisant dépendre la satisfaction que de la quantité absolue de biens. La satisfaction, et donc la demande des biens, dépend en réalité du contexte, c'est-à-dire autant du contexte social, du rapport avec les semblables, que de l'environnement économique ou de l'histoire personnelle. Le contexte est responsable de nombreuses modifications de l'utilité personnelle, ignorées par la théorie néo-classique ; il rend les besoins relatifs insatiables.

Avec Keynes et contre la théorie de la demande, on peut retenir l'idée de besoins de base finis, et donc susceptibles d'être satisfaits par une production suffisante. Cependant, à la lumière des interprétations précédentes, les besoins relatifs ne peuvent être simplement évacués. Cette question suscite d'importantes contributions théoriques, chaque auteur redéfinissant les besoins relatifs en fonction de son propre problème. Ces besoins sont façonnés par le contexte social et ils pourraient très bien être infinis.

Keynes n'argumente pas en faveur de la finitude des besoins relatifs. Il se contente de distinguer besoins relatifs et absolus. « Ces besoins seront assouvis » [p. 134, §19], tandis que les besoins relatifs « sont peut-être tout à fait insatiables ». Comme le remarque R. Frank[8], Keynes est conscient des limites de son raisonnement et des objections qu'il peut susciter[9]. Il a parfaitement identifié le problème, mais il passe outre. Cela ne l'intéresse pas. Il élude simplement la question : son but est de rendre plausible la fin du problème économique.

Ce raisonnement incomplet est en soi significatif : cette faille permet précisément de saisir ses intentions. La discussion économique préliminaire ne cherche pas à prédire l'avenir ; elle donne du poids à l'idée maîtresse de fin du problème économique. Le raisonnement sur les besoins est en partie un artifice destiné à persuader les lecteurs de la possibilité de la fin du problème économique.

2.2. Une réduction naturaliste

Keynes expédie son raisonnement pour arriver plus rapidement aux conséquences. Quelles sont ces conséquences qui le fascinent tant ? Nous

8. « He acknowledged this possibility only to dismiss it. » [Frank, 2008, p. 142-143]

9. J.-P. Fitoussi [2008, p. 152] tente de compléter le raisonnement de Keynes sur les besoins relatifs, avec des considérations sur l'amour de l'argent. À mon sens, la solution doit être cherchée vers la fin du texte (§44). La question des besoins relatifs chez Keynes est de toute façon obscure, et demanderait une étude particulière.

avons noté plusieurs thématiques discordantes dans l'exposé des problèmes auxquels conduit la fin du problème économique, en particulier une approche naturaliste (le « vieil Adam » qu'il faut occuper) et une approche culturelle (la préservation de l'art de vivre et l'abandon de l'amour de l'argent).

Voici donc une première façon d'agencer le raisonnement de Keynes. La vie de l'Homme depuis la nuit des temps est marquée par la recherche de subsistance. L'avènement de l'accumulation du capital[10] et du progrès technique permet de résoudre ce problème de subsistance. Libéré de ses besoins, l'Homme doit chercher « comment employer la liberté arrachée aux contraintes économiques » [p. 136, §25]. Comme l'Homme a toujours travaillé, la fin du problème économique nécessite de lui trouver d'autres occupations.

Cette interprétation est généralement retenue par les auteurs qui ne contestent pas la fin du problème économique. Heilbroner [1971, p. 275] résume ainsi le message de Keynes : « Le nouveau problème de la société ne serait pas de trouver du temps pour les loisirs mais plutôt d'occuper ce temps, qui atteindrait un niveau inégalé. » Ohanian [2008, p. 109] perçoit le problème de la même façon : « *According to Keynes, the problem of producing sufficient output was not the central difficulty facing the industrial economies. Rather, it would be dealing with the 'problem' of the enormous amount of leisure that would be consumed as societies became sufficiently rich and sated with physical consumption.* »

Cette réception se rapproche du texte et de son intention. Elle en accepte les prémisses et ne s'arrête pas aux objections déjà relevées. Cette interprétation canonique participe d'une vision évolutionniste progressiste de l'Histoire. Exprimée dans les termes de la philosophie marxiste de l'Histoire, mais d'une Histoire purgée de la lutte des classes et de la Révolution, elle pourrait se résumer ainsi : le développement des forces productives fait passer du règne de la nécessité au règne de la liberté. Cet évolutionnisme qui voit les sociétés progresser à travers différents stades vers la civilisation d'abondance est typique de la fin du XIXe, et en particulier de la société victorienne dans laquelle Keynes a grandi. Il n'y aurait donc rien de choquant à ce que cette interprétation fût la bonne.

10. Keynes le conçoit en partie comme une découverte fortuite provoquée par l'afflux des métaux précieux de l'Amérique. D'autres auteurs mettent en avant une lente montée en puissance, tandis que certains enfin tombent dans « l'erreur populaire selon laquelle des "conquêtes" techniques auraient constitué la cause évidente du développement capitaliste » [Weber, 2004, p. 443].

2.3. Une interprétation insuffisante

Cette lecture ne retient toutefois que les éléments naturalistes du raisonnement : le problème économique et le travail. Elle fait l'impasse sur les inquiétudes de Keynes au sujet de la préservation de l'art de vivre et sur l'horreur que lui inspire le déploiement de l'amour de l'argent. Elle oublie donc l'essentiel, à savoir les activités que Keynes propose comme occupation pour l'humanité débarrassée de la nécessité économique. Il s'agit pourtant du point crucial du texte.

Après avoir détaillé les quatre facteurs qui déterminent l'atteinte de notre félicité économique, Keynes conclut en effet : « Dans l'intervalle il n'y aura nul inconvénient à faire de doux préparatifs pour notre future destinée, à encourager et à mettre à l'épreuve les arts de la vie au même titre que les activités répondant à un but utilitaire. » [p. 141, §46]

Avec ce passage, on peut croire que Keynes cherche à nous faciliter la transition, à nous éviter une « dépression nerveuse » collective que provoquerait un passage brusque d'une société occupée exclusivement du problème économique à une société désœuvrée, contrainte d'apprendre à « occuper les loisirs » [p. 136, §25]. Il entend nous préparer peu à peu à devenir oisifs, pour une transition progressive.

On peut pousser l'interprétation plus avant. Keynes insiste sur cette préparation, alors qu'elle nous détourne des activités productives et fait reculer d'autant la fin du problème économique. Si les arts de la vie sont à portée de main quelles que soient les conditions sociales, ne vaudrait-il pas mieux tourner toutes les activités vers le but utilitaire pour hâter la venue de l'abondance ?

Par conséquent, ce passage incite plutôt à penser que les arts de la vie sont mis en danger, dans les conditions économiques et sociales actuelles. Les arts de la vie sont une activité qu'il n'est pas facile de mobiliser. Cela s'accorde avec des allusions déjà relevées (en particulier §26). La morale que Keynes donne à l'épitaphe de la femme de ménage l'exprime parfaitement : « Et pourtant la vie ne sera supportable que pour ceux qui font l'effort de chanter ; et combien sont rares ceux qui, parmi nous, savent chanter ! » [p. 136, §24].

Jouir des arts de la vie n'est pas une activité facile ; cela ne s'invente pas. Il faut imiter les habitudes savamment entretenues par « les gens exquis qui savent jouir des choses dans l'immédiat ». Ceux-là « sauront nous apprendre à cueillir le moment présent de manière vertueuse et bonne » [p. 140, §43].

Résumons donc les éléments rassemblés jusqu'ici. Keynes perçoit une augmentation continue de la productivité. Avec des besoins de base finis, et des besoins relatifs mis de côté, Keynes nous convainc que l'humanité arrivera bientôt à l'abondance. Elle devra alors trouver à s'occuper. Ce ne sera chose aisée que si les arts de la vie sont encore là.

3. Gagner la société d'abondance pour en perdre les fruits

3.1. Keynes et le capitalisme

Pour poser la dernière pièce de notre puzzle, il nous faut comprendre ce qui met en danger les arts de la vie. Pour cela, il faut s'interroger sur la distinction que Keynes établit entre notre société et les sociétés traditionnelles. Keynes se contente d'évoquer cette distinction car le sens en est évident : elle sépare sociétés capitaliste et non capitaliste.

Que Keynes qualifie notre société de capitalisme ne fait pas de doute. Sa condamnation de l'amour de l'argent et de l'intentionnalité, qui conduit à envisager le développement de l'argent jusque dans l'au-delà, semble être une version ironique de certains thèmes wébériens[11]. Lorsque Keynes dit que notre société ne connaît plus « les coutumes et les conventions chéries d'une société traditionnelle » [p. 136, §27], il rejoint les analyses de Tönnies dans *Gesellschaft und Gemeinschaft*. Lorsqu'il distingue l'amour de l'argent comme objet de possession de l'argent comme moyen, il retrouve une classification élaborée par Marx dans son schéma de la reproduction capitaliste[12], puis affinée par Simmel [1987, 3.II].

Keynes décrit donc la société de son temps avec des termes et des motifs proches de ceux utilisés par d'autres pour décrire le capitalisme. Il l'oppose

11. Outre le contenu, la formulation même évoque Max Weber : intentionnalité traduit *purposiveness*, que l'on rendrait plus justement par « comportement orienté en finalité » ; ce terme est très proche de la *purposive rationality*, version anglaise de la *Zweckrationalität* de Weber. S'il ne s'agit pas d'un emprunt direct, la langue a contraint deux analyses proches à s'exprimer avec les mêmes mots.

12. L'argent, en tant qu'équivalent général des marchandises, ne se confond pas avec l'argent en tant que moyen d'accéder à des marchandises particulières : « La soif d'enrichissement est autre chose que la soif instinctive de richesses particulières, tels les habits, les armes, les bijoux, les femmes, le vin ; elle n'est possible que si la richesse générale, en tant que telle, s'individualise dans un objet particulier, l'argent. » [Marx, 1980, p. 134]

en outre aux sociétés anté-capitalistes. Outre ces distinctions qualitatives, quelques repères temporels répartis dans le texte présentent le XVIIIe siècle comme une rupture. Ainsi le niveau de vie stagne « jusqu'au début du XVIIIe siècle» [p. 129, §5], l'accumulation du capital se produit « à partir du XVIe siècle avec un crescendo cumulatif après le XVIIIe» [p. 131, §11], les « principes pseudo-moraux» nous agitent depuis « deux siècles » [p. 137, §30].

Ces qualifications établissent la nature capitaliste de notre société. Dans *La fin du laissez-faire* [1926], Keynes voit « la caractéristique essentielle du capitalisme » dans « l'utilisation d'un appel intense aux instincts de lucre de l'individu comme principale force faisant fonctionner la machine économique » [Keynes, 1972, p. 124]. Cette conception du capitalisme est permanente chez Keynes [Backhouse et Bateman, 2009, p. 651-654] : « Comme Max Weber, il définit le capitalisme comme un esprit, non comme un système social. » [Skidelsky, 1992, p. 236] Les *Perspectives* décrivent aussi ce système où « la détermination et l'effort acharné des faiseurs d'argent nous transportent tous avec eux dans le giron de l'abondance économique » [p. 136, §26].

Malgré cette caractérisation sans équivoque, il est significatif que Keynes n'emploie jamais ici le terme de capitalisme. Nous avons une fois de plus affaire à une précaution rhétorique. Keynes ne souhaite sans doute pas brusquer ses lecteurs en mentionnant le capitalisme. En ne nommant pas les choses directement, il a plus de chances que ses idées soient prises au sérieux plutôt que rejetées *a priori*. En outre, dans le cadre du journal libéral *The Nation and Athaneum*, il veut probablement se démarquer des anathèmes socialistes contre le capitalisme. Si Keynes prend toutes ces précautions, c'est que son essai touche une corde sensible. On l'aura compris : Keynes critique le capitalisme. Mais il le fait d'une manière subtile, à partir d'un éloge qui se transforme insidieusement en critique.

3.2. Un point de vue moral ?

Dans la fin des *Perspectives*, Keynes se fait le contempteur de l'amour de l'argent (cf. 1.3). Au regard du paragraphe précédent, il faut bien comprendre que cet amour de l'argent n'est que l'autre nom de l'esprit du capitalisme tel que l'a décrit Max Weber [2004]. Keynes critique l'esprit du capitalisme, c'est-à-dire la recherche systématique et méthodique du profit. À petite dose, l'intentionnalité n'est pas néfaste mais son déploiement dans toutes les sphères de l'existence l'est. Il s'agit là d'un thème profondément ancré dans sa pensée. Dès 1925, « il [lui] apparaît chaque jour plus clairement que le problème moral de notre temps est celui que pose l'amour de l'argent : les neuf dixièmes de nos activités sont orientées par l'appât du gain » [Keynes, 2002c, p. 51 ; voir aussi p. 40-42].

On peut voir la critique de l'amour de l'argent et la défense des arts de la vie comme un simple point de vue moral, assez déplaisant parce qu'il exprimerait uniquement les préjugés de classe de Keynes, ceux de la bourgeoisie intellectuelle de Londres, du groupe de Bloomsbury. Telle est la position de Axel Leijonhufvud [2008, p. 119], de Thierry Demals[13] et surtout de Jean-Paul Fitoussi [2008]. Ce dernier dit explicitement que l'essai de Keynes est une critique du capitalisme, conduite pour des raisons morales. L'essai de Keynes ne serait pas vraiment original car les condamnations morales du capitalisme accompagnent le capitalisme depuis sa naissance. Cette interprétation moralisatrice s'appuie sur un versant du texte foncièrement différent de celui qui fonde l'interprétation canonique.

Elle s'applique mieux à un autre essai de Keynes, *La fin du laissez-faire* [1926]. Keynes y reconnaît une certaine efficacité au capitalisme qui met à son service la recherche du lucre, mais préférerait un système de motivations qui s'accorde avec ses convictions morales sur la vie bonne : « Notre problème consiste donc à élaborer une forme d'organisation sociale qui soit aussi efficace que possible sans être un outrage à ce que nous concevons comme un mode de vie satisfaisant. » [Keynes, 1972, p. 126]

Des commentaires plus pertinents [Carabelli et Cedrini, 2011] ont relevé que les *Perspectives* s'appuient effectivement en filigrane sur une éthique (plutôt qu'une morale), c'est-à-dire une conception de la vie bonne. Depuis ses études à Cambridge, Keynes était influencé par les conceptions de George Moore [Dostaler, 2009, chap. I]. L'homme doit poursuivre des fins désirables en elles-mêmes, telles que la beauté, l'amitié, la vérité ou l'amour. Mais alors que, pour Moore, tout se réduisait à des états de conscience positifs, les biens à désirer forment pour Keynes une pluralité irréductible et s'apprécient dans leur contexte relationnel. Keynes est ainsi proche de la vertu antique et de l'éthique aristotélicienne [Carabelli et Cedrini, 2011, p. 345-347].

Les *Perspectives* sont donc à situer dans le contexte plus large des conceptions de Keynes sur la vie réussie. Elles se comprennent mieux quand on sait que pour Keynes l'activité économique n'est pas une fin en soi, mais qu'elle doit être mise au service de la vie bonne, que les arts de la vie sont un élément essentiel de la vie bonne. Ces aspects sont complètement

13. Il a traduit *Perspectives* et rédigé la notice critique dans le recueil [Keynes, 2002a].

occultés dans le recueil de Pecchi et Piga [2008]. Mais les *Perspectives* ont une ambition plus large ; elles ne se réduisent pas à une critique effectuée d'un point de vue moral, ou à l'exposé d'un mode de vie souhaitable. La critique va de pair avec une description de la dynamique du capitalisme, qui constitue le socle de l'interprétation canonique. Si l'on fait l'impasse sur la description des mécanismes économiques d'évolution du capitalisme, le texte paraît n'être qu'une critique morale transcendante, effectuée d'un point de vue extérieur. Tout comme l'interprétation canonique refoulait les considérations sur la morale et l'art de vivre, l'interprétation moralisatrice omet une part essentielle du texte, la discussion de la croissance et de la dynamique du capitalisme.

3.3. La critique de la dynamique du capitalisme

L'interprétation canonique et l'interprétation moralisatrice s'appuient sur des éléments différents du texte ; chacune occulte ce que l'autre met en avant. Elles doivent maintenant être reliées dans une interprétation cohérente et complète. Selon l'interprétation proposée ici, les grandes étapes de l'argumentation de Keynes s'agencent de la manière suivante.

Le capitalisme exhibe une tendance, stable à long terme, à faire croître la production. Keynes est confiant dans la capacité de ce système économique à venir à bout du problème économique, lorsque les besoins absolus de l'humanité seront satisfaits. L'instinct d'activité de l'Homme ne sera alors plus canalisé par la nécessité de travailler. L'Homme pourrait encore s'occuper grâce aux arts de la vie qui demandent une pratique habituelle. Mais le capitalisme a tourné toutes les activités vers un but utilitaire et ne laisse aucune place pour développer les arts de la vie : ceux-ci périclitent. En conséquence, le capitalisme nous transporte dans l'abondance, mais nous prive en même temps des facultés pour jouir des fruits de cet âge d'or.

Ainsi, le chaînon manquant qui permet de faire la synthèse des deux interprétations est la préservation des arts de la vie. L'esprit du capitalisme produit une abondance matérielle inouïe, mais il détruit en même temps les arts de la vie que Keynes chérit tant. Les arts de la vie font partie des biens désirables en eux-mêmes, que l'homme doit rechercher pour mener une vie bonne. Les deux préoccupations sur la fin de l'amour de l'argent et la préservation de l'art de vivre sont chez lui complémentaires.

Ici, comme ailleurs, Keynes veut contrer l'envahissement de l'esprit économique et utilitariste dans toutes les activités humaines : « La même règle autodestructrice du calcul financier régit tous les aspects de l'existence. Nous détruisons la beauté des campagnes parce que les splendeurs de la nature, n'étant la propriété de personne, n'ont aucune valeur économique. Nous serions capables d'éteindre le soleil et les étoiles parce qu'ils ne rapportent aucun dividende. Londres est une des villes les plus riches que compte l'histoire des civilisations, mais elle ne peut "se permettre" les réalisations les plus ambitieuses qui soient à la portée de ses habitants, parce que cela ne "paye pas". » [Keynes, 2002b, p. 207]

Il faut bien comprendre l'articulation entre activités utilitaires, calcul financier et amour de l'argent. Les activités utilitaires ne doivent pas être comprises dans un sens moral, comme des activités prosaïques qui s'opposeraient à des activités élevées, moralement valorisées. Les activités à but utilitaire sont des activités instrumentales, qui ont leur fin à l'extérieur d'elles-mêmes : ce sont des moyens en vue d'une fin. Pour conduire efficacement ces activités utilitaires, le capitalisme les arrime à une perspective de profit. L'amour de l'argent se saisit de ce profit, il évalue les activités selon les règles du calcul financier. Mais, comme Keynes l'écrivait dans une note sur l'amour de l'argent en 1925, « test of money measurement constantly tends to widen the area where we weigh concrete goods against abstract money » *in* Skidelsky [1992, p. 240] (voir aussi Keynes [2002b, p. 206]). L'extension du calcul économique développe les activités utilitaires, de telle sorte que toutes les activités deviennent, à la limite, utilitaires. Les finalités en vue desquelles les activités utilitaires étaient conduites disparaissent alors : il ne reste plus que l'accumulation du moyen suprême, l'argent, qui devient lui-même la fin. Les activités à but utilitaire ne sont pas un problème tant qu'elles servent une finalité extérieure, elles sont problématiques au point où elles seules subsistent et deviennent leur propre finalité. Elles ne sont pas condamnées en elles-mêmes, parce qu'elles heurteraient la moralité de Keynes, comme le suggère l'interprétation moralisatrice. Elles sont condamnées parce que leur développement empêche toute réalisation de la vie bonne selon l'éthique de Keynes.

Keynes voudrait brider cet esprit du capitalisme qui nous empêche de nous consacrer aux arts de la vie, qui ont leur fin en eux-mêmes. Diriger toutes les activités de l'homme vers un but utilitaire conduit à une disparition certaine des arts de la vie, car ceux-ci dépérissent quand ils ne sont pas exercés. Cette peur s'exprime dans le changement de registre à la fin du texte. Dans un passage déjà analysé (en 2.3), Keynes s'exprime sur un ton un peu paternaliste : « [I]l n'y aura nul inconvénient à faire de doux préparatifs pour notre future destinée, à encourager et à mettre à l'épreuve les arts de la vie. » [p. 141, §46] La phrase suivante sonne au contraire comme une supplique : « Mais, surtout, ne nous exagérons pas l'importance du problème économique, ne sacrifions pas à ses nécessités supposées d'autres affaires d'une portée plus grande et plus permanente. » [p. 141, §47] Elle révèle l'angoisse de Keynes de voir disparaître, par le mécanisme même qui conduit à la société d'abondance, les arts de la vie qui font tout le sel de l'existence.

Telle est l'ambivalence de l'esprit du capitalisme. Le développement et l'instrumentalisation méthodique de l'esprit de lucre conduisent vers une société délivrée des contingences matérielles, mais en même temps l'amour de l'argent détruit « les coutumes ou les conventions chéries d'une société traditionnelle » et les arts de la vie. Keynes se livre dans cet essai à une critique du capitalisme, qui se fonde sur une analyse de sa dynamique, dans ses causes comme dans ses effets.

Le capitalisme qui est l'objet des inquiétudes de Keynes est le capitalisme débridé, qu'il appelle également égoïste ou de laissez-faire [Backhouse et Bateman, 2009, p. 661-662]. La solution pour Keynes n'est pas de supprimer le profit ou l'amour de l'argent – c'est là chose impossible – mais de les remettre à leur place et de les brider pour qu'ils ne contaminent pas l'ensemble des activités humaines. Keynes croit possible d'utiliser l'amour de l'argent comme moteur des activités à but utilitaire, mais en le tenant sous le boisseau. Ce système pourrait encore s'appeler capitalisme, mais ce ne serait pas un capitalisme de laissez-faire, où l'amour de l'argent étend toujours plus sa sphère d'action. Dans ce système, l'Homme pourrait poursuivre ses fins que Keynes envisage conformément à son éthique, sans les perdre de vue dans l'acquisition des moyens.

De même que Keynes croit que le capitalisme peut retrouver sa stabilité et offrir de l'emploi à tous les travailleurs, s'il est convenablement géré, de même Keynes pense qu'on peut contenir l'esprit financier et encourager les arts de la vie. Keynes, dans les années qui suivent la publication des *Perspectives*, se consacre à ces deux maux du capitalisme. Si son engagement en faveur des politiques publiques de l'emploi est bien connu, la défense de la culture face aux intérêts économiques est aussi un des grands combats de Keynes [Dostaler, 2009, chap. VI]. À partir des années 1930, il s'est impliqué de manière croissante dans la défense des arts, en particulier du spectacle. Il a combattu la vision utilitariste de l'État pour accorder des subventions aux arts. Il souhaitait à la fois soutenir la demande par la dépense publique et préparer le public à jouir de l'état d'abondance [Moggridge, 2005, p. 546]. Pour avoir oublié la deuxième partie de ce combat, les élites économico-politiques des années 1960-1970 ont fait de la croissance le seul horizon de la politique [Skidelsky et Skidelsky, 2012, p. 190-192]. Les *Perspectives* rappellent qu'il ne faut pas sacrifier les fins supérieures de l'homme aux simples moyens que sont les activités utilitaires, en temps d'abondance comme en temps de crise.

L'analyse des *Perspectives* est peut-être contestable sur certains points, sur les besoins relatifs notamment, mais elle conduit bien à l'interprétation que l'on vient de donner. *A contrario*, la remise en cause du raisonnement conduit à des erreurs d'interprétation. Fitoussi interprète le raisonnement de Keynes comme un questionnement moral sur la finalité du capitalisme : pour lui, les besoins relatifs sont infinis et le capitalisme semble alors être un processus sans terme. Mais Keynes attribue bien une finalité au capitalisme : faire sortir l'humanité du problème économique. La problématique est donc différente : l'atteinte de la félicité économique grâce au capitalisme laissera l'humanité nue, sans arts de la vie ni culture, obnubilée à jamais par les activités utilitaires.

On peut comparer la vision d'avenir de Keynes, qui est en même temps une critique du capitalisme, avec deux autres visions célèbres, celles de Karl Marx et de John Stuart Mill.

Pour Marx, le capitalisme développe les forces productives. Mais l'utilisation des forces productives au service de la réalisation de l'homme est entravée par les rapports de production. Ceux-ci profitent à la classe dominante, la bourgeoisie. La classe exploitée, le prolétariat, se paupérise au cours de ce processus ; elle fera la révolution et instaurera la société sans classe.

Pour Mill [2011], l'économie atteindra inéluctablement un état stationnaire. On ne doit cependant pas accueillir cet état avec résignation, on doit au contraire le désirer. Car la lutte pour la vie et la chasse aux dollars y seront inutiles ; l'homme pourra cultiver le progrès moral.

Selon l'analyse de François Perroux, ces deux visions participent d'un même imaginaire implicite une économie sans rareté et une société sans contrainte » [Perroux, 1960, chap. 1]. Keynes partage dans une large mesure cet imaginaire de l'état futur de la société occidentale. Mais sa vision de la dynamique qui y conduit est bien différente, ce qui n'est pas sans influence sur les perspectives futures.

Contrairement à Mill, Keynes n'est pas pessimiste sur la poursuite de la croissance du capitalisme. Alors que Mill considère que l'état de stagnation est inéluctable mais désirable, Keynes ne voit pas de stagnation mais une croissance continue. Marx pense que le développement du capitalisme s'accompagne d'une exacerbation de ses contradictions. Chez Keynes, la contradiction du capitalisme n'apparaît qu'à la fin, une fois atteinte la société d'abondance : lorsque les activités utilitaires seront sans nécessité, mais que les arts de la vie auront disparu. D'une certaine façon, Keynes se place dans le cadre le plus favorable pour le développement du capitalisme. Mais il nous montre le triste état de l'humanité si elle réussissait dans le projet capitaliste : une machine d'abondance tournant à vide, avec des hommes désœuvrés pour avoir sacrifié l'essentiel à la poursuite de l'abondance matérielle.

Si Keynes pense qu'« une économie sans rareté et une société sans contrainte » sont possibles, c'est au prix d'un engagement politique pour réguler le capitalisme et dompter son esprit. L'amour de l'argent serait soigneusement canalisé. L'organisation économique serait efficace mais non envahissante. Ayant la place libre, les arts de la vie prospéreraient.

3.4. Difficulté de la réception

Les lectures des *Perspectives* sont, nous l'avons vu, souvent partielles. Il n'est pas inutile d'ajouter quelques remarques pour expliquer les difficultés des économistes à recevoir le message de Keynes dans son intégrité.

Keynes a une anthropologie différente de celle des économistes. L'Homme, selon Keynes, est un être mû par des instincts, par un besoin inné d'activité. On trouve la même conception dans la *Théorie générale*, où l'homme est gouverné par « les esprits animaux », « un besoin spontané d'agir plutôt que de ne rien faire ». Ce besoin est usuellement canalisé par la nécessité, par le travail orienté vers la production. Mais les habitudes de vie peuvent aussi entraîner ce besoin vers la culture des arts de la vie. Dans l'anthropologie keynésienne, seul le besoin d'agir est naturel. En revanche, le canal par lequel ce besoin s'assouvit dépend de la configuration spécifique d'une société. Parce que le besoin d'activité se résout culturellement et que le capitalisme consacre la suprématie des activités utilitaires, Keynes voit les arts de la vie menacés par le capitalisme. L'importance que Keynes accorde aux arts de la vie découle de son éthique, qui valorise une pluralité de fins désirables en elles-mêmes.

Cette conception de la vie réussie est relativement étrangère à l'esprit des économistes, ce qui explique qu'ils n'aient pas perçu l'importance cruciale des arts de la vie dans l'essai de Keynes. La recension de Meltzer [2009] conteste même l'intérêt d'étudier l'essai de Keynes aujourd'hui sous prétexte que son éthique serait dépassée. L'anthropologie économique repose sur l'*homo œconomicus*, celle de l'homme comme agent rationnel optimisateur. Elle réduit la finalité de l'homme à la maximisation de son utilité, obtenue grâce à l'argent, à l'opposé des conceptions pluralistes de Keynes [Carabelli et Cedrini, 2011, p. 354-356]. Cette représentation, dominante dans le capitalisme, est conçue comme « naturelle » et par conséquent éternelle et immuable. Il est difficile pour certains économistes de comprendre l'esprit du capitalisme, ce que Keynes appelle l'amour de l'argent, comme quelque chose de spécifique, qui se distingue de la simple *auri sacra fames*.

Boldrin et Levine [2008, p. 174] se fourvoient à ce sujet. Ils raillent Keynes pour avoir méconnu, selon eux, les pharaons, les Fugger et les Médicis... Ils ne font pas de différence entre la vieille *auri sacra fames* et l'esprit du capitalisme, qui est la cible des vitupérations de Keynes. Max Weber [2004, p. 20-62] avait pourtant commencé son ouvrage par une mise au point sur l'esprit du capitalisme[14] qui répond par anticipation à ce genre d'objection. L'*auri sacra fames* existe effectivement à toutes les époques. Mais à cet amour de l'argent, souvent impulsif et aventurier, l'esprit du capitalisme ajoute une composante systématique et méthodique qui en fait la particularité.

Dans les *Perspectives*, Keynes donne des exemples comiques de cette intentionnalité systématique : il s'agit de l'amour des chats [p. 138, §31], de l'acte « confiturier » [p. 139, §31], du tailleur du Professeur de *Sylvie et Bruno* [p. 139, §32]. Ce genre d'exemple n'est pas isolé dans l'œuvre de Keynes : « Cette vision, c'était l'idéal utilitariste et économiste – on pourrait presque dire financier – comme seule finalité respectable de la communauté dans son ensemble ; peut-être la plus lamentable hérésie à trouver un écho chez un peuple civilisé. Du pain et rien que du pain, et même pas du pain, et le pain s'accumulant à des taux d'intérêts composés jusqu'à ce qu'il se change en pierre. » [Keynes, 1982, p. 342] À chaque fois, les exemples imagés et pleins d'humour font la satire non du simple amour de l'argent mais de son caractère systématique et méthodique, s'appliquant hors de propos.

Ces mises au point devraient rendre patent que Keynes ne s'attaque pas à l'investissement en général. C'est l'esprit de calcul financier dans lequel est fait l'investissement qui lui répugne. La tendance à relire les *Perspectives* avec les œillères de la théorie économique conduit souvent à des contresens sur ce point. Par exemple, Richard Freeman [2008, p. 140] comprend la critique

14. Weber traite explicitement l'exemple des Fugger, car il s'oppose aux thèses de Sombart : voir Weber, [2004, p. 24] ainsi que sa mise au point dans les remarques critiques de 1907 [Weber, 2004, p. 328].

de l'intentionnalité comme une préférence accordée au présent. Il considère Keynes comme le défenseur d'un taux d'actualisation élevé : « *From the perspective of today's debates over global warming and climate change, Keynes's preference for high discount rates also strikes a peculiar chord, since it downgrades the danger that environmental change poses a major disaster to future human life.* » Relier la question de la fin de la mentalité économique à un taux d'actualisation fort va à rebours de la pensée de Keynes. En fait il conteste le raisonnement en termes d'investissement devant rapporter, le principe même du calcul utilitariste. Formuler le problème en termes de taux d'actualisation est pour lui un « cauchemar de comptable » [Keynes, 2002b, p. 206]. Il ne s'agit pas d'abandonner tout investissement mais de juguler la tendance à tout apprécier en termes d'investissement. Même dans l'état d'abondance, « il restera raisonnable d'avoir une "intentionnalité" économique au profit des autres quand il ne sera plus raisonnable d'en avoir une pour soi-même » [§44, p. 141].

*

* *

Cet article s'est efforcé de mettre au jour les soubassements théoriques des *Perspectives économiques pour nos petits-enfants* : une approche substantiviste de l'économie comme fourniture de la réponse aux besoins, une finitude des besoins de base, une mise à l'écart, hasardeuse, des besoins relatifs. Keynes peut ainsi poser sa problématique du devenir dans la société d'abondance. Selon la lecture proposée, Keynes développe une vision du capitalisme comme processus de mobilisation de l'amour de l'argent pour développer les activités utilitaires. Ce processus sape les possibilités de profiter de l'abondance qu'il crée. Notre interprétation opère la synthèse entre trois versants du texte, considérés séparément dans les réceptions existantes : un versant économique, qui décrit les mécanismes conduisant à la société d'abondance, un versant naturaliste, qui se préoccupe de l'occupation du loisir après la disparition de la nécessité du travail, un versant moralisateur, qui condamne l'amour de l'argent et défend l'art de vivre. Elle donne de la cohérence à un texte qui est souvent lu de manière tronquée et dont la problématique est morcelée. Elle s'accorde avec les positions que Keynes a tenues par ailleurs. La critique de la dynamique du capitalisme que cette interprétation dévoile a été mise en regard d'autres critiques du capitalisme, celle de Mill et de Marx.

En explicitant les prémisses théoriques qui sous-tendent les *Perspectives*, on prend sans doute le risque de faire croire que la critique de la dynamique capitaliste n'est qu'une construction habile, au service d'une condamnation idéologique du capitalisme. La méthode analytique adoptée ici rend difficilement compte de la fascination qu'exerce ce texte. Keynes y aborde certains des aspects les plus cruciaux de la nature du capitalisme. Par la combinaison de l'exposé économique et du récit messianique, Keynes forge un discours puissant, qui nous écarte des représentations conventionnelles et qui, encore aujourd'hui, nous fait réfléchir sur le système économique dans lequel nous évoluons toujours. L'analyse conduite ici n'est, quant à elle, pas de nature à ébranler toutes les résistances idéologiques. À en juger par les réceptions dans *Revisiting Keynes*, si l'essai continue de provoquer de vives réactions, ses intentions ne sont plus comprises, sa portée critique est émoussée, son sens reste voilé. Il importe donc toujours de soulever la couche d'idées économiques qui nous sépare de Keynes pour que son message réapparaisse dans toute sa cohérence.

À l'heure où les considérations écologiques nous obligent à chercher un nouveau modèle de croissance, voire de société, les *Perspectives économiques pour nos petits-enfants* peuvent encore nous inspirer.

Bibliographie

Backhouse Roger E. et Bateman Bradley W. [2009], « Keynes and capitalism », *History of Political Economy*, 41 (4), p. 645-671.

Becker Gary S. et Rayo Luis [2008], « Why Keynes underestimated consumption and overestimated leisure for the long run», in L. Pecchi et G. Piga *Revisiting Keynes: Economic Possibilities for our Grandchildren*, Cambridge MA: MIT Press, p. 179-184.

Boldrin Michele et Levine David K. [2008], « All the interesting questions, almost all the wrong reasons », in L. Pecchi et G. Piga *Revisiting Keynes: Economic Possibilities for our Grandchildren*, Cambridge MA : MIT Press, p. 161-178.

Carabelli Anna et Cedrini Maria [2011], « The economic problem of happiness: Keynes on happiness and economics », *Forum for Social Economics*, 40 (3), p. 335-359.

Chilosi Alberto [2009], « Pecchi L., Piga G. (eds.) : *Revisiting Keynes. Economic Possibilities for our Grandchildren* », *Journal of Economics*, 98 (1), p. 89-92.

Dostaler Gilles [2009], *Keynes et ses combats*, Paris : Albin Michel.

Fitoussi Jean-Paul [2008], « The end of (economic) history », in L. Pecchi et G. Piga *Revisiting Keynes: Economic Possibilities for our Grandchildren*, Cambridge MA : MIT Press, p. 151-160.

Frank Robert H. [2008], « Context is more important than Keynes realized », in L. Pecchi et G. Piga *Revisiting Keynes: Economic Possibilities for our Grandchildren*, Cambridge MA : MIT Press, p. 143-150.

Freeman Richard B. [2008], « Why do we work more than Keynes expected? », in L. Pecchi et G. Piga *Revisiting Keynes: Economic Possibilities for our Grandchildren*, Cambridge MA : MIT Press, p. 135-142.

Galbraith John Kenneth [1958], *L'ère de l'opulence*, Paris : Calmann-Lévy, 1961.

Heilbroner Robert L. [1971], *Les grands économistes*, Paris : Le Seuil.

Hirsch Fred [1976], *Social Limits to Growth*, Londres : Routledge & Kegan Paul.

Keynes John Maynard [1936], « Art and the state », in *The Collected writings. XXVIII : Social, political and literary writings*, Londres : Macmillan, 1982, p. 341-349.

— [1972], *Essais sur la monnaie et l'économie*, Paris : Payot.

— [2002a], *La pauvreté dans l'abondance*, Paris : Gallimard.

— [2002b], « L'autosuffisance nationale », in J.M. Keynes *La pauvreté dans l'abondance*, Paris : Gallimard, p. 194-212.

— [2002c] — « Un aperçu de la Russie », in J.M. Keynes *La pauvreté dans l'abondance*, Paris : Gallimard, p. 31-54.

King J. E. [2010] — « Revisiting Keynes: Economic Possibilities for our Grandchildren — Edited by Lorenzo Pecchi and Gustavo Piga », *Australian Economic History Review*, 50 (1), p. 104-106.

Leijonhufvud Axel [2008], « Spreading the bread thin on the butter», in L. Pecchi et G. Piga *Revisiting Keynes: Economic Possibilities for our Grandchildren*, Cambridge MA, MIT Press, p. 117-124.

Marx Karl [1900], *Grundrisse*, Paris : Éditions sociales.

Meltzer Allan [2009], « Revisiting Keynes: *Economic Possibilities for Our Grandchildren* », *History of Political Economy*, 41(4), p. 760-762.

Mill John Stuart [2011], « De l'état stationnaire », *Revue du Mauss*, 37, p. 419-425.

Moggridge Donald [2005], « Keynes, the arts, and the state », *History of Political Economy*, 37 (3), p. 535-555.

Ohanian Lee E. [2008, « Back to the future with Keynes », in L. Pecchi et G. Piga *Revisiting Keynes: Economic Possibilities for our Grandchildren*, Cambridge MA : MIT Press, p. 105-115.

Pecchi Lorenzo et Piga Gustavo (ed.) [2008], *Revisiting Keynes: Economic Possibilities for our Grandchildren*, Cambridge MA : MIT Press.

Perroux, François [1960], *Économie et Société : contrainte – échange – don*, Paris : PUF.

Polanyi Karl [2008], « L'économie en tant que procès institutionnalisé», in M. Cangiani et J. Maucourant (éd.): *Essais de Karl Polanyi*, Paris : Le Seuil, coll. « Économie humaine », p. 53-77.

Sahlins Marshall [1974], *Âge de pierre, âge d'abondance : l'économie des sociétés primitives*, Paris : Gallimard.

Simmel Georg [1987], *Philosophie de l'argent*, Paris : PUF.

Skidelsky Robert J. [1992], *John Maynard Keynes: The Economist as Saviour, 1920-1937*, Londres : Macmillan.

— et Skidelsky Edward [2012], *How Much Is Enough? The Love of Money and the Case of the Good Life*, Harlow : Allen Lane.

Solow Robert M. [2008], « Whose grandchildren? », in L. Pecchi et G. Piga *Revisiting Keynes: Economic Possibilities for our Grandchildren*, Cambridge MA : MIT Press, p. 87-93.

Toye John [2009], « Revisiting Keynes: economic possibilities for our grandchildren », *Economic History Review*, 62 (2), p. 522-523.

Weber Max [1920], *L'éthique protestante et l'esprit du capitalisme*, Paris : Gallimard, 2004.

Zilibotti Fabrizio [2008], « *Economic Possibilities for our Grandchildren* 75 years after: a global perspective», in L. Pecchi et G. Piga *Revisiting Keynes: Economic Possibilities for our Grandchildren*, Cambridge MA : MIT Press, p. 27-39.

Zinn Karl Georg [2009], « Pecchi, Lorenzo, Gustavo Piga (Hrsg.), *Revisiting Keynes. Economic possibilities for our grandchildren* », *Jahrbücher für Nationalökonomie und Statistik*, 229 (5), p. 663-665.

UN LIEU COMMUN SANS VACUITÉ : LE CARACTÈRE DANS LA PENSÉE D'ALFRED MARSHALL

Rozenn Martinoia[1]

Le caractère est une notion communément reconnue comme centrale dans la pensée d'Alfred Marshall, et plus largement dans l'Angleterre victorienne. Pourtant, cette notion n'est jamais intrinsèquement définie. Le présent article propose une reconstruction intellectuelle du caractère chez Marshall qui, sans nier que ses conceptions évoluent entre ses écrits de jeunesse et de maturité, se focalise sur les éléments pérennes de sa pensée. Cette reconstruction est également l'occasion de revenir, par un travail d'archives, sur la conception marshallienne de l'idéal social. Marshall conçoit en effet le caractère comme un complexe de qualités psychologiques, morales et cognitives qui, non sans circularité, prennent sens dans l'idéal marshallien et simultanément le servent.

Character in Alfred Marshall's work: not so commonplace?

Character is commonly recognised as a crucial notion in Alfred Marshall's thought, and more broadly in Victorian thought. However, this concept is never intrinsically defined. This paper offers an intellectual reconstruction of the notion of character in Marshall's thought. While not denying that Marshall's ideas evolve between his early writings and his later writings, this reconstruction focuses on the unchanged elements of his thought. This reconstruction is also an opportunity to re-examine Marshall's conception of social ideal, on the basis of archives documents: Marshall conceives character as a complex of psychological, moral and cognitive faculties that – in a somewhat circular way – both makes sense in the light of his social ideal and serves his social ideal.

Mots clefs : Alfred Marshall, caractère, éthique, bien-être moral, utilitarisme, perfectionnisme.

Keywords: Alfred Marshall, character, moral welfare, utilitarianism, perfectionism.

JEL classification: A13, B13, B31, D69

1. Maître de conférences HDR Univ. Grenoble-Alpes Centre d'études et de recherches appliquées à la gestion (CERAG) Pôle d'histoire de l'analyse et des représentations économiques (PHARE).
Courriel : rozenn.martinoia@upmf.grenoble.fr

« Les progrès moraux et économiques dépendent de manière croissante de la mesure dans laquelle les influences les plus fortifiantes peuvent être consacrées au caractère. »

Alfred Marshall, 1920, *Industry and Trade*, p. 662-663.

Au cours du XIXe siècle, la monarchie parlementaire anglaise voit à trois reprises sa base électorale élargie [Bédarida, 1976, p. 199]. Les avancées démocratiques des uns suscitent les craintes des autres. En février 1886, moins de deux ans après le troisième *Franchise Reform Act*, des manifestations ouvrières se produisent. Tandis que le socialiste utopiste William Morris se réjouit de cette « première escarmouche de la Révolution » [Stedman Jones, 1971, p. 294], Alfred Marshall s'en inquiète : « Le péril est très grand », écrit-il[2]. Menacées par le chômage, la misère et l'insalubrité des cités industrielles, les classes ouvrières s'éveillent dans le halo de thèses révolutionnaires. Libéraux comme conservateurs s'alarment [Stedman Jones, 1971, p. 1 ; Soffer, 1978, p. 166 ; Rodriguez, 2010, p. 226]. Pressés par ce contexte, intellectuels et politiques débattent des modalités de la citoyenneté et de la paix sociale. Quoique leurs philosophies sociales diffèrent, évolutionnistes, idéalistes et utilitaristes anglais ont en commun de se fonder sur l'impérieuse nécessité d'élever le « caractère » des hommes[3]. Celle-ci apparaît aux yeux de Herbert Spencer [1893, p. 251] comme « la finalité que l'homme d'État doit garder en vue comme étant la plus élevée de toutes ». John Stuart Mill [1843, vol. 2, p. 511] propose pour sa part de développer l'« Éthologie », « la 'science du caractère' »[4]. Thomas Hill Green [1895, p. 247] aspire à son tour à identifier ces « méthodes particulières par lesquelles la perfection du caractère peut être approchée ». La généalogie du projet intellectuel marshallien s'enracine elle aussi dans cet ordre social vacillant, emplie d'une espérance en la « perfectibilité de l'homme » [Marshall, 1885a, p. 155].

2. Correspondance, février 1886 [Whitaker, 1996, vol. 1, p. 202]. Toutes les traductions figurant dans cet article sont de l'auteur. Lorsqu'elles concernent des sources textuelles rares ou lorsqu'elles peuvent être délicates, la version originale en anglais a été précisée.

3. Les socialistes se réfèrent également au caractère, mais dans un rapport causal inversé. Ils font de son élévation les effets des évolutions politiques et non leur condition [Marshall, 1907, p. 18 ; Collini, 1991, p. 93].

4. Marshall ne se réfère pas explicitement à l'éthologie de Mill [voir également Mill 1843, vol. 2, p. 440-454], bien que les liens apparaissent évidents [Becattini, 1991, p. 165 ; Becattini, 2000, p. 3 ; Collini, Winch, Burrow, 1983, p. 319 ; Black, 1990, p. 312 ; Raffaelli, 2003, p. 3-36].

Dès ses premiers écrits, Marshall place le caractère en clef de voûte de son édifice social : le caractère est simultanément le pivot de son idéal moral et politique [Marshall, 1877, p. 10, 16, 55 ; 1893, p. 389 ; Marshall, Marshall, 1879, p. 4 ; Parsons, 1931, p. 107 ; Soffer, 1978, p. 73], du système éthico-économique qui le sous-tend [Marshall, 1875, p. 374] et le dénominateur commun des sciences sociales [Marshall, 1897, p. 299-300]. Au crépuscule de sa vie, cette centralité conférée au caractère perdure[5].

> « Les économistes ont maintenant acquis [...] une vision des possibilités du progrès humain plus large et davantage emplie d'espoir. Ils ont appris à espérer que la volonté humaine, guidée par une pensée prudente, peut modifier les circonstances de manière suffisamment importante pour modifier le caractère, et ainsi susciter de nouvelles conditions de vie toujours plus favorables au caractère et, par conséquent, au bien-être économique comme moral de la masse des gens. » [Marshall, 1920a, p. 48]

Pourtant, en dépit de son rôle apparemment crucial, le caractère n'est chez Marshall « jamais l'objet d'une analyse directe » [Raffaelli, 2006, p. 492]. Le Professeur de Cambridge disserte des fondements du caractère des hommes – leurs idéaux, leur éducation et surtout la nature et les conditions de leur activité économique d'une part, et la façon dont le revenu qu'ils en tirent est dépensé d'autre part [Marshall, Marshall, 1879, p. 9-12 ; Marshall, 1920a, p. 1]. Il explore les rouages du processus de coévolution qui lie le caractère de l'homme et son environnement [Raffaelli, 2003, p. 255 ; Groenewegen, 2005 ; Caldari, Nishizawa, 2011]. Mais jamais il ne définit ce qu'est intrinsèquement le caractère.

Lieu commun, au propre comme au figuré, de la pensée victorienne [Collini, 1991], le caractère n'est pas davantage défini par les intellectuels, militants caritatifs ou personnalités politiques qui y recourent[6]. Le caractère affleure de tous les discours de la seconde moitié du XIXe siècle britannique, sans jamais se cristalliser dans un système rigoureux – à défaut d'être unanimement partagé. Tout au plus perçoit-on derrière la notion une « collection de capacités » [Dardi, 2010] qui embrasse, de manière

5. Par-delà les citations elles-mêmes que l'on pourrait longuement décliner, l'architecture des textes est également un révélateur de l'importance que Marshall accorde à la notion de caractère. Celle-ci apparaît effectivement toujours dans les propos liminaires [Marshall, Marshall, 1879, p. 2 ; Marshall, 1920a, p. 1] ou dans les conclusions [Marshall, 1920c, p. 662 ; Marshall, 1923, p. 367] des principales publications de Marshall.

6. Rendons justice à Thomas Hill Green qui, sans entrer davantage dans les détails, note néanmoins que « par caractère [...] nous signifions la manière suivant laquelle un homme cherche la satisfaction de soi » [Green 1895, p.142]. Voir *infra* section 3.2.

relativement plastique, un ensemble de dispositions mentales et morales ainsi que des jugements de valeur sur leur aspect moralement désirable [Collini, 1991, p. 91-118 ; Becattini, 1991, p. 165]. Il est à cet égard éloquent de constater que le *Palgrave Dictionary of Political Economy* qui paraît à cette époque ne contient aucune entrée relative au caractère, alors même que l'épigraphe de son second volume est une citation de Cairnes relative à la centralité du caractère pour l'analyse économique [Palgrave, 1896, p. xviii].

Le présent article s'intéresse à la notion de caractère dans la pensée de Marshall. Son objet est de montrer l'existence – ou, à tout le moins, la possibilité de sa reconstruction rétrospective – d'une structure conceptuelle pérenne et plus élaborée que ne le suggère de prime abord le désordre marshallien. Il n'entre cependant pas dans nos intentions de détailler les modalités d'élévation du caractère qui, au contraire, évoluent entre les écrits de jeunesse et ceux de maturité de Marshall[7]. Nous reviendrons dans la première section sur les thèses de la littérature secondaire dédiée au caractère dans la pensée de Marshall ; thèses que le présent article n'entend pas réfuter mais enrichir. Puis, les trois sections suivantes seront consacrées respectivement aux trois dimensions qui composent la conception marshallienne du caractère – psychologique, morale et cognitive. Nous mettrons en perspective cette conception au regard du demi-siècle de production de Marshall et de son contexte intellectuel.

1. Le caractère dans la littérature secondaire

Durant l'entre-deux-guerres, à une époque où l'évidence victorienne de la centralité du caractère a disparu, Parsons est le premier à s'y intéresser. Cependant, s'il avertit considérer le caractère dans le « sens particulier » [Parsons, 1931, p. 132] que lui donne Marshall, il n'en propose aucune définition, pas plus qu'il n'entreprend de tentative de systématisation. Parsons utilise finalement le caractère dans un esprit très marshallien : comme un outil d'analyse essentiel mais dont le contenu demeure assez nébuleux. Les principaux commentateurs de Marshall qui lui succéderont adopteront une posture similaire [Viner, 1941 ; Whitaker, 1977 ; Reisman, 1987].

Butler [1993] amorce un intérêt au sein des cercles marshalliens pour la notion même de caractère. Il s'intéresse au voyage ethnographique du jeune

7. La nature des actions à mener (éducation, urbanisme, redistribution, etc.), ainsi que les acteurs qui en sont à l'origine (État, syndicats, entreprises, organisations caritatives) évoluent. Voir par exemple Matthews [1990] ; Caldari [2004] ; Cook [2009, p. 228-261] ; Martinoia [2012].

Marshall, qui donnera naissance aux manuscrits *Some Features of American Industry* [Marshall, 1875] et *Foreign Trade and its Bearing on Industrial and Social Progress* [Marshall, 1877] dans lesquels Marshall relie progrès économique et progrès éthique par l'entremise du caractère. La contribution de Butler demeure toutefois essentiellement historiographique.

Des recherches plus analytiques émergent avec le travail novateur réalisé par Raffaelli [1994] sur *Ye Machine,* un manuscrit de jeunesse inédit de Marshall. Ce texte et son interprétation semblent avoir fortement influencé la façon dont désormais est appréhendé le caractère chez Marshall, à savoir une approche principalement cognitive [Becattini, 2000 ; Raffaelli, 2003, p. 26-29 ; Raffaelli, 2006 ; Loasby, 2006] déjà perceptible de manière incidente dans ce cercle de chercheurs italiens chez Becattini [1991, p. 164-169]. Cook reprend à son compte le « modèle mécanique du caractère » de Raffaelli, en notant que, focalisé sur la dimension cognitive, ce modèle ne permet pas d'appréhender la totalité de la conception marshallienne [Cook, 2005, p. 707 ; Cook, 2008, p. 24].

On peut s'interroger sur les raisons pour lesquelles la littérature secondaire met l'accent sur la dimension cognitive du caractère. Une réponse réside en ce que, dans le schème marshallien, la dimension morale est causalement liée à la dimension cognitive. Cook [2008, p. 2] rappelle ainsi que la faiblesse ou l'absence de certaines qualités morales incombe en dernier ressort aux limites des capacités d'imagination et d'anticipation qui interviennent dans les choix de ces individus. Cependant, on remarquera que si la moralité est causalement liée à des capacités cognitives, elle ne se réduit pas à celles-ci. Par ailleurs, le raisonnement de Cook ne permet pas de lever le paradoxe que notait Marshall [1920a, p. 750] – et que Cook relève lui-même – de la faiblesse de caractère de certains hommes d'affaires aux capacités cognitives élevées et au comportement néanmoins peu moral. De plus l'angle cognitif bute sur un obstacle intellectuel. En effet, quand bien même l'évolution des capacités cognitives permettrait l'universalité de la raison morale, cette dernière n'implique pas l'universalité de son contenu. Or dans sa conception normative, le caractère et, plus largement, l'idéal social marshallien enceignent cette perspective. La conception marshallienne du caractère ne peut donc se réduire à sa dimension cognitive et doit être complétée. Avant d'en faire l'exposé, précisons sa nature et la méthode qui le sous-tend.

Le modèle du caractère retracé ci-après constitue une épure, une reconstruction intellectuelle, qui réorganise des éléments épars de la pensée de Marshall. Ainsi, à la question de savoir s'il faut « laisser [la] dispersion à l'apparence de son désordre » [Foucault, 1969, p. 75], avons-nous répondu par la négative. Indéniablement, la mise en ordre à laquelle nous avons procédé constitue un travail de rationalisation rétrospective. Il ne s'agit cependant nullement d'une interprétation achronique qui nierait les déclinaisons de la pensée de Marshall ou qui postulerait *a priori* une cohérence et une permanence conceptuelles. Bien au contraire, cette reconstruction est l'un des fruits d'une analyse préalable inscrite dans une perspective extensive et de généalogie génétique [Dockès, Servet 1992]. À partir de sources documentaires larges du point de vue de leur horizon temporel comme de leur nature, en ayant toujours à l'esprit leurs différences de statut [Gaudemar, 1978, p. 668], nous avons porté attention aux glissements, contradictions ou transformations de la pensée marshallienne, ainsi qu'aux conditions intellectuelles, institutionnelles et historiques de la formation et de l'évolution de la pensée de Marshall. De cet ensemble, dont on convient sans peine qu'il est nuancé et mouvant, émerge néanmoins une ossature stable.

En arrière-plan de l'élasticité des représentations marshalliennes du caractère et, plus largement, de ses modalités d'évolution, des permanences sont en effet repérables. On peut ainsi identifier la récurrence, sous la plume de Marshall, de trois catégories de caractéristiques, que nous nommons « dimensions » – non totalement indépendantes les unes des autres – et dont la combinaison constitue le caractère. Depuis l'article de 1873, *The Future of the Working Classes*, jusqu'à la dernière édition de *Principles of Economics* en 1920, ainsi que ses derniers manuscrits en 1922, le caractère apparaît ainsi toujours comme un complexe de caractéristiques psychologiques, morales et cognitives. Le poids relatif accordé par Marshall à chacune de ces dimensions varie selon la nature des textes considérés. Plus son propos a trait à des utopies ou à des propositions normatives – souvent dans des écrits privés ou non académiques – plus les aspects moraux sont mis en avant. Inversement, plus l'argumentation est située dans le champ de la science économique, plus l'attention portée à la dimension cognitive est forte. Outre sa tentative infructueuse de neutralité axiologique [Keynes, 1924, p. 11-12 ; Levitt, 1976 ; Maloney, 1985 ; Jensen, 1990 ; Hodgson, 2001], la posture de Marshall n'est pas sans lien avec le fait que le progrès moral s'accompagne selon lui d'un progrès de facultés cognitives [Marshall, 1920a, p. 222-223][8].

8. Sur la conception évolutionniste de la morale de Marshall, voir Raffaelli [2003 ; 2006] ; Loasby [2006, p. 22] ; Martinoia [2012].

2. La dimension psychologique du caractère

La dimension psychologique du caractère est relative aux principes explicatifs de l'action. Du « catalogue raisonné du monde tel qu'il est » [Marshall, 1897, p. 303], brossé par Marshall, se dégage une typologie positive, fondée sur les objets du désir et les satisfactions éprouvées par les individus. Soucieux d'afficher la neutralité de l'économie, Marshall prétend ne pas mettre « en balance l'amour de la vertu et le désir d'une nourriture agréable » [Marshall, 1920a, p. 16 ; voir aussi 1885a, p. 161]. Pourtant, quelques lignes plus loin, il n'hésite pas à affirmer que « même dans les usages plus restreints des études économiques, il est important de savoir si les désirs qui prévalent sont propres à aider à construire un caractère droit et fort » [Marshall, 1920a, p. 17]. Marshall introduit donc sans ambages un jugement de valeur, estimant que certains désirs – ou, dans d'autres passages, certaines satisfactions, indépendamment du fait qu'elles aient été ou non l'objet du désir – sont préférables à d'autres, au regard du caractère qu'ils contribuent à entretenir ou à développer. À une typologie *positive* des mobiles de l'action humaine est donc adossée une hiérarchisation *normative.* Nous en présenterons tout d'abord les lignes directrices et illustrerons trois figures typiques de caractères qui jalonnent cette échelle (2.1) ; une échelle continue que, pour des raisons didactiques, nous clivons artificiellement. Nous évoquerons ensuite le cadre axiologique qui structure cette hiérarchisation et le mettrons en perspective avec le contexte intellectuel de l'époque (2.2).

2.1. La typologie des caractères, d'un point de vue psychologique

La « variété des conduites humaines » [Marshall, 1920a, p. 14] constitue selon Marshall un *continuum.* La représentation théorique du caractère procède à sa sériation artificielle, au regard des mobiles d'action prédominants[9]. Les choix principalement gouvernés par la recherche de plaisirs égoïstes des sens, révèlent et entretiennent les caractères les plus faibles. À l'opposé, les actions mues par les injonctions du devoir et la recherche des satisfactions de l'esprit sont propres aux caractères les plus élevés. Entre ces deux pôles, résident des caractères intermédiaires, guidés par des désirs, pour soi-même ou pour autrui, de plaisir des sens, de satisfaction de l'esprit ou de réalisation du devoir.

9. Conformément aux vues de Marshall [1885a, p. 160-161], il s'agit davantage d'une polarisation, d'une tendance, que d'une coïncidence stricte et permanente.

a. Les caractères faibles

Le pôle correspondant aux caractères faibles relève d'une version étroite de l'hédonisme psychologique. L'hédonisme psychologique considère que la recherche du plaisir personnel est le principe explicatif unique de l'action. Cette doctrine relègue dans le champ de l'irrationalité ou du mauvais calcul la possibilité du sacrifice de son propre bonheur [Bentham, 1834, p. 11]. Elle n'exclut pas la possibilité de bienveillance mais réduit cette dernière à une action intéressée, mue par le désir d'éprouver le plaisir d'avoir été bienveillant [Bentham, 1815, p. 211 et 217]. Toutefois, selon Marshall, aucune bienveillance n'est à l'œuvre au plus bas de l'échelle des caractères (*infra* sections 3 et 4) et l'éventail des plaisirs désirés se réduit aux plaisirs des sens [Marshall, 1920c]. C'est donc un hédonisme psychologique resserré qui explique les conduites humaines des caractères les plus faibles, que Marshall décrit avec un champ lexical connoté très négativement.

Sur une scène qu'il juge « sombre » [Marshall, 1873b, p. 160], se déploient des caractères « grossiers et vulgaires [*rude and coarse*] » [Marshall, 1873b, p. 158] n'aspirant qu'à des plaisirs eux aussi « vulgaires » [Marshall, 1873a, p. 102 et 107 ; 1873b, p. 61 ; 1920c]. Marshall dénigre ce qui « ne fait que gratifier les sens » [Marshall, 1920a, p. 89]. Il bannit ceux qui « ont montré peu d'intérêt pour des choses plus élevées que les plaisirs de manger et de boire jusqu'à l'ivresse ou bien ces distractions qui constituent la misérable créature qu'on appelle le *sporting man*[10] » [Marshall, 1873b, p. 157]. Il dénonce ceux qui ne trouvent que l'alcool[11] comme plaisir au-delà des « strictes nécessités d'une vie sordide » [Marshall, 1920a, p. 90]. Ces désirs et satisfactions révèlent le caractère faible et non « discipliné » [Marshall, 1920b, p. 316] de ceux « qui échouent à maîtriser leurs désirs animaux » [Becattini, 1991, p. 164].

Ces attaques vilipendent majoritairement les « pauvres paresseux et vicieux [*lazy and vicious paupers*] » [Marshall, 1883b, p. 209], les vagabonds indigents et la frange de la classe ouvrière la plus instable en termes d'emploi (*infra*, conclusion). Néanmoins, la faiblesse de caractère n'est pas le propre des « pauvres professionnels » [1920b, p. 130] et des moins fortunés.

10. Le *sporting man* désigne à cette époque un individu plutôt issu des classes moyennes et supérieures de l'Angleterre davantage tourné vers les plaisirs des sens (en particulier ceux du jeu et du pari sportif) que vers les plaisirs intellectuels [Deslandes, 2005, p. 77-78].

11. L'alcoolisme est un sujet d'inquiétude de l'époque [Stedman Jones, 1971, p. 285]. Voir par exemple Marshall [1884b, p. 147 ; 1920a, p. 90].

Marshall découple en effet « richesse matérielle » et « richesse de caractère » [Marshall 1907, p. 26]. Les caractères faibles orientent leurs dépenses « dans des directions qui font peu ou rien pour rendre la vie plus noble » [Marshall, 1920a, p. 720], ce qui est le cas des « dépenses extravagantes » [Marshall, 1920a, p. 665] de certaines personnes aisées. Ces dernières pourront cependant avoir des caractéristiques morales et cognitives qui laissent envisager plus favorablement les possibilités d'élévation de leur caractère (*infra* sections 3 et 4). Aussi, Marshall somme-t-il pauvres comme riches de« [d]épenser sagement » [Marshall, 1902 dans Whitaker 1996, vol. 2, p. 398 ; Marshall, 1923, p. 366]. La consigne n'a pas tant trait au montant de la dépense qu'à la nature des désirs qu'elle exprime, des satisfactions qu'elle procure et du caractère qu'elle exprime et entretient.

b. Les caractères intermédiaires

Dans la lignée de la réfutation de l'universalité de l'hédonisme psychologique par Henry Sidgwick [1907, p. 53], Marshall [1885a, p. 160-161], comme Arthur Pigou [1903, p. 68] à sa suite, considère que pour la plupart des individus celui-ci n'est qu'un principe explicatif parmi d'autres. On peut ainsi repérer dans son œuvre la référence fréquente à des conduites humaines où prédominent, non les désirs de *plaisir* mais, plus largement, les désirs de *satisfaction*. Marshall estime préférable « d'utiliser ce mot [satisfaction] au lieu de 'plaisir', lorsque l'occasion se présente d'indiquer le but auquel tendent tous les désirs, qu'ils appartiennent à la nature supérieure ou inférieure de l'homme » [Marshall, 1920a, p. 17]. À travers cette substitution sémantique, introduite dans la troisième édition de *Principles of Economics* en 1895, Marshall marque doublement son éloignement de l'utilitarisme[12] : il élargit l'éventail des objets du désir à des objets potentiellement pénibles – tels que la recherche de la satisfaction du devoir accompli – et envisage la possibilité du sacrifice de soi.

L'individu au caractère ordinaire est donc mû par la recherche de la satisfaction personnelle. Ses mobiles d'action sont variés [Marshall, 1920a, p. 783-784]. Ils peuvent exprimer « sa nature supérieure ou non », provenir « d'obligations de sa conscience, de l'influence du rapport social, ou des exigences de ses besoins corporels » [Marshall, 1920a, p. 20]. Tantôt, il est « influencé par des mobiles égoïstes » et « n'est au-dessus ni de la vanité, ni de

12. Marshall ne respecte cependant pas toujours la sémantique qu'il propose lui-même. Sur l'évolution de ses conceptions psychologiques ainsi que ses implications analytiques en économie, voir Martinoia [2003].

l'imprudence ». Tantôt, il n'est pas « au-dessous de la joie du travail bien fait pour lui-même, [...] de celle du sacrifice de soi pour le bien de sa famille, de son prochain, [...] de son pays », ou « de l'amour d'une vie vertueuse pour elle-même » [Marshall, 1920a, p. 27]. Les caractères ordinaires sont donc ceux d'individus aux motivations éclectiques, évoluant entre les deux pôles situés aux extrémités du *continuum.*

c. Les caractères supérieurs

Les individus aux mobiles d'action fortement polarisés sur des « objets supérieurs du désir » [Marshall, 1885a, p. 159], tels que les désirs de satisfaction de l'esprit et d'accomplissement de son devoir, constituent une troisième catégorie de caractères. Dans les écrits de jeunesse de Marshall – *The Future of the Working Classes* et *Lectures to Women* – le « *gentleman* » incarne cette représentation idéalisée du comportement individuel, inspirée des valeurs dominantes de l'élite intellectuelle victorienne [Parsons, 1932, p. 325]. Les dictionnaires de l'époque définissent le *gentleman* comme « un homme élevé au-dessus du vulgaire [*a man raised above the vulgar*] » [Reid, 1873, p. 180 ; Sullivan, 1877, p. 182], de ses manières « grossières, impolies, basses [*coarse, rude, low*] » [Reid, 1873, p. 463] ou « mauvaises [*mean*] » [Sullivan, 1877, p. 444]. Sans surprise, on retrouve ce même champ lexical sous la plume de Marshall lorsqu'il classe les caractères. Le *gentleman* disparaît nommément de ses écrits dès *The Economics of Industry*, publié en 1879[13]. Toutefois, l'attention portée par Marshall à des caractères élevés reste perceptible dans ses écrits de maturité et leur description s'articule visiblement à la figure première et idéale du *gentleman.*

Le *gentleman* poursuit de « nobles sources de joie » [Marshall, 1873a, p. 118 ; Marshall, Marshall, 1879, p. 35]. Marshall emprunte cette expression et son contenu axiologique à Octavia Hill [1869, p. 226], membre actif de la *Charity Organisation Society* qu'il déclarera « vénére[r] » [Marshall, 1892a, p. 377] et avec laquelle il demeurera en lien [Groenewegen, 1995, p. 358]. « Un *gentleman* est un homme à l'esprit agile et cultivé » animé par un sens du devoir social [Marshall, 1873a, p. 107]. Nobles sont les désirs du *gentleman.* Joie est l'état mental qu'ils procurent. Comme le note Raffaelli [1995, p. 9], on estime à l'époque « que les expériences de joie requièrent un exercice supérieur de la volonté, différent de la forme immédiate que procure

13. Une recherche lexicographique dans *The Economics of Industry* [1879], *The Social Possibilities of Economic Chivalry* [1907], *Principles of Economics* [1920], *Industry and Trade* [1920] et *Money, Credit and Commerce* [1923], conclut à l'absence du mot gentleman.

la poursuite des plaisirs des sens ». La joie renvoie donc à la nature supérieure de l'homme et aux caractères élevés, tandis que les plaisirs des sens sont ceux du « *'lower self'* conçu comme purement appétitif et de surcroît égoïste » des caractères faibles [Collini 1991, p. 97], « dénués de joie » [Marshall, 1884b, p. 146].

Devenir un « *gentleman* dans l'esprit » – c'est-à-dire au regard du caractère – c'est « apprendre à attacher de la valeur au temps et au travail pour eux-mêmes, apprendre à se soucier plus de cela que d'une simple augmentation de salaire et de confort matériel », apprendre « à accepter les devoirs privés et publics d'un citoyen » [Marshall, 1873b, p. 160], à cultiver les « plaisirs de la musique », la « joie [de] la connaissance », les « délices [de] l'art » [Marshall, 1873b, p. 161]. « Pourquoi chaque jour n'est-il pas un dimanche, dédié à la culture, avec juste suffisamment de travail qu'il en faut peut-être pour la santé du corps, avec du temps pour apprendre et réfléchir, pour être éduqué à la science et à l'art [Marshall, 1873a, p. 96][14] ? »

Dans ses écrits de maturité, les désirs et les satisfactions qui caractérisent le *gentleman* demeurent des jalons perceptibles de l'échelle des caractères, quoique Marshall n'emploie plus le terme. Marshall conserve ses références aux conceptions et aux valeurs défendues par Octavia Hill [Marshall 1907, p. 27; 1920b, p. 814 ; Biagini, 1991, p. 345-7] : sens du devoir, esprit public et désir de satisfactions de l'esprit.

Dans une veine perfectionniste [Hurka, 1996, p. 1437 ; *infra* section 3], Marshall continue à valoriser les états mentaux indépendamment de la satisfaction qu'ils procurent. Si « les plus grands plaisirs sont ceux qui surgissent avec l'effort de réaliser son devoir » [Marshall, 1920a, p. 17], le propre des caractères élevés réside toutefois, selon lui, en ce que l'objet du désir *ex-ante* est avant tout de réaliser son devoir *pour lui-même* et non pour les satisfactions *ex-post* que sa réalisation procurera incidemment. Le « désir de réaliser son devoir », souligne-t-il, « est une chose différente d'un désir du plaisir que l'on pourrait en attendre, pour autant qu'on y pense » [Marshall, 1920a, p. 17].

Par ailleurs, dans le manuscrit *Ye Route to Ordered Progress towards Utopia*, Marshall [1922a] décrit toujours l'idéal comme « une vie cultivée pour tous ceux qui s'en soucient [*a cultured life for all who care for it*] », « une vie de grande classe [*a high class life*] ». En écho à ses assertions de jeunesse – « en vérité le bien-être matériel comme spirituel sera le destin de ce pays qui,

14. Sur la culture voir aussi Marshall [1873a, p. 96, 119, 123 et 124] et *infra* section 2.2.

par l'action publique et privée, consacre ses plus grandes énergies à élever le niveau de culture des gens[15] » [Marshall, 1873b, p. 172] –, Marshall note un demi-siècle plus tard que l'« art pour le plaisir de l'art est un objet des plus dignes des efforts humains[16] » [Marshall, 1920c], bien qu'il ne s'y réduise pas [Groenewegen, 1995, p. 774]. Si de telles vues apparaissent plus nettement et de manière plus détaillée dans ses écrits privés, elles n'y sont cependant pas confinées. Dans le premier chapitre de *Principles of Economics*, la quête d'une « vie raffinée et cultivée » apparaît clairement comme un des objectifs du progrès [Marshall, 1920a, p. 3].

2.2. En filigrane : la conception marshallienne du bien

La hiérarchisation des caractères, par le biais de la nature des désirs et des satisfactions, est gouvernée par une conception du bien, de laquelle dérive un idéal social et individuel. Ce cadre axiologique sera davantage détaillé dans la dimension morale du caractère (*infra* section 3), mais il peut néanmoins être utile de l'esquisser dès à présent.

Marshall a une conception bidimensionnelle du bien, qu'il désigne parfois par bonheur mais plus souvent par bien-être. Ce dernier est composé d'un bien-être économique et d'un bien-être moral[17]. Le premier peut être considéré, à la manière de Pigou [1920, p. 11], comme le bien-être qui peut être mis en rapport avec la jauge de la monnaie. Il concerne de fait des désirs et des besoins donnés, susceptibles d'être satisfaits dans la sphère économique. Le second relève d'une conception perfectionniste du bien. Le bien-être moral qualifie en effet de manière normative les satisfactions qu'apporte l'excellence humaine cultivée par ceux qui, aux yeux de l'élite intellectuelle de l'Angleterre victorienne, mènent une vie noble, raffinée, altruiste et citoyenne, et constituent l'horizon *présent* de l'idéal *futur* marshallien[18]

15. « *In truth material welfare, as well as spiritual, will be the lot of that country which, by public and private action, devotes its full energies to raising the standard of the culture of people.* »

16. « *Art for the sake of art is a most worthy purpose of human endeavour and literature is perhaps the highest form of art.* »

17. Marshall conçoit que le bien-être économique conditionne dans une certaine mesure le bien-être moral – un minimum de ressources est nécessaire pour satisfaire dans la sphère économique des besoins fondamentaux –, mais accorde au bien-être moral la primauté [Marshall, 1920c, p. 3]. Voir aussi *infra* note 23.

18. Marshall récuse donc que les individus puissent être « les meilleurs juges de leur propre bien-être » [Nishizawa, 2008, p. 161]. Edgeworth [1925, p. 71] avait bien saisi la différence entre les conceptions de Marshall et celles d'un utilitarisme à la Bentham. En considérant, non pas des besoins donnés mais des besoins évoluant vers des besoins idéaux, Marshall ouvre la voie à une conception endogène des préfé-

[Parsons, 1931]. Cette formulation proche de l'oxymore exprime les vues simultanément téléologiques et non déterministes de Marshall. L'idéal est une fiction [Marshall, 1873b, p. 173 ; 1922b] qui évoluera avec la civilisation [Marshall, 1920a, p. 46]. Il constitue néanmoins, un repère pour l'action et l'évaluation. C'est à cette aune que Marshall mesure le « progrès » accompli par l'Angleterre « vers le but éloigné d'une organisation sociale idéalement parfaite » [Marshall, 1920b, p. viii]. Dans cette cité idéale, « il n'y aurait aucun droit mais seulement des devoirs, [...] chacun travaillerait pour le bien public avec toute sa force, sans attendre d'autre récompense que celle d'avoir, en commun avec son prochain, tout ce qui est nécessaire pour lui permettre de bien travailler et pour lui procurer une vie raffinée et intellectuelle, éclairée par des plaisirs qui n'ont aucune souillure de superflu ou d'extravagance » [Marshall, 1885b, p. 173].

La marche vers l'idéal est donc celle qui voit s'accroître les opportunités d'une « vie noble » – une expression qui traverse l'ensemble de l'œuvre de Marshall [Marshall, 1885a, p. 174 ; 1897, p. 311 ; 1920a, p. 4 ; 1920b, p. 665 ; 1923, p. 367]. Ce sont cette vie noble et le perfectionnisme qui la sous-tend qu'incarnent les caractères jugés par Marshall comme les plus élevés. Les extraits cités précédemment (*supra* 2.1) témoignent en particulier de l'importance que Marshall accorde aux plaisirs de la culture. Ce dernier va jusqu'à penser que l'ouverture du *Bethnal Green Museum,* dans l'*East End* ouvrier de Londres, a constitué une action philanthropique « sans comparaison supérieure au soulagement de la simple détresse physique » [Marshall, 1873a, p. 119]. Pour Marshall en effet, l'action sociale doit avant tout viser à élever le caractère – et ici la culture a une dimension instrumentale (*infra* section 4.1). Dans une lettre adressée en 1902 à son ancienne élève Helen Bosanquet, Marshall déclare avoir « toujours soutenu que la pauvreté [et] la peine, la maladie [et] la mort sont des maux d'une bien moindre importance qu'ils n'y paraissent, excepté dans la mesure où ils conduisent à la faiblesse de vie [et] de caractère ; [et] que la véritable philanthropie a pour but d'augmenter la vigueur[19] plus que de diminuer la pauvreté[20] ».

rences [Whitaker, 1977, p. 176 ; Matthews 1990, p. 26]. La manière dont Marshall, dans sa conception du progrès, distingue l'élévation du « niveau de confort » de celle du « niveau de vie », s'inscrit dans cette perspective. Voir sur ce point Marshall [1920a, p. 689-722] ; Parsons [1931] ; Dardi [2010].

19. La vigueur a une composante physiologique mais aussi une composante morale, puisqu'elle requiert la « force de la volonté et la force de caractère », raison pour laquelle Marshall [1920a : 194] la déclare « source de tout progrès ». Voir également Cook [2009, p. 290] et *infra* section 3.

20. « *I have always held that poverty & pain, disease & death are evils of much less importance than they appear, except in so far as they lead to weakness of life & character; & that true philanthropy aims at increasing strength more than at diminishing poverty.* » [Correspondance, 28 septembre 1902, in Whitaker, 1996, vol. 2, p. 399 ;

De prime abord, les idées de Marshall sur la culture ne sont pas sans évoquer celles du poète et essayiste Matthew Arnold (1822-1888), figure notoire de l'histoire culturelle de l'Angleterre victorienne, et on peut s'interroger sur les liens que leurs pensées entretiennent.

En 1869, Arnold publie *Culture and Anarchy,* un recueil d'articles dans lesquels il procède à une critique sociale virulente. Hormis une frange exceptionnelle composée d'individus animés « par l'amour de la perfection humaine » [Arnold, 1869, p. 110], indépendamment d'intérêts personnels ou de classe, la société lui apparaît pouvoir être stratifiée en trois classes. Selon que les effets de la culture sont respectivement imparfaitement réalisés, absents ou délibérément rejetés, les individus sont rangés parmi les « barbares », la « populace » ou les « Philistins ». Sa diatribe est essentiellement dirigée contre ces derniers, qu'il associe à « la nouvelle classe moyenne des industriels » [Bull, 2002, p. 61]. « Ceux que l'on appelle les 'Philistins' sont précisément ces gens qui consacrent leurs vies et leurs pensées à s'enrichir et qui sont persuadés que notre richesse est un gage de notre grandeur et de notre bien-être[21]. » [Arnold, 1869, p. 19-20] Arnold s'inquiète de ce que l'accumulation des moyens permis par le progrès économique s'accompagne d'un oubli des fins qu'ils sont censés servir.

Marshall partage cette idée selon laquelle une vie noble est autre chose qu'une vie comblée de bien-être matériel. « Un individu attaché seulement à des fins matérielles n'est qu'une pauvre créature », n'hésite-t-il pas à écrire dans les premières pages d'*Industry and Trade* [Marshall, 1920b, p. 3], évoquant même dans un fragment privé « la race parasitique des faiseurs d'argent [*the parasitic race of money making men* » [cité par Groenewegen, 1995, p. 773]. Durant les auditions qu'il mène dans le cadre de la *Royal Commission on Labour,* il s'agace de ce que Sidney Webb répande l'idée selon laquelle les économistes enjoignent les individus à devenir riches [Marshall, 1892b, p. 174-175]. À cet égard, il rappellera dans *Industry and Trade* qu'Adam Smith « était le dernier à penser que la richesse est le but de la vie ; le dernier à supposer que les idéaux d'une vie noble devraient être subordonnés à la croissance des richesses » [Marshall, 1920b, p. 747]. Sur ce thème, Marshall [1907, p. 19 ; 1920a, p. 22 et 47, p. 780] convoque parfois John Ruskin – qui « mépris[ait] l'attitude outrecuidante [des classes industrielles] en soulignant

voir aussi p. 193.] Cette position éloigne fortement Marshall de l'utilitarisme de Mill. Quand bien même ce dernier hiérarchise les plaisirs, la quête de ces derniers demeure le mobile des actions humaines. Sur le rôle joué par la pensée de Mill dans la formation intellectuelle de Marshall, voir Cook [2009].

21. « *The people who believe most that our greatness and welfare are proved by our being very rich, and who most give their lives and thoughts to becoming rich, are just the very people whom we call 'Philistines.'* »

le déclin artistique et social de la civilisation victorienne » [Cases, 2009, p. 3] – Thomas Carlyle ou William Morris [Marshall, 1907, p. 13, p. 19 ; 1920a, p. 780 ; Groenewegen, 1995, p. 774]. On ne trouve en revanche dans son œuvre ou sa correspondance aucune référence à Arnold.

Arnold est pourtant un personnage majeur du contexte intellectuel des jeunes années de Marshall – mais une figure absente de la littérature secondaire qui lui est consacrée et que Groenewegen [1995, p. 102] ne mentionne qu'incidemment. On peut supposer qu'il eut connaissance des thèses d'Arnold durant sa formation, par l'entremise de Sidgwick [*infra*, note 22]. Il est de surcroît fort probable que Marshall ait rencontré Arnold durant l'année universitaire qu'il passa à Oxford[22] avant d'obtenir, en 1885, la chaire d'économie politique de Cambridge.

Toutefois, outre le contenu même de la notion de culture qu'il est impossible, pour des raisons de place, d'aborder ici de manière nuancée [Collini, 1988, p. 85-86], deux points éloignent ces auteurs l'un de l'autre. D'une part, dans une perspective plus proche de l'idéalisme de Green [*infra* section 3.3] et non sans lien avec la critique adressée par Sidgwick à Arnold en 1867 [Schultz, 2004, p. 101-109][23], Marshall relie de manière indéfectible la perfection de soi à l'altruisme – Arnold étant sur ce point plus ambivalent [Boyer, 1923, p. 290]. D'autre part, et de manière plus fondamentale, Marshall est plus optimiste qu'Arnold sur les possibilités d'élévation du caractère des hommes et en particulier pour ceux qui en seraient le moteur. C'est en effet finalement vers les capitaines d'industrie et les riches oisifs dénoncés par Arnold que Marshall se tourne dans *The Social Possibilities of Economic Chivalry* pour ré-impulser la spirale du progrès [Martinoia, 2012].

22. Quelques années auparavant, Marshall s'est lié d'amitié avec Benjamin Jowett. Ce dernier avait coutume d'organiser à Oxford des dîners hebdomadaires. Arnold semble en avoir été l'un des participants réguliers, comme le note Mary Paley Marshall dans ses mémoires, laissant ainsi entendre qu'elle-même et son mari l'y auraient rencontré [Groenewegen, 1995, p. 240 ; Marshall, 1947, p. 37-38].

23. La formation intellectuelle de Marshall à Cambridge est marquée par le rôle initiatique de Sidgwick [Keynes, 1924, p. 5], dont il s'éloignera cependant sur le plan intellectuel comme institutionnel [Groenewegen 1995, p. 129 ; Martinoia, 2011]. En 1867, année probable de leur rencontre [Groenewegen, 1995, p. 663] Sidgwick rédige « The Prophet of Culture », un article critiquant vivement Matthew Arnold. Ce dernier lui répondra dans l'un des chapitres de *Culture and Anarchy* [Arnold, 1869, p. 171, p. 173, p. 266].

3. La dimension morale du caractère

La dimension morale du caractère renvoie au principe de justice de l'idéal marshallien. Précisément, l'action juste est celle qui favorise le bien-être économique et moral des générations non seulement présentes mais aussi futures[24] [Marshall, 1883a ; 1903, p. 13 ; 1906 ; 1920a, p. 46]. Le caractère d'un individu est d'autant plus élevé que sa vertu, en tant que disposition à agir pour le bien social [Lalande, 1926, p. 1202], est grande. Marshall juge celle-ci de plusieurs manières : au regard du périmètre de la bienveillance, de son intensité – la bienveillance pouvant être sacrificielle ou non – et de ses modalités cognitives – la bienveillance pouvant être immédiate et délibérée ou non.

3.1. Le caractère et la vertu

Consécutivement aux attributs psychologiques dont Marshall la pare, la frange la plus basse dans l'échelle des caractères n'a pas même conscience du bien pour elle-même. Mue par des plaisirs jugés inférieurs et égoïstes, elle ne connaît aucun bien-être moral et est dénuée de tout souci d'autrui. Nulle vertu par conséquent chez les caractères les plus faibles. Même les actes de bienveillance à l'endroit de leurs enfants – la famille étant pour Marshall le premier espace où s'exerce la bienveillance – leur sont étrangers [Marshall, 1873a, p. 119 ; 1892b, p. 267 ; 1920a, p. 2] (*infra* section 4.1).

À mesure que l'on s'élève dans l'échelle des caractères, le périmètre des individus dont le bien-être est pris en considération s'élargit, la bienveillance est plus intense et peut prendre, dans une mesure limitée, une forme sacrificielle. Certes, « l'aptitude au dévouement désintéressé pour le bien public » est « aujourd'hui relativement rare », note Marshall [1920a, p. 713]. Toutefois, le « sens du devoir » est un « mobile latent » [Marshall, 1920a, p. 782] susceptible de s'exprimer. « Les hommes ordinaires sont *rarement* capables d'altruisme idéal pur pendant un temps considérable » [Marshall, 1920a, p. 9 ; notre italique] : ils sont donc temporairement capables d'altruisme[25]. Ils peuvent « se sacrifier pour le bien-être commun,

24. Ce principe de justice est structuré par un ordre lexicographique instable [Whitaker, 1977, p. 164, p. 183] : bien que Marshall donne, toutes choses égales par ailleurs, sa priorité au bien-être moral [Marshall, 1920c, p. 3], les causalités récursives qu'entretiennent ces bien-être peuvent impliquer un renversement dans l'ordre de priorité de leur maximisation. Voir Martinoia [2012].

25. L'usage du mot « altruisme » par Marshall est très exceptionnel. On ne relève que deux occurrences dans *Principles of Economics* [Marshall, 1920a, p. 9, p. 24] et aucune dans *The Economics of Industry*

mais seulement dans certaines directions » [Marshall, 1920a, p. 772]. La bienveillance des caractères ordinaires est d'autant plus régulière et intense que le périmètre de celle-ci est restreint à ceux qui sont proches, affectivement et géographiquement[26] [Marshall, 1881 ; 1920a, p. 2, p. 6]. C'est en effet dans « les affections de la famille » que Marshall voit le berceau de « l'altruisme » [Marshall, 1920a, p. 24] et du « sacrifice de soi » [Marshall, 1920a, p. 6].

Les caractères les plus nobles se distinguent des caractères ordinaires par une bienveillance plus développée et d'une nature différente. La figure idéale du *gentleman* au caractère noble, est celle d'un homme dont la bienveillance est sacrificielle. Il est « désireux d'endurer, de s'abstenir et de souffrir pour le bien-être de ceux qui l'entourent [27]» [Marshall, 1873a, p. 107]. Le périmètre de la bienveillance des caractères idéaux est également plus large : « [C]elui qui vit et travaille seulement pour lui-même, ou même seulement pour lui-même et sa famille, mène une vie incomplète ; pour la parachever il doit travailler avec les autres à un objectif élevé et général[28]. » [Marshall, 1889, p. 227]

À ces différences de degré s'ajoute une différence de nature. L'action moralement juste des caractères ordinaires est dans la plupart des cas intéressée ; elle est un moyen d'accroître son propre bien-être. « Le désir d'un homme de réaliser ce qui semble bénéfique pour son prochain peut-être entaché » – le terme révèle ici le jugement de valeur qui le sous-tend – « d'égoïsme, tout comme il peut y avoir une touche de fierté personnelle

[1879], *The Social Possibilities of Economic Chivalry* [1907], *Principles of Economics* [1920], *Industry and Trade* [1920] ou encore *Money, Credit and Commerce* [1923]. Les termes « sacrifice » et « sacrifice de soi » sont en revanche régulièrement utilisés dans son œuvre publiée et dans ses écrits privés.

26. Marshall estime que le progrès moral de la civilisation – qui ne coïncide pas nécessairement avec l'histoire – réside, entre autres, en ce que le périmètre de la bienveillance s'accroît [Marshall, 1920a, p. 6-9]. Cette idée est assez commune pour l'époque. On la retrouve, entre autres, chez Green [*infra* 3.2], Sidgwick [1894, p. 217 ; 1907, p. 500] et Edgeworth [1881, p. 102-103]. De même qu'on trouve chez ces deux derniers auteurs, dont la pensée a joué un rôle important dans la réflexion de Marshall, l'idée selon laquelle la bienveillance est accordée en fonction de la proximité affective, géographique et temporelle (à travers la prise en compte des générations futures). Toutefois, Sidgwick [1907, p. 241-242, p. 414] la conçoit en termes d'efficacité – le principe de justice imposant en théorie une égale considération de chacun. Edgeworth [1881, p. 102-103] explique les différences de distribution de la bienveillance par des différences de développement moral. Cette perspective est assez proche de la façon dont Marshall hiérarchise les caractères dans leur dimension morale mais dont, faute de place, nous ne pouvons ici évoquer plus en détail les liens et les nuances.

27. « *He is willing to bear and to forebear to do and to suffer for the welfare of those around him* »; « *an agile cultivated mind* ».

28. « *He who lives and works only for himself, or even only for himself and his family, leads an incomplete life; to complete it he needs to work with others for some broad and high aim* ».

à ce que sa famille prospère durant et après sa vie » [Marshall, 1920a, p. 24]. Lorsqu'elle prend une tournure sacrificielle, preuve d'un caractère s'élevant vers un pôle supérieur, la bienveillance des caractères ordinaires demeure cependant peu délibérée. La sympathie[29] ou la coutume en sont les principaux ressorts [Marshall, 1890, p. 634 ; Marshall, 1920a, p. 20, 136 et 216-217 ; 1907, p. 26]. Ces actions conformes au principe de justice sont socialement appréciables et Marshall les loue vivement. Néanmoins, guidées par un impératif hypothétique, elles ne sont pas véritablement morales à ses yeux. Ce qui lui apparaît hautement moral est en effet ce qui est simultanément sacrificiel et délibéré – « le sacrifice de soi délibéré, *et par conséquent*, moral » [Marshall, 1920a, p. 243, notre italique]. Or ceci ne semble pouvoir concerner, dans le schéma marshallien, que les actions motivées par une obligation inconditionnelle de la raison. Ce ne sont ni l'amour-propre, ni l'influence de l'opinion publique, ni la crainte de sanctions sociales qui enjoignent les caractères idéaux à endosser « les devoirs publics et privés du citoyen » [Marshall, 1873b, p. 160] et élargir le périmètre de leur bienveillance aux générations futures[30]. C'est un impératif catégorique[31]. Le « désintéressement [*unselfishness*] » est chez eux « le fruit de la volonté délibérée » [Marshall 1920a, p. 752 ; voir aussi Marshall, Marshall, 1879, p. 107] (*supra* 2.1).

3.2. De la vertu aux vertus

« [L]'amour de la vertu » [Marshall, 1920a, p. 16] se traduit dans *des* vertus, c'est-à-dire des qualités du tempérament propices à la réalisation du bien. Celles-ci sont un révélateur du caractère des individus et de ses possibilités d'élévation. Les vertus louées par Marshall sont assez unanimement partagées dans le paysage intellectuel victorien – ce qui, comme le rappelle Collini [1991, p. 105], n'implique ni une uniformité des conceptions morales, ni même, chez certains auteurs, une association de ces vertus à un contenu moral précis.

---

29. Le terme « sympathie » est ambivalent. Marshall l'entend souvent à la manière de Bentham, comme un sentiment de bienveillance et non pas comme le mode opératoire décrit par Smith, qui permet de véhiculer, dans une société, un système commun de valeurs. Nous l'entendons ici dans ce second sens.

30. La mesure dans laquelle les générations futures doivent – d'un point de vue moral et d'un point de vue pratique – être prises en compte est chez Marshall l'objet d'hésitations. Voir par exemple Marshall [1884a].

31. « Un impératif est hypothétique si le commandement qu'il énonce est subordonné, comme moyen, à quelque fin que l'on veut atteindre [...] il est catégorique s'il ordonne sans condition. » [Lalande, 1926, p. 478-479]

Marshall loue ainsi le goût de l'effort et du travail, « une nécessité pour la formation du caractère et, par conséquent, du progrès [Marshall, 1922a] »[32]. Le propre des caractères supérieurs, en l'occurrence « chevaleresques », est en effet de « faire des choses nobles et difficiles parce qu'elles sont nobles et difficiles » [Marshall, 1907, p. 14]. Il apparaît à Marshall que « [p]armi les plus heureux des hommes, sont ceux qui ont traversé de grands tourments et qui se sont hissés vers une vie noble, toujours plus proche de leur Idéal [Marshall, 1918, in Whitaker 1996, 2, p. 350-351] »[33]. La « maîtrise de soi [*self-mastery*] » [Marshall, 1920a, p.194] est une vertu corrélative. « Un caractère plein et entier », estime Marshall, « est rarement formé sans les peines de quelque autocontrainte [*self-compulsion*] ou d'auto-répression [*self-repression*] » [Marshall, 1907, p. 28]. Parce qu'elles permettent la perfection de soi-même mais aussi d'autrui, ces vertus sont favorables à la réalisation du bien. Il importe de souligner que pour Marshall la perfection de soi n'a de sens que désintéressée, mue par le devoir et au service du bien social [Marshall, 1920a, p. 17, 76, 137 et 248 ; Marshall, 1920b, p. 76]. Elle diffère de ce point de vue de l'utilitarisme à connotation perfectionniste de Mill qui a initialement influencé Marshall [Skorupski, 1996, p. 1265]. Dans le schéma marshallien, le « respect de soi [*self-respect*] » joue également un rôle cardinal, dans la mesure où Marshall l'associe à la fois à des caractéristiques psychologiques égotistes [Marshall, 1884b, p. 144 ; 1920a, p. 288, 689, 720 et 772] et à des caractéristiques morales altruistes – « le respect de soi ne peut s'obtenir qu'à la seule condition de tenter de vivre de manière telle à promouvoir le progrès de la race humaine » [Marshall, 1920a, p. 17 ; voir aussi Marshall, 1873, p. 158 ; 1894, in Whitaker, 1996, 2, p. 115 ; 1897, p. 310 ; 1907, p. 28 ; 1920a, p. 248 et 720 ; 1920b, p. 76 et 664].

À ces différents égards, les similitudes entre le perfectionnisme de Marshall et l'idéalisme de Thomas Hill Green sont frappantes[34] – et non sans lien avec les influences communes de Kant et Hegel [Cook, 2009] qui, aux côtés de l'évolutionnisme, éloignent progressivement Marshall de l'utilitarisme. Exaltés par l'horizon d'un « capitalisme moralisé » [Stedman Jones, 1971, p. 7], tous deux assujettissent la dimension égotiste de la perfection de soi à un regard pour autrui et intègrent cette vertu dans leur vision de l'idéal ; un

32. « *Work is not a punishment for fault: it is a necessity for the formation of character and, therefore, for progress.* »

33. « *Amongst the happiest of men, are those who have gone through great tribulation and have worked through it all to a noble life, ever nearer their Ideal.* » Voir aussi Marshall [1920a, p. 136].

34. Whitaker [1972, p. 21] ; Stedman Jones [1971, p. 7] ; Whitaker [1977, p. 194] ; Black [1990, p. 311] ; Biagini [1995, p. 28] ; Gerbier [2006, p. 533] ; Nishizawa [2008, p. 158].

idéal dont l'évocation par Green pourrait aisément être signée de Marshall, comme l'illustre cet extrait de *Prolegomena to Ethics* :

> « [L]'idéal d'une société dans laquelle chacun traitera chaque autre comme son prochain, dans laquelle pour chaque agent rationnel, le bien-être ou la perfection de tous les autres agents fera partie de cette perfection de lui-même pour laquelle il vit[35]. » [Green, 1883, p. 217]

Marshall et Green sont deux « porte-drapeaux de la croisade victorienne pour les 'vertus civiques' », [Biagini, 1995, p. 34], dont la perfection, telle qu'ils la conçoivent, est l'emblème. [MacIntyre, 1967, p. 157 ; Nicholson, 1996 ; Richter, 1964, p. 220]. Ils partagent une vision des progrès de la civilisation en tant que substitution progressive de l'altruisme et du sacrifice de soi à l'intérêt personnel [Stedman Jones, 1971, p. 7]. Et lorsque Marshall souligne la possibilité du désintérêt et du sacrifice de soi dans *Principles of Economics* [1920a, p. 17], c'est explicitement à Green qu'il fait référence. Toutefois ces rapprochements intellectuels[36] entre la pensée de Green et celle de Marshall ne présument pas d'une influence du premier sur le second [Reisman, 1987, p. 119]. Outre que Green théorise des idées déjà répandues au sein de l'élite victorienne éclairée [Collini, 1991, p. 83], la diffusion de sa pensée fut posthume – 1883 – et probablement trop tardive pour influencer Marshall[37].

4. La dimension cognitive du caractère

La dimension cognitive du caractère renvoie aux « facultés télescopiques » [Marshall, 1920a, p. 680]. Le caractère d'un individu est d'autant plus élevé que ses capacités cognitives le sont. Dans le schéma marshallien, ces capacités cognitives sont causalement liées aux capacités morales[38]. La

35. « *[T]he ideal of which the realisation would be perfect morality, the ideal of a society in which every one shall treat every one else as his neighbour, in which to every rational agent the well-being or perfection of every other such agent shall be included in that perfection of himself for which he lives.* »

36. Dans un article consacré aux fondements philosophiques du *welfare state*, Nishizawa [2010] accorde une attention particulière au perfectionnisme de Green. Curieusement, alors qu'il est par ailleurs un commentateur érudit de Marshall, il n'établit aucune connexion entre ces deux auteurs. Il n'évoque celle-ci que de manière allusive, dans un autre article [Nishizawa, 2008, p. 154].

37. Lorsque Marshall obtient une position académique à Oxford, en 1883, Green, qui y enseignait, est décédé depuis un an [Groenewegen 1995, p. 294]. Marshall fait cependant référence au charisme de Green en tant qu'enseignant dans une lettre adressée en 1884 à Sidgwick [Sidgwick, Sidgwick, 1906, p. 394]. La question de la source de son assertion – une réputation ou une réelle observation – demeure irrésolue.

38. Nous n'évoquerons pas ici un aspect connexe de la question, à savoir celui des modalités du déve-

vertu marshallienne requiert en effet la délibération et un élargissement du périmètre de la bienveillance lequel, idéalement, englobe les générations futures. En d'autres termes, elle implique des choix intertemporels à un taux d'actualisation relativement faible.

4.1. Les capacités cognitives, reflet du caractère

Les caractères les plus élevés, telle la figure idéale du *gentleman* dépeinte par Marshall dans ses écrits de jeunesse, ne sont pas caractérisés par le seul désir d'accomplir leur devoir, mais également par leur capacité à y parvenir. « Beaucoup de gens » ont de telles aspirations, mais « ne sont pas pour autant des *gentlemen*. Oui, ils ont la volonté ; mais ils n'ont pas l'instinct de ressentir que ce qu'ils font est en opposition avec la société » [Marshall, 1873a, p. 107 ; souligné par Marshall]. L'action morale, pour être effective, nécessite en effet l'évaluation de ses conséquences. Marshall juge ainsi d'autant plus élevé le caractère d'un individu que ses capacités cognitives, associées à ses qualités morales et psychologiques, sont grandes – l'omniscience et les capacités calculatoires parfaites demeurent cependant étrangères à l'appréhension marshallienne des faits sociaux.

Au sein du *Residuum*, catégorie d'individus aux caractères les plus faibles de la société, le simple souci de la génération suivante à travers les liens de la famille est défaillant (*supra* 3.1 et *infra* conclusion), faute à la fois de morale et de capacités cognitives. À mesure que l'on s'élève dans l'échelle des caractères, l'action moralement bonne se développe, d'abord dans le cercle familial et dans les limites des capacités cognitives des individus [Marshall, Marshall, 1879, p. 107 ; Marshall, 1920a, p. 561-563].

« La plupart des parents sont assez disposés à faire pour leurs enfants ce que leurs propres parents ont fait pour eux ; et peut-être à aller un peu plus loin s'ils vivent au milieu de gens qui ont un niveau plus élevé. Mais faire plus que cela exige, en plus des qualités morales de désintéressement et d'une chaleur de sentiment qui ne sont peut-être pas rares, une certaine habitude d'esprit qui jusqu'à présent n'est pas très fréquente. Cela nécessite l'habitude de se représenter distinctement le futur, de regarder un événement lointain comme ayant presque autant d'importance que s'il était à proximité (actualiser le futur à un faible taux d'intérêt). » [Marshall, 1920a, p. 216-217]

loppement moral, inscrit en filigrane de la conception marshallienne du caractère, qui voit l'impératif catégorique se substituer à l'impératif hypothétique. Voir Martinoia [2011].

La mise en œuvre d'une conception intergénérationnelle du devoir se traduit dans un taux d'actualisation relativement faible. Ce dernier est « une propriété subjective que des personnes différentes estiment de manières différentes en fonction de leur *caractère* »[39] [Marshall, 1920a, p. 119-102 ; nous soulignons]. En d'autres termes, plus le taux d'actualisation considéré dans des choix intertemporels est faible, plus le caractère des individus est élevé.

Les capacités cognitives des individus ne sont pas indépendantes de leurs caractéristiques psychologiques. Marshall valorise ainsi les plaisirs de l'art et de la culture (*supra* 2.2), certes au regard de son cadre axiologique, mais également parce qu'elles stimulent les facultés d'imagination et de créativité, nécessaires tant au progrès des idéaux moraux [Marshall, 1920a, p. 46 et 721] que de l'économie [Marshall, 1920a, p. 719]. C'est d'ailleurs à l'occasion d'une discussion sur l'éducation des « facultés de créativité » requises dans les affaires *économiques* que Marshall rappelle l'origine du mot « poète » : l' « homme qui crée » [Marshall, 1920b, p. 358]. L'art peut donc être une fin en elle-même mais aussi un moyen d'activer et d'élever certaines facultés qui, dans un schéma spencérien, vont s'auto-renforcer.

4.3 Les fondements évolutionnistes de l'élévation des facultés : quelques nuances

Marshall adosse ses conceptions à celles de Herbert Spencer [Marshall, 1920a, p. 247]. Il s'accorde à penser avec lui que chez l'animal l'usage de certaines facultés procure du plaisir. Ce dernier suscite le désir de réitérer l'expérience de sorte que, par répétition, se développent les facultés concernées. À la différence de l'animal, l'homme peut cependant délibérément encourager ou réprimer le développement de certaines facultés. Il est libre des les utiliser « de manière noble » ou « indigne [*ignoble*] », en tant que fins ou en tant que moyens [*ibid.*]. Si le contexte – qu'une réforme sociale peut influencer – s'y prête, l'homme peut progressivement élever ses capacités et les orienter vers des satisfactions jugées supérieures. Ainsi, « chaque énergie intellectuelle, chaque perception artistique, chaque sentiment pour son prochain, lointain et proche, procurent […] une nouvelle capacité à la joie[40] » [Marshall,

39. « et des circonstances du moment », ajoute Marshall. Il n'y a donc pas d'équivalence décisionnelle des moments du temps, même pour un même individu.

40. « *[a] wide range of pleasures; each intellectual energy, each artistic perception, each fellow-felling with men far off and near, gives him a new capacity of enjoyment.* »

1873b, p. 158] et emportent l'individu dans un cercle vertueux d'élévation du caractère [Marshall, 1873a, p. 151 ; 1920a, p. 19 et 251-252]. Dans ses écrits économiques de maturité, Marshall met davantage l'accent sur la nature et les conditions de travail que sur les plaisirs de la culture que nous évoquions précédemment[41]. La logique à l'œuvre demeure toutefois la même. L'homme détient le pouvoir de modifier l'organisation industrielle dans laquelle s'exercent, se renforcent, ou s'étiolent ces facultés. L'objectif est donc pour Marshall d' « accroître les opportunités qu'ont les grades inférieurs de l'industrie d'utiliser leurs facultés mentales latentes, de tirer du plaisir de leur usage, et de les renforcer par l'usage » [Marshall, 1920a, p. 248 ; voir Raffaelli, 2003 ; 2006] et de développer ainsi leur caractère, dans ses trois dimensions : cognitive, psychologique et morale.

Si Marshall partage les conceptions évolutionnistes de Spencer en termes d'élévation des facultés et du caractère, sa pensée sociale ne le suit pas dans l'accélération de la sélection naturelle. Tandis que le mal nommé « darwinisme social »[42], dont Spencer est en réalité le père, prône l'élimination des plus faibles, Marshall s'inscrit dans la perspective d'auto-renversement de la sélection naturelle conçue par Darwin[43] [Whitaker, 1996, vol. 2, p. 385].

Selon Darwin, il apparaît dans l'évolution un stade de civilisation au cours duquel se mettent en place des mécanismes anti-sélectifs d'assistance aux plus faibles. Ce renversement, comme l'explique Tort,

> « est sélectionné par la sélection naturelle elle-même à travers l'hégémonie progressivement conquise par les instincts sociaux, à laquelle s'associent tout aussi progressivement l'extension indéfinie du sentiment altruiste de sympathie, le développement des habitudes morales, l'influence de l'éducation et l'accroissement de la rationalité [...] la sélection naturelle s'applique sa propre loi, avantageant les conduites assimilatives et altruistes contre les comportements dissimilatifs et les rivalités égoïstes » [Tort, 1987, p. vii-viii].

41. La causalité récursive qui lie l'éducation, la nature du travail et le caractère d'un homme figure dans les écrits de jeunesse de Marshall [1873a ; 1873b]. On notera par ailleurs que dans la sphère productive, outre la nature du travail, les modalités de l'organisation industrielle, l'usage et la diffusion de la connaissance influencent le caractère [Arena, 2008] ; voir également Caldari [2007] quoique l'analyse ne se réfère qu'implicitement au caractère.

42. La « trahison idéologique » contenue dans cette expression aurait été introduite en France en 1880 par le journaliste Émile Gautier [Tort, 1996, p. 4].

43. Schabas [1994] et Moss [1990], qui étudient les conceptions évolutionnistes de Marshall, passent sous silence ce mécanisme anti-séléctif.

Une telle perspective est inconcevable pour Spencer [Miller, 1972]. S'il estime que le développement de la société va de pair avec l'extension de la « coopération » et de l'« altruisme », ceux-ci n'en sont pas moins secondaires et instrumentaux par rapport à l'intérêt personnel qui, chez lui, relève de la préservation quasi biologique de soi [Spencer, 1893, p. 187-188, 192 et 197]. La coopération lui semble certes inhérente à la notion même de société. Cependant, elle s'installe pour permettre la satisfaction d'intérêts privés [Spencer, 1883, p. 332-335, 355-357]. Coïncidence heureuse, elle permet également la réalisation de l'intérêt public, la survie de l'espèce, mais la coopération n'apparaît pas comme consciente et volontaire. Or Marshall pense au contraire que « progressivement nous devrions atteindre un ordre de vie sociale dans lequel le bien commun prévaut sur le caprice individuel » et où, la nuance est substantielle, « le désintéressement sera alors le fruit de la volonté délibérée » [Marshall, 1920a, p. 752 ; *supra* 3.2]. Marshall ne semble toutefois pas étendre l'auto-renversement de la sélection naturelle, « dans le but de défendre les faibles » [Marshall, 1920a, p. 751], à la frange sociale du *Residuum*.

5. Conclusion

Marshall conçoit le caractère comme un complexe de qualités psychologiques, morales et cognitives. Le contenu de chacune de ces dimensions, qui entretiennent des relations récursives, définit un *continuum* de caractères ordinaires, entre deux pôles hiérarchisés. À l'extrémité supérieure, résident des figures idéalisées, celles du *gentleman* et autres caractères nobles et chevaleresques. Ce pôle désigne l'horizon d'une utopie – une société dans laquelle « les instincts collectifs des hommes, leur sens du devoir et leur esprit public seront plus pleinement développés » [Marshall, 1920a, p. 664] – et la direction que doit emprunter l'action humaine volontaire. À cet égard, la conception marshallienne du caractère n'est pas exempte d'une certaine circularité. Déduite d'un idéal social et individuel, elle est construite de manière à en permettre – si ce n'est à en démontrer par un sophisme de composition – la possibilité, la représentation du caractère comme un *continuum* permettant, en outre, de nourrir des espoirs de progrès. Le nœud de cette évolution vers l'idéal est constitué par le pôle inférieur de l'échelle, celle des caractères les plus faibles qui soient : le *Residuum*.

Le *Residuum* désigne dans la pensée sociale britannique de la fin du XIXe siècle, une catégorie sociale composée d'indigents et d'inemployables. On le distingue d'une classe laborieuse que l'on qualifie, par contraste, de

« respectable » [Stedman Jones, 1971, p. 284 ; Rodriguez, 2010, p. 229]. Le *Residuum* est exclu du schéma général de l'élévation du caractère des hommes et des progrès économiques et moraux qu'il autorise. Nous l'avons positionné dans la présente reconstruction au bas de l'échelle marshallienne des caractères pour des raisons didactiques car il permet, par effet de contraste, de comprendre la structure de cette dernière. Mais en réalité, le *Residuum* est, pour le sens commun de l'époque, composé d'individus « sans caractère [...] déviant[s] dans la société de la Grande Ère victorienne » [Becattini, 1991, p. 164]. Aux yeux de Marshall, le « misérable pauvre » du *Residuum* est d'ailleurs tant dénué de qualités qu'il ne mérite pas même l'appellation d'« homme » [Marshall, 1873a, p. 118].

Le *Residuum* est regardé comme une cause perdue mais surtout une menace sociale. On redoute qu'il ne contamine le bas de l'échelle sociale et gangrène les possibilités de progrès [Stedman Jones, 1971, p. 289]. Marshall [1920a, p. 715] le décrit comme un « énorme ulcère qui infecte le corps de la nation » et qui doit par conséquent être circonscrit par l'intervention autoritaire de l'État. Si la préoccupation de Marshall est de ce point de vue identique à celle des eugénistes de son époque [Morris, 1994, p. 21], sa conception de la contagion se rapproche davantage de celle des hygiénistes. À la manière de ces derniers, Marshall accorde en effet davantage de poids au mimétisme social et à l'environnement qu'à l'hérédité – sujet d'intérêt sur lequel Marshall demeure indécis.

Le « devoir social » impose selon Marshall une restriction de liberté pour « ceux qui sont faibles et en particulier ceux dont la faiblesse est une source de grave danger pour la génération à venir » |Marshall, 1920a, p. 714 ; voir aussi 1920a, p. 2]. Marshall envisage ainsi de restreindre l'autorité parentale des pauvres du *Residuum* [Marshall, 1920a, p. 754-755]. Sa conviction profonde est qu' « ils n'ont aucun droit moral à avoir des enfants » [Marshall, 1885b, p. 198]. Il milite également durant les années 1880 en faveur de l'instauration de colonies de travail [Marshall, 1884b ; 1885b] afin d'éloigner le *Residuum* du « travailleur honnête » [Whitaker, 1996, 1, p. 201] que la crise du logement relègue à son contact dans des banlieues industrielles insalubres et surpeuplées [Stedman Jones, 1971, p. 283 ; Caldari, 2004, p. 528-533].

En filigrane des craintes provoquées par le *Residuum*, réside chez les hygiénistes comme chez les eugénistes la préoccupation d'une « dégénérescence de la race » [Rodriguez, 2010, p. 234]. Ces deux courants participent ainsi à la diffusion de thèses racistes, soutenues par la scientificité de leurs discours. Rares sont les commentateurs [Becattini, 1991, p. 166 ;

Schultz, 2007] à rappeler que nombre d'intellectuels de l'époque s'inscrivent dans ce mouvement. Et à cet égard, derrière une philosophie sociale emplie d'une espérance en la « perfectibilité de l'homme » [Marshall, 1885a, p. 155] appelant à l'altruisme, au sens du devoir et à l'égalité de traitement entre les hommes, la conception marshallienne du caractère offre au « racisme contingent »[44] [Goldberg, 2005, p. 130] un outil supplémentaire de sélection des individus.

44. Le racisme contingent explique l'infériorité non par des aspects biologiques mais par l'environnement.

Bibliographie

Arena Richard [2008], « Organization and knowledge in Alfred Marshall's economics », in R. Arena, M. Quéré (ed.) *The Economics of Alfred Marshall. Revisiting Marshall's Legacy*. New York : Palgrave Macmillan, p. 221-239.

Arnold Matthew [1869], *Culture and Anarchy: An Essay in Political and Social Criticism*. Londres : Smith, Elder and Co.

Becattini Giacomo [1991], « Market and communism in the thought of Alfred Marshall », *Quaderni di Storia dell' Economia Politica*, 9 (2-3), p. 161-187.

— [2000], « Marshallian anomalies », *Marshall Studies Bulletin*, 7, http://www.dse.unifi.it/CMpro-v-p-135.html.

Bedarida François [1976], *La Société anglaise du milieu du XIXe siècle à nos jours*. Paris : Seuil, 1990.

Bentham Jeremy [1815], *A Table of the Springs of Action*, *The Works of Jeremy Bentham*, vol. 1, J. Bowring (ed.) New York : Russell & Russell, 1962.

— [1834], *Deontology*, J. Bowring (ed.). Édimbourg : William Tait.

Biagini Eugenio [1991], « Marshall's 1873 'Lectures to Women' », *Quaderni di Storia dell' Economia Politica*, 9 (2-3), p. 334-354.

— [1995], « The Anglican ethic and the spirit of citizenship: the political and social context », in T. Raffaelli, E. Biagini, R. McWilliams Tullberg (eds.) *Alfred Marshall's Lectures to Women*. Aldershot : Edward Elgar, p. 24-46.

Collinson Black R.D. [1990], « Jevons, Marshall and the utilitarian tradition », in J.C. Wood (ed.) *Alfred Marshall Critical Assessments*, vol. 7. Londres : Croom Helm, 1996, p. 302-315.

Boyer C. V. [1923], « Self-expression and happiness: a study of Matthew Arnold's idea of perfection », *International Journal of Ethics*, 33 (3), p. 263-290.

Bull Malcom [2002], « The ecstasy of philistinism », in D. Beach (ed.) *The Philistine Controversy*. Londres : Verso Books, p. 48-72.

Butler R. W. [1993], « To firm notions about men and manners: Marshall among the Americans », in J.C. Wood (ed.) *Alfred Marshall Critical Assessments*. Londres : Croom Helm, vol. 9, 1996, p. 307-322.

Caldari Katia [2004], « Alfred Marshall's idea of progress and sustainable development », *Journal of the History of Economic Thought*, 26 (4), p. 519-536.

— [2007], « Alfred Marshall's critical analysis of scientific management », *European Journal of the History of Economic Thought*, 14 (1), p. 55-78.

— et Nishizawa Tamotsuto [2011], « Marshall's ideas on progress: Roots and diffusion », in H. Kurz, T. Nishizawa, K. Tribe (ed.) *The Dissemination of Economic Ideas*. Aldershot : Edward Elgar, p. 125-160.

Cases Isabelle [2009], « John Ruskin, prophète du désastre dans 'Traffic' », *Études anglaises*, 62 (1), p. 3-15.

Collini Stefan [1988], *Matthew Arnold*. Oxford : Oxford University Press.

Collini Stefan [1991], *Public Moralists, Political Thought in Intellectual Life in Britain 1850-1930*. Oxford : Clarendon Press.

Cook Simon [2005], « A wrangling machine », *History of Political Economy*, 37 (4), p. 689-709.

— [2008], « Poetry, faith and chivalry », *History of Economics Review*, 47, p. 20-38.

— [2009], *The Intellectual Foundations of Alfred Marshall's Economic Science*. Cambridge : Cambridge University Press.

Dardi Marco [2010], « Marshall on welfare, or: the 'utilitarian' meets the 'evolver' », *European Journal of the History of Economic Thought*, 17 (3), p. 405-437.

Deslandes Paul R. [2005], *Oxbridge Masculinity and the Undergraduate Experience 1850-1920*. Bloomington : Indiana University Press.

Dockès Pierre, Servet Jean-Michel [1992], « Les lecteurs de l'armée morte. Note sur les méthodes en histoire de la pensée économique », *Revue européenne des sciences sociales*, 30 (92), p. 341-364.

Edgeworth Francis Ysidro [1881], *Mathematical Psychics*. Londres : Kegan Paul.

— [1925], « Reminiscences », *Memorials of Alfred Marshall*, A.C. Pigou (ed.) Londres : Macmillan, p. 152-174.

Foucault Michel [1969], *L'archéologie du savoir*. Paris : Gallimard.

Gaudemar Jean-Paul de [1978], « Faire l'histoire de la pensée économique ? Questions pour un débat », *Revue économique*, 4, p. 655-687.

Gerbier Bernard [2006], « Economic chivalry », in G. Becattini, M. Dardi, T. Raffaelli (ed.) *The Elgar Companion to Alfred Marshall*. Cheltenham : Edward Elgar, p. 532-535.

Goldberg David Theo [2005], « Liberalism limits: Carlyle and Mill on 'The Negro Question' », in B. Schultz, G. Varouxakis (ed.) *Utilitarianism and Empire*. Oxford : Lexington Books, p. 125-136.

Green Thomas Hill [1883], *Prolegomena to Ethics*. Oxford : The Clarendon Press.

— [1895], *Lectures on the Principles of Political Obligation*. In R.L. Nettleship (ed.) *Works of Thomas Hill Green*, vol.2. Londres : Longman, Green & Co,1906, p. 335-552.

Groenewegen Peter [1995], *A Soaring Eagle, Alfred Marshall 1842-1924*. Cheltenham : Edward Elgar.

— [2005], « A book that never was: Marshall's final volume on progress and his system of ethical and political beliefs », *History of Economics Review*, 4, p. 29-44.

Hill Octavia [1869], « Organized work among the poor », *Macmillan's Magazine*, 20, p. 219-226.

Hodgson Bernard [2001], *Economics as Moral Science*. New-York : Springer.

Jensen Hans [1990], « Value premises in the economic thought of Alfred Marshall », *Économie appliquée*, 42 (1), p. 19-35.

Keynes John Maynard [1924], « Alfred Marshall 1842-1924 », *Memorials of Alfred Marshall*, A.C. Pigou (ed.). Londres : Macmillan, 1925, p. 1-65.

Lalande André [1926], *Vocabulaire technique et critique de la philosophie*. Paris : PUF, 1991.

Levitt Theodore [1976], « Alfred Marshall: Victorian relevance for modern economics », *Quarterly Journal of Economics*, 90, p. 425-443.

Loasby Brian [2006], « The early philosophical papers », in G. Becattini, M. Dardi, T. Raffaelli (ed.) *The Elgar Companion to Alfred Marshall*. Cheltenham : Edward Elgar, p. 16-25.

Maloney John [1985], *Marshall, Orthodoxy and the Professionalisation of Economics*. Cambridge : Cambridge University Press.

Marshall Alfred [1873a], « Lectures to Women », in T. Raffaelli, E. Biagini, R. McWilliams Tullberg (ed.) *Alfred Marshall's Lectures to Women*. Aldershot : Edward Elgar, 1995, p. 84-155.

— [1873b], « The future of the working class », in T. Raffaelli, E. Biagini, R. McWilliams Tullberg (ed.) *Alfred Marshall's Lectures to Women*. Aldershot : Edward Elgar, 1995, p. 156-175.

— [1875], « Some features of American industry », in J.K. Whitaker (ed.) *The Early Economic Writings of Alfred Marshall 1867-1890*, vol. 2. Londres : Macmillan, 1975, p. 355-377.

— [1877], « The theory of foreign trade and other portions of economic science bearing on the principle of *Laissez Faire* », in J.K. Whitaker (ed.) *The Early Economic Writings of Alfred Marshall 1867-1890*, vol. 2. Londres : Macmillan, 1975, p. 7-236.

— [circa 1881], « On utilitarianism: a *summum bonum* » (1), in J.K. Whitaker (ed.) *The Early Economic Writings of Alfred Marshall 1867-1890*, vol. 2. Londres : Macmillan, 1975, p. 317-319.

— [circa 1883a], *Individual Interests and Public Wellbeing*, Manuscrit autographe inédit, 33 feuillets, Cambridge : Marshall Library, cote 3/14.

— [1883b (1969)], « Three lectures on progress and poverty », *The Journal of Law and Economics*, 12 (1), p. 184-226.

— [1884a], « On Utilitarianism: A *Summum Bonum* » (2), in J.K. Whitaker (ed.) *The Early Economic Writings of Alfred Marshall 1867-1890*, vol. 2. Londres : Macmillan, 1975, p. 316.

— [1884b], « Where to house the London poor », in A.C. Pigou (ed.) *Memorials of Alfred Marshall*. Londres : Macmillan, 1925, p. 142-151.

— [1885a], « The present position of economics », in A.C. Pigou (ed.) *Memorials of Alfred Marshall*. Londres : Macmillan, 1925, p. 152-174.

— [1885b], « How far do remediable causes influence prejudicially (a) the Continuity of employment, (b) The rates of wages », in C. Dilke (ed.) *Industrial Remuneration Conference. The Report of the Proceedings and Papers*. Londres : Cassel & Company, p. 173-199.

— [1889], « Co-operation », in A.C. Pigou (ed.) *Memorials of Alfred Marshall*. Londres : Macmillan, 1925, p. 227-255.

— [1890], « Some aspects of competition », *Journal of the Royal Statistical Society*, 53 (4), p. 612-643.

— [1892a], « Poor law reform », *Economic Journal*, 2 (6), p. 371-379.

— [1892b], « Minutes of evidence taken before the Royal Commission on Labour 1891-1894 », in P. Groenewegen (ed.) *Official Papers of Alfred Marshall. A Supplement*. Cambridge : Cambridge University Press, p. 129-274.

— [1897], « The old generation of economists and the new », in A.C. Pigou (ed.) *Memorials of Alfred Marshall.* Londres : Macmillan, 1925, p. 295-311.

— [1903], *The New Cambridge Curriculum in Economics and Associated Branches of Political Science; its Purpose and Plan.* Londres : Macmillan.

— [1906], *Introductory Note on Lecture Course,* Fragment autographe inédit, 2 feuillets. Cambridge : Marshall Library, cote 5/7.

— [1907], « The social possibilities of economic chivalry », *Economic Journal,* 17 (65), p. 7-29.

— [1920a], *Principles of Economics,* édité par C. Guillebaud. Londres : Macmillan, 1961.

— [1920b], *Industry and Trade.* Honolulu : University Press of the Pacific, 2003.

— [1920c], *Relations of Cause and Effect Between Man's Character and his Industrial Conditions. The Possible Future of Industry and Trade,* manuscrit autographe inédit, Marshall Library of Economics, Cambridge, cote 5/3/3, 19 feuillets.

— [1922a], *Ye Route to Ordered Progress towards Utopia,* manuscrit autographe inédit *Marshall Library of Economics,* Cambridge, cote 5-7, 3 feuillets.

— [1922b], *An Ideal,* fragment autographe inédit, *Marshall Library of Economics,* Cambridge, cote 5/6, 1 feuillet.

— [1923], *Money, Credit and Commerce.* New York : Prometheus Books, 2003.

—, Marshall Mary Paley [1879], *The Economics of Industry.* Londres : Macmillan.

Marshall Mary Paley [1947], *What I remember.* Cambridge : Cambridge University Press.

Martinoia Rozenn [2003], « That which is desired, which pleases and which satisfies: utiliy according to Alfred Marshall », *Journal of the History of Economic Thought,* 25 (3), p. 349-364.

— [2011], « 'Une triste fin pour un si grand travail' ? La révision de l'utilitarisme par Henry Sidgwick », *Œconomia,* 1 (2), p. 171-193.

— [2012], « Les hommes d'affaires, chevaliers de l'idéal social : Alfred Marshall et la moralisation du capitalisme », *Cahiers d'économie politique,* 62, p. 157-186.

Matthews Robin [1990], « Marshall and the labour market », in J.K. Whitaker (ed.) *Centenary Essays on Alfred Marshall.* Cambridge : Cambridge University Press, p. 14-43.

MacIntyre Alasdair [1967], *A Short History of Ethics.* Londres : Routledge & Kegan Paul, 1998.

Mill John Stuart [1843], *A System of Logic.* Londres : Parker.

Miller William L. [1972], « Herbert Spencer's theory of welfare and public policy », *History of Political Economy*, 4 (1), p. 207-231.

Morris Lydia [1994], *Dangerous Classes: The Underclass and Social Citizenship.* Londres : Routledge, 2002.

Moss Laurence [1990], « Evolutionary changes and Marshall's abandoned second volume », *Économie appliquée*, 43 (1), p. 85-98.

Nicholson Peter [1996], « Idéalistes anglais », in M. Canto-Sperber (dir.) *Dictionnaire d'éthique et de philosophie morale.* Paris : Presses universitaires de France, 2004, p. 879-883.

Nishizawa Tamotzu [2008], « Alfred Marshall and the historico-ethical approach », in T. Nishizawa, Y. Shionoya (eds.) *Marshall and Schumpeter on Evolution. Economic Sociology of Capitalist Development.* Cheltenham : Edward Elgar, p. 147-165.

— [2010], « The ethico-historical approach abroad: the case of Fukuda », R. Backhouse , T. Nishizawa (ed.) *No Wealth but Life. Welfare Economics and the Welfare State in Britain 1880-1945.* Cambridge : Cambridge University Press.

Palgrave Robert Harris [1896], *Dictionary of Political Economy*, vol. 2. Londres : Macmillan.

Parsons Talcott [1931], « Wants and activities in Marshall », *Quarterly Journal of Economics*, 46 (1), p. 101-140.

— [1932], « Economics and sociology. Marshall in relation to the thought of his time », *Quarterly Journal of Economics*, 46 (2), p. 316-347.

Pigou Arthur C. [1903], « Some remarks on utility », *Economic Journal*, 13, p. 58-68.

— [1920], *The Economics of Welfare.* Londres : Macmillan, 1952.

Raffaelli Tiziano [1994], « Marshall's analysis of the human mind », in W.J. Samuels (ed.) *Research in the History of Economic Thought and Methodology*, Archival Supplement 4, p. 57-93.

— [1995], « Of microscopes and telescopes », in T. Raffaelli, E. Biagini, R. McWilliams Tullberg (ed.) *Alfred Marshall's Lectures to Women*. Aldershot : Edward Elgar, p. 3-23.

— [2003], *Alfred Marshall's Evolutionary Economics*. Londres : Routledge.

— [2006], « Character and capabilities », in G. Becattini, M. Dardi, T. Raffaelli (ed.) *The Elgar Companion to Alfred Marshall*. Cheltenham : Edward Elgar, p. 488-494.

Reid Alexander [1873], *A Dictionary of the English Language*. Edimbourg : Oliver & Boyd.

Reisman David [1987], *Alfred Marshall, Progress and Politics*. Londres : Macmillan.

Richter Melvin [1964], *The Politics of Conscience. T. H. Green and his Age*. Cambridge MA : Harvard University Press.

Rodriguez Jacques [2010], « Aux origines de la sociologie anglaise. Le débat économique sur la pauvreté à l'orée du xxe siècle », *Cahiers d'économie politique*, n° 59, p. 225-248.

Schabas Margaret [1994], « The Greyhound and the Mastiff : Darwinian themes in Mill and Marshall », in P. Mirowski (ed.) *Natural Images in Economic Thought*. Cambridge : Cambridge University Press, p. 322-335.

Schultz Bart [2004], *Henry Sidgwick: Eye of the Universe*. Cambridge : Cambridge University Press.

— [2007], « Mill and Sidgwick, Imperialism and Racism », *Utilitas*, 19 (1), p. 104-130.

Sidgwick Arthur, Sidgwick Eleanor Mildred [1906], *Henry Sidgwick: A Memoir*. Londres : Macmillan.

Sidgwick Henry [1894], « Political Prophecy and Sociology» in H. Sidgwick *Miscellaneous Essays*. Londres : Macmillan, 1904, p. 216-234.

— [1907], *The Methods of Ethics*. Indianapolis : Hackett Publishing Company, 1981.

Skorupski John [1996], « John Stuart Mill et l'utilitarisme », in M. Canto-Sperber (dir.) *Dictionnaire d'éthique et de philosophie morale*. Paris : Presses universitaires de France, 2004, p. 1256-1266.

Soffer Reba N. [1978], *Ethics and Society in England. The Revolution in Social Sciences 1870-1914*. Berkeley, Los Angeles : University of California Press.

Spencer Herbert [1883], *Principes de Sociologie,* vol. 3. Paris : Librairie G. Baillière.

— [1893], *The Principles of Ethics,* vol. 2. Londres : Williams and Norgate.

Stedman Jones Gareth [1971], *Outcast London: A Study in the Relationship between Classes in Victorian Society.* Oxford : The Clarendon Press.

Sullivan Robert [1877], *A Dictionary of the English Language.* Dublin : Sullivan Brothers.

Tort Patrick [1987], « Spencer et le système des sciences », in Herbert Spencer *Autobiographie.* Paris : Presses universitaires de France, p. V-XLIV.

— [1996], *Spencer et l'évolutionnisme philosophique.* Paris : Presses universitaires de France.

Viner Jacob [1941], « Marshall's economics in relation to the man, and to his time », *The American Economic Review*, 31 (2), p. 223-235.

Whitaker John K. [1972], « Alfred Marshall: the years 1881 to 1885 », *History of Political Economy*, 4 (1), p. 1-61.

— [1975], *The Early Economic Writings of Alfred Marshall 1867-1890.* Londres : Macmillan, 3 volumes.

— [1977], « Some neglected aspects of Alfred Marshall's economic and social thought », *History of Political Economy*, 9 (2), p. 161-197.

— [1996], *The Correspondence of Alfred Marshall, Economist.* Cambridge : Cambridge University Press, 3 volumes.

JEAN-BAPTISTE SAY ET LA QUESTION DE LA POPULATION

Jean-Baptiste Fréry[1]

La question de la population dans l'œuvre de Jean-Baptiste Say est un thème très peu abordé par la littérature secondaire. Les quelques travaux existants se limitent à mentionner certains éléments théoriques de l'auteur dans des études globales de la question. Ce faisant, aucune approche n'étudie réellement la manière dont la théorie de la population de Say est liée aux principaux éléments de sa théorie économique. Pourtant, cette étude s'avère fondamentale pour comprendre les différences de sa théorie de la population de celle de Thomas Robert Malthus qui fait référence en la matière.

Jean-Baptiste Say and the population matter

The population matter in Jean-Baptiste Say's work is not a subject traditionally covered by secondary literature. The limited existing works, which consist of general studies on the question, only refer to some theoretical elements of Say's theory. No approach actually examines how Say's theory of population is related to the main elements of his economic theory. Studying this link is fundamental in order to understand the differences between Say's theory of population and Thomas Robert Malthus's referential theory on the topic.

Mots clefs : J.-B. Say, T. R. Malthus, population.

Keywords: J.-B. Say, T. R. Malthus, population.

JEL classification: B12, B31

---

1 Université Lyon 2, Laboratoire Triangle CNRS (UMR 5206), 1' Avenue Berthelot, 69007 Lyon. Mél : jean-baptiste.frery@univ-lyon2.fr
Je remercie les deux rapporteurs anonymes de la revue pour leurs observations stimulantes. Je tiens également à remercier Jean-Pierre Potier et Claire Silvant pour leurs relectures et leurs précieux commentaires. Je reste bien sûr le seul responsable des erreurs et insuffisances qui subsistent.

Introduction

Lorsqu'il expose sa théorie de la population pour la première fois, dans son *Traité d'économie politique* (1803), Jean-Baptiste Say cite seize auteurs qui démontrent que « la population d'un pays se proportionne à ses produits » [Say, 1803, I, p. 391] sans mentionner Thomas Robert Malthus[2]. En revanche, lors de la deuxième édition du *Traité* (1814) il rajoute cette référence élogieuse : « Voyez surtout l'*Essai sur la Population* de Malthus, ouvrage rempli de recherches et de raisonnements judicieux, qui mettrait cette vérité hors de doute si elle avait été contestée. » [Say, 1814, I, p. 148] Par ailleurs, lorsqu'il reprend la question de la population dans son *Cours complet d'économie politique pratique* (1828-1829), il écrit : « J'avais eu le bonheur de me rencontrer avec Malthus sur les conséquences importantes de ce principe dans la première édition de mon *Traité d'économie politique*, qui fut publiée à peu près en même temps qu'il donna la première édition de son *Essai sur la population*[3] » [Say, 1828-1840, II, p. 827]. Ces différents éléments montrent que Say développe une théorie de la population avant d'avoir lu l'*Essai sur le principe de population* (1798 et 1803) de Malthus[4]. Sa théorie

2. Parmi ces auteurs nous pouvons citer Smith [1776, Book I, Chapter VIII] et Hume [1752, Essay XI] qui ont inspiré Malthus lors de la rédaction de son *Essai sur le principe de population* [1798], mais également Steuart [1767, Book I, Chapter IV] et Montesquieu [1748, Livre dix-huitième, Chapitre X], auteurs lus par Malthus entre 1798 et 1803 – date de la seconde édition de l'*Essai*. Notons également, qu'exception faite de Condillac pour qui l'ensemble des produits – alimentaires et manufacturés – bornent la croissance de la population [Condillac, 1776, p. 272-281], ces auteurs centrent leur analyse sur la production des denrées alimentaires. Autrement dit, le principe de population, *la production de denrées alimentaires borne la croissance de la population*, souvent associé à Malthus, est un principe largement répandu en économie politique dès le XVIIIe siècle.

3. En réalité, Say fait ici référence à la deuxième édition de l'*Essai* (1803) de Malthus. Il est difficile de savoir pourquoi il fait cette « méprise ». Il est vrai que Malthus lui-même considère la deuxième édition comme un nouvel ouvrage tant la rupture méthodologique avec la première (1798) y est importante. Toutefois, la plupart des concepts théoriques de Malthus sont présents dès la première édition de l'*Essai*. Notons également que si la première édition n'est pas traduite en français avant 1980, il paraît tout de même étonnant que Say, qui maîtrise parfaitement la langue anglaise, n'en ait pas connaissance en 1828 (la première traduction de l'*Essai* est une traduction partielle de l'édition de 1803 établie par Pierre Prévost et publiée en feuilleton, de février à décembre 1805, dans la série « Littérature » du recueil périodique intitulé *Bibliothèque britannique*). La « méprise » de Say pourrait s'expliquer par les motivations de Malthus lorsqu'il expose son principe de population en 1798. Dans cette première édition – et uniquement dans cette édition –, Malthus se sert en effet du principe de population comme argument contre la notion de *progrès* de Godwin et de Condorcet. Or, Say, proche du mouvement des Idéologues, ne peut adhérer à cette analyse – nous reviendrons sur ce point par ailleurs. En occultant la première édition de l'*Essai*, Say rejette ainsi la partie qu'il juge erronée de l'analyse de Malthus pour ne garder que ses « raisonnements judicieux » [Say, 1814, I, p. 148].

4. Nous pensons que Say prend connaissance du livre de Malthus en février 1804 à travers sa correspondance avec Thomas Jefferson. Celui-ci, en réponse à l'envoi de la première édition du *Traité*, adresse à Say

n'est donc pas une simple adaptation de la théorie malthusienne, mais bien un élément original de sa pensée lié à sa théorie économique.

Cependant, lorsque la littérature secondaire aborde la question de la population chez Say, c'est la relation entre son principe de population et celui de Malthus qui est mise en avant. Ainsi, comme pour tous les auteurs du XIXe siècle traitant de cette question, Say est comparé à celui qui fait référence à cette époque. Or, cette approche comparative, bien qu'intéressante, a pour inconvénient de présenter la théorie de Say comme une variante de celle de Malthus[5]. Même si la littérature secondaire souligne « l'ignorance » de Say vis-à-vis de Malthus en 1803, [Block, I, 1890, p. 539 ; Gonnard, 1923, p. 301 ; Spengler, 1936, p. 578 ; Guillaumont, 1969, p. 25 ; Schoorl, 2013, p. 118], on ne trouve pas de véritable exégèse de la théorie de la population de Say[6]. Ce travail nous semble pourtant fondamental pour comprendre la manière dont sa théorie de la population est indissociable des principaux éléments de sa théorie économique.

Toutefois, Say lui-même nous invite à comparer sa théorie avec celle de Malthus, tant il en fait l'éloge : « Je ne considérais le sujet qu'accessoirement et j'en ai fait deux chapitres, tandis que Malthus l'a traité comme son objet principal et en a fait trois volumes, où il se livre à des recherches étendues et concluantes » [Say, 1828-1840, II, p. 827] ; « Malthus a confirmé, par de savantes recherches, les mêmes principes » [*ibid.*, p. 819]. Bien qu'il affirme que son principe soit assimilable à celui de Malthus, leurs deux théories de la population sont en réalité bien distinctes. Il est important de distinguer ici les termes *principe de population* et *théorie de la population*. À la manière

une lettre datée du 1er février 1804 dans laquelle il mentionne sa « lecture des travaux de Malthus sur la population » [Chinard, 1925, I, p. 17].

5. Charbit va même jusqu'à présenter Say comme le vulgarisateur de Malthus en France : « [L]'héritage malthusien remonte à Jean-Baptiste Say, qui fut en France le vulgarisateur de Malthus. » [Charbit, 1981, p. 227]

6. La question de la population dans l'œuvre de Say est un thème très peu étudié par la littérature secondaire, et souvent traité de manière partielle lorsqu'il est abordé. À titre d'exemple, Barrows fonde son analyse sur la traduction anglaise – et incorrecte – de 1855 du *Traité* et sur *Letters to Mr Malthus* (1821) car il estime, à tort, que c'est principalement dans ces deux ouvrages que Say expose sa théorie en matière de population – « *Say's assessment of population economics occurs principally in two of his works* » [Barrows, 2010, p. 1181].
Notons que Guillaumont est sans doute l'auteur qui s'est le plus intéressé à ce thème. Ainsi, lorsqu'en 2013 Schoorl aborde la question de la population chez Say [Schoorl, 2013, p. 118-120], il ne cite qu'une référence, l'ouvrage de Guillaumont [1969]. Toutefois, bien qu'il traite cette question de façon systématique, Guillaumont ne montre pas clairement, selon nous, la manière dont le *principe de population* de Say s'inscrit pleinement dans sa pensée économique et les véritables divergences de sa *théorie de la population* avec celle de Malthus.

de Spengler [1945], nous utilisons l'expression *théorie de la population* pour désigner ce qui relève du *principe de population* – c'est-à-dire ce qui limite la croissance de la population –, mais également de ce qui permet d'accroître *ressources* et *population* malgré les contraintes imposées par le principe. Ainsi, si le *principe de population* est bien un élément consubstantiel de la *théorie de la population*, cette dernière renvoie à une analyse plus large de la question de la population. En opérant cette distinction, il devient alors possible de mettre en évidence les véritables divergences entre les théories de la population de Say et Malthus.

Dans cet article, nous proposons une analyse du principe de population de Say et de la manière dont ce dernier rapproche son principe de celui de Malthus (1). Nous montrons ensuite que la divergence entre les théories de la population des deux auteurs relève de deux conceptions différentes de l'industrie et de la perfectibilité (2). Ce faisant, cette étude permet une mise en exergue de l'originalité et de la singularité de la théorie de Say sur la question de la population.

1. Le principe de population de Say

1.1. Un élément de sa théorie économique

Si Say propose bien une théorie de la population dès 1803 dans son *Traité*, il la présente de manière plus exhaustive dans son *Cours complet* (1828-1829). Dans la sixième partie de cet ouvrage, qu'il intitule « Du principe de la population[7] », il commence par décrire la manière dont les espèces ont tendance à se reproduire. Il évoque ainsi une loi naturelle qui incite les êtres vivants à se nourrir et à se reproduire tant que cela leur est possible. L'homme, comme toutes les espèces animales, n'échappe pas à cette loi et se reproduit tant que rien ne freine sa progression. Par conséquent, selon lui, « si nous écartons toutes les causes qui bornent l'accroissement de notre espèce, nous trouverons qu'un homme et une femme mariés aussitôt qu'ils sont nubiles peuvent aisément donner naissance à douze enfants tout au moins [...]. S'il n'y avait aucun obstacle à cette multiplication, la population d'un pays triplerait au bout de 26 ans » [Say, 1828-1840, II, p. 815-816]. Cette analyse de la reproduction rapide du genre humain n'est pas originale.

7. Notons que c'est la première fois que Say emploie l'expression *principe de la population.*

Say ne fait ici que reprendre des analyses déjà largement exposées au cours du XVIIIe siècle[8].

Ce principe étant entendu, l'enjeu de la question de la population ne se trouve donc pas dans la propension qu'ont les hommes à se multiplier mais dans ce qui freine cette progression. Say nous renseigne clairement sur ce point : « Il est évident, Messieurs, que la cause qui retient les populations dans les limites où nous les voyons, ou du moins qui les condamne à un accroissement toujours de plus en plus lent, est la borne de leurs moyens d'existence [...]. Tel est, en effet, le principe fondamental de toute considération sur la population. » [*Ibid.*, p. 819] Les *moyens d'existence*[9] sont donc ce qui limite, ce qui borne, la progression de la population. Il définit alors les *moyens d'existence* de la population comme « toutes les choses, sans exception, capables de satisfaire ses besoins » [*ibid.*, p. 820]. Les termes du principe de population de Say sont donc clairement posés : la croissance de la population est bornée par ses *moyens d'existence*, autrement dit par ses *besoins*. Cette notion de *besoins* est centrale pour appréhender avec justesse son principe de population. Il faut, en effet, comprendre le terme *besoins* comme l'ensemble des produits nécessaires à l'existence des individus. D'où cette formulation du principe qui apparaît dès 1803 dans le *Traité* : « Si la population est bornée uniquement par l'impossibilité de satisfaire aux besoins d'un nombre d'hommes plus considérable, et si les produits, quels qu'ils soient satisfont en général aux besoins quels qu'ils soient, il en résultera que la population se proportionnera toujours à la quantité des produits. » [Say, 1803, I, p. 390-391] Par le terme *produits*, Say désigne tous les produits qui permettent de satisfaire les *besoins* de la population : « Remarquez, Messieurs, que je vous parle des produits en général, et non de certains produits en particulier, comme du blé [...]. Ce n'est donc pas tel ou tel produit en particulier qui favorise la population, mais bien la production en général. » [Say, 1828-1840, II, p. 821] Et c'est l'échange qui permet à la population d'accéder à l'ensemble de ces *produits* : « Lorsque nous voulons connaître les rapports de la production avec la population, nous nous égarerions si nous nous occupions de la nature des produits ; c'est l'affaire de

8. On retrouve cette idée notamment parmi les seize auteurs de référence que cite Say lorsqu'il expose sa théorie de la population dans le *Traité* [Say, 1803, I, p. 391].

9. À notre connaissance, Malthus est le premier à utiliser l'expression *moyens de subsistance* – means of subsistence. Or, Say utilise l'expression *moyens d'exister* à partir de la deuxième édition du *Traité* [1814, p. 143], c'est-à-dire après sa lecture de Malthus. Il est donc indéniable qu'il emprunte à Malthus et adapte l'expression *moyens de subsistance*. Cependant, contrairement à ce qu'affirme Guillaumont [1969, p. 48], l'idée qu'il exprime à travers sa formule *moyens d'existence* est bien présente dès la première édition du *Traité* [Say, 1803, I, p. 387].

la population elle-même : la facilité des échanges fait qu'elle peut ne songer à autre chose qu'à gagner, puisque la valeur produite procure la chose dont le besoin se fait le plus vivement sentir. » [*Ibid.*, p. 822]

Ce point d'analyse constitue l'originalité du principe de population de Say. Les auteurs qui abordent cette question avant lui avancent, certes, l'idée que la population se multiplie tant que leurs ressources le permettent, mais ils centrent leurs analyses sur les denrées alimentaires[10]. Or, Say envisage d'emblée ces ressources comme l'ensemble des produits nécessaires à l'existence de l'homme, c'est-à-dire aux produits de l'*industrie*[11]. Cette démarche, qui s'inscrit dans l'ensemble de son analyse de l'économie politique, résulte notamment de sa notion d'*utilité*. Rappelons que chez Say l'*utilité* est issue de la notion de *besoin* : « Cette faculté qu'ont certaines choses de pouvoir satisfaire aux divers besoins des hommes, qu'on me permette de la nommer *utilité* » [Say, 1814, I, p. 3]. Selon Say, les individus joignent une *utilité* à chacun des biens issus de l'*industrie*. Ainsi, comme le fait remarquer Arena, « produire et créer de l'utilité sont, pour Say, des expressions équivalentes » [Arena, 2003, p. 307]. Dès lors, lorsque l'*industrie* produit un bien, elle produit par là-même une *utilité* susceptible de satisfaire un *besoin*. Dans ce cadre d'analyse on comprend pourquoi lorsque Say évoque les *besoins* dans son principe de population, il rattache immédiatement cette notion à celle de *produits* de l'*industrie* et ne la limite pas à celle de denrées alimentaires.

Par ailleurs, dans le cadre théorique de Say, un *besoin* n'est pas le fruit d'une préférence individuelle – qui ne peut être que subjective –, mais le reflet de l'usage social d'un bien. Les *besoins* d'une population s'inscrivent donc dans un contexte social. Ce dernier est défini par deux éléments : d'une part la situation géographique de l'ensemble de la population et d'autre part la *classe*[12] à laquelle appartient l'individu. Les *besoins* ainsi déterminés, les

10. Rappelons que Condillac avance également l'idée que c'est l'ensemble des *besoins* qui limite la croissance de la population [Condillac, 1776, p. 272-281]. Cantillon, qui ne figure pas dans la liste des seize auteurs cités par Say, démontre également que le nombre d'hommes se proportionne aux produits de la terre, mais aussi aux produits manufacturés [Cantillon, 1755, p. 28-33]. Guillaumont émet alors l'hypothèse que ces deux auteurs ont influencé Say sur la question de la population [Guillaumont, 1969, p. 44-47]. Pour notre part, nous pensons que le principe de population de Say est bien plus une construction analytique qui résulte de sa théorie économique que le résultat d'une influence directe.

11. Say définit l'industrie comme les « choses [...] recueillies des mains de la nature [...], façonnées suivant nos besoins [...], amenées d'un lieu où elles se trouvaient, au lieu où nous sommes et où elles ne se seraient pas trouvées sans cela. On nomme la première de ces industries : *industrie agricole* ; la seconde, *industrie manufacturière* ; la troisième, *industrie commerçante* » [Say, 1803, I, p. 2]. Cette conception de l'industrie n'est pas sans incidence sur sa *théorie de la population* (cf. partie 2.1 de cet article).

12. Say emploie le terme *classe* pour qualifier les mœurs et la situation économique des individus (les

individus vont les hiérarchiser en fonction de l'importance qu'ils accordent à chacun :

> « Les hommes, en conséquence, en leur qualité de consommateurs, font un classement de leurs besoins, selon le degré d'importance qu'ils attachent à la satisfaction de chacun de ces besoins. J'ai déjà eu l'occasion de vous faire voir qu'ils en ont, non seulement en raison de leur nature physique, tels que le besoin de nourriture, de vêtement ; mais aussi en raison de leur éducation, de leurs habitudes, des usages du pays où ils vivent, de leur vanité, de leurs préjugés, de leurs vices même. » [Say, 1828-1840, I, p. 367]

Il est fondamental de bien comprendre ici que les *besoins* ne sont pas issus de choix préférentiels individuels, mais de données sociologiques exogènes. Les individus établissent certes un classement de leurs *besoins*, mais ce classement s'inscrit dans un cadre social prédéterminé : « [N]ous ne considérons encore ce classement que comme une chose de fait et d'observation. Il est de fait que l'on satisfait en général certains besoins préférablement à d'autres ; et l'on accorde en général cette préférence, non d'après un plan arrêté d'avance, mais pour obéir aux habitudes prises. » [*Ibid.*, p. 367-368] Par conséquent, un individu ne désignera pas un *besoin* comme tel en fonction de la variation de son revenu, mais en fonction d'un classement établi *a priori* selon le contexte social dans lequel il s'inscrit[13]. Si la variation positive de son revenu fait varier les quantités de *produits* – de *besoins* – qu'il acquiert, il ne crée pas chez lui de nouveaux *besoins*[14]. Ainsi, un couple marié qui voit son revenu augmenter ne fera pas le choix d'acquérir de nouveaux *produits* ; en revanche, poussé par sa propension à se reproduire, il verra dans ce nouveau revenu la possibilité d'augmenter sa cohorte d'enfants. Il augmentera ainsi sa progéniture jusqu'à ce que cela entame suffisamment son revenu pour qu'il ne puisse plus acquérir en quantité suffisante les *produits* dont il estime avoir *besoin*. Ainsi, « il en résulte que la population se proportionnera toujours à la quantité des produits » [Say, 1803, I, p. 391].

Cela étant, il est nécessaire de poursuivre l'analyse de ce principe car il requiert une double lecture. La première, que nous venons de réaliser, repose sur la manière dont s'opère le choix individuel : les individus, les *classes*

---

premières étant rattachées à la seconde).

13. Dans ce contexte, l'*éducation* tient un rôle décisif sur la détermination de la nature – vicieuse ou vertueuse – des *habitudes* [cf. partie 2.2 de cet article].

14. Pour qu'un individu soit amené à avoir de nouveaux *besoins*, il faudrait que la variation de son revenu soit suffisamment importante pour qu'il estime avoir changé de *classe*. Dès lors il adoptera les *habitudes* de cette nouvelle *classe*.

d'individus, bornent leur reproduction aux *produits* correspondant à leurs *habitudes* sociales. La seconde approche renvoie quant à elle à une lecture plus globale du principe. Rappelons que pour Say l'obtention d'un *produit* ne peut se faire que par l'échange d'un autre *produit* :

> « Les besoins que nous éprouvons nous font désirer d'obtenir, de posséder les choses qui sont capables de les satisfaire [...]. Quand [ce] sont des choses qu'il faut produire, quand ce sont des *produits*, nous sommes obligés soit de les créer nous-mêmes par les moyens ordinaires de la production, soit de les acquérir en créant, par les mêmes moyens, d'autres produits que nous donnons en échange. Dans les deux cas, nous les obtenons, soit directement, soit indirectement, par nos moyens de production [...]. Comme ils ont des bornes, nos moyens d'acquérir en ont aussi ; et c'est là ce qui met des limites à la demande que nous formons des produits. » [Say, 1828-1840, I, p. 367]

La satisfaction de nos *besoins* passe donc par une production qui crée un revenu équivalent. Cette production étant limitée, son revenu l'est également. Par conséquent, « la proposition – la population s'élève toujours en raison de la quantité des produits du pays – équivaut à celle-ci : la population s'élève toujours en raison des revenus du pays » [Say, 1828-1840, II, p. 822].

Insistons sur le fait que si le revenu borne les dépenses des individus, il ne détermine en aucun cas la nature de ces dépenses. Ainsi, la population se proportionne donc aux *produits* qu'elle estime indispensables à son existence et à son revenu.

La combinaison de ces deux éléments est primordiale dans le principe de population de Say. Si la population ne se bornait qu'à son revenu, sans déterminer *a priori* les *produits* nécessaires à ses *besoins*, elle n'aurait pas tendance à se multiplier. Supposons ainsi qu'une famille dépense son surplus de richesse dans l'acquisition de nouveaux *produits*. Ces nouveaux *produits* engendrent alors de nouvelles dépenses qui empêchent cette famille de s'agrandir. Or, en déterminant préalablement ses *besoins*, celle-ci ne consacre pas ce surplus à l'acquisition de nouveaux *produits*, mais à l'augmentation des quantités de *produits* qu'elle acquiert habituellement. Poussé par une propension à se reproduire, le couple profite de ce supplément de richesse, et donc de *produits* qu'il juge nécessaires à son *existence*, pour agrandir sa famille jusqu'à atteindre les limites de son nouveau revenu[15].

15. Notons que l'idée d'une population qui se proportionne à son revenu est déjà présente chez Adam Smith : « Une rémunération généreuse du travail, en permettant [aux mariages] de mieux subvenir aux besoins de leurs enfants et par conséquent d'en élever un plus grand nombre, tend naturellement à élargir et à étendre ces limites. De plus, il est bon de remarquer qu'elle produit nécessairement cet effet dans une

Cette adéquation entre revenus et taille de la famille n'est donc possible que si les individus font preuve de *prévoyance*, et c'est alors « par les effets de cette prévoyance que nous voyons, en général, les familles beaucoup moins nombreuses qu'elles ne seraient si l'on s'abandonnait sans retenue aux impulsions de la nature. C'est elle qui rend les mariages d'autant plus rares que la population est nombreuse[16] » [*ibid.*, p. 82].

Toutefois, cette *prévoyance* ne s'opère pas de la même manière selon le type de population envisagé. Say distingue, en effet, les classes indigentes des classes supérieures. Il constate que grâce à la *prévoyance* « les grandes familles se multiplient peu, leurs revenus étant presque toujours inférieurs à leurs besoins ». Say parle alors ici d'« *obstacles préventifs* ». Les classes indigentes, quant à elles, font souvent preuve « d'imprévoyance ». Cette imprévoyance « favorise un développement de population supérieur à la production, qui est violemment ramené à son taux nécessaire ». Cette population indigente subit alors les effets des obstacles « *restrictifs* ou *suppressifs*[17] » [*ibid.*, p. 825].

Le vocabulaire employé ici n'est pas choisi au hasard. Les termes *obstacles préventifs* et *obstacles restrictifs* ou *suppressifs* sont des références ostensibles à ceux de *preventive checks* et *positive checks* qu'emploie Malthus. Rappelons que Say désigne Malthus comme expert de la question de la population et admet que son principe est identique au sien [*ibid.*, p. 819 et 827]. Or, cette assimilation des deux principes peut surprendre. Lorsque Say affirme que la croissance de la population est bornée par les *moyens d'existence*, Malthus affirme que cette croissance est bornée par les *moyens de subsistance*. Conscient de cette dissemblance, Say guide son lecteur afin qu'il puisse comprendre ce rapprochement. Lorsqu'il affirme que la population ne se proportionne pas à « tel ou tel produit en particulier [...], mais bien [à] la production en général », Say note : « On verra, dans un des chapitres suivants, quelle influence spéciale les denrées alimentaires exercent sur la production générale

proportion aussi proche que possible de celle que détermine la demande de travail. [...] Ainsi, de même que la demande détermine la production de toute marchandise, la demande d'hommes règle nécessairement la production d'hommes, l'accélère quand elle va trop lentement, et l'arrête quand elle va trop vite. » [Smith, 1776, I, p. 89] Cependant, Smith est bien moins précis que Say sur la notion de *besoin* et ne pose pas le principe de population en des termes aussi clairs.

16. Contrairement à ce qu'affirme Spengler – « [Say] failed to emphasize, as did Malthus, the need for moral restraint » [Spengler, 1936, p. 579] –, Say exprime bien l'idée de la *contrainte morale* de Malthus à travers ce concept de *prévoyance*.

17 Même s'il n'y emploie pas le terme d'*obstacles restrictifs*, Say explique dès la première édition du *Traité* (1803) la manière dont les « classes indigentes » sont soumises à ce type d'obstacles [Say, 1803, I, p. 397].

et par cela même sur la population, et cette vue nouvelle est de nature à rapprocher bien des opinions qui paraissent opposées. » [*Ibid.*, p. 821]

1.2. Un rapprochement revendiqué avec Malthus

Dans sa note, Say fait allusion au chapitre quatre de la section six du *Cours complet d'économie politique pratique*. L'auteur commence ce chapitre ainsi : « Je vous ai dit, Messieurs, que la facilité des échanges accommode l'espèce des produits aux besoins de la société, mais, dans le cas où cette facilité ne se rencontre pas ou devient onéreuse, il n'est plus permis de faire abstraction de l'espèce des produits. » [*Ibid.*, p. 833] Dans ce passage, il est incontestablement question des produits alimentaires. Say en souligne la particularité bien avant la rédaction du *Cours complet*. Il considère déjà les denrées alimentaires comme des produits à part dans son *Traité* [1803] où il précise :

> « Tous [les] produits sont destinés à satisfaire des besoins indispensables en quelques circonstances, mais les denrées nourrissantes satisfont le plus impérieux, le plus constant de tous. Dans la plupart des climats de la terre, on peut à la rigueur vivre sans vêtement et sans abri ; dans la plupart des époques de la vie, on peut se passer des secours de la médecine et de la chirurgie ; mais sous aucun climat, à aucune époque de notre existence, nous ne pouvons la conserver sans nourriture. » [Say, 1803, I, p. 385]

La nourriture n'est donc pas un produit comme les autres, et dans *le classement de leurs besoins*, il est clair que les individus lui attribuent la première place. Ainsi la taille d'une famille doit nécessairement être adaptée à la satisfaction de ce besoin. Autrement dit, s'il est possible d'ajuster son revenu par rapport à tous les produits, il est impossible d'avoir un revenu qui soit inférieur aux ressources nécessaires à l'acquisition des denrées alimentaires. Cette singularité du produit agricole oblige donc à considérer la nature de ce produit.

Outre le fait que la nourriture soit le premier des besoins, c'est également celui dont la production atteint le plus rapidement ses limites : « Les moyens qu'on a pour multiplier les denrées alimentaires ont des bornes qu'on atteint plus tôt que celles qui existent pour les autres produits. » [Say, 1828-1840, II, p. 833] Considérant ces deux spécificités, Say apporte une nuance à son principe de population :

> « C'est la cherté de ces denrées qui borne le plus effectivement la population [...]. Bien qu'il soit vrai que ce soient généralement tous les moyens d'exister qui contribuent au maintien de la population, elle est

> presque toujours bornée, en effet, par la quantité de denrées alimentaires que l'on peut se procurer au-dessous d'un certain prix. La disette de l'aliment le plus commun entraîne, pour le peuple, la privation de tous les autres produits. » [*Ibid.*, p. 835]

Ainsi lorsque la production agricole vient à diminuer significativement, ce sont les *obstacles répressifs* qui se mettent en place, « c'est ainsi que la disette des denrées alimentaires entraîne pour la classe indigente la disette de tous les autres produits nécessaires au maintien de la vie. Elle est obligée de consacrer à l'achat de sa nourriture une portion de ses profits qu'elle aurait, sans la cherté des vivres, consacrée à se vêtir plus chaudement, à se tenir plus proprement » [*ibid.*, p. 835]. L'incapacité à pourvoir le besoin de se nourrir entraîne donc une carence des autres besoins. La satisfaction de l'ensemble des besoins étant conditionnée par la satisfaction du besoin de se nourrir, nous pouvons en déduire que ce sont les denrées alimentaires qui bornent effectivement la population. Il apparaît donc ici que Say restreint ces *moyens d'existence* aux *moyens de subsistance* de Malthus.

Say précise également que la pénurie de denrées alimentaires répond à un mécanisme cyclique qui repose sur le postulat suivant : « Les récoltes varient d'une année à l'autre [et] les populations ne peuvent pas subir des vicissitudes si rapides. » [*Ibid.*, p. 873] Il détaille alors le fonctionnement de ce mécanisme de la manière suivante. L'abondance des récoltes entraîne simultanément une augmentation des *mariages* et l'abandon de la culture du blé qui devient désavantageuse. L'année suivante, il y a donc une augmentation de la population et une diminution des denrées alimentaires. Si on ajoute à cela une année de mauvaise récolte, cela aggrave davantage l'écart entre population et nourriture. La population sera alors ramenée au niveau des *subsistances* par des obstacles destructifs. Cette diminution de la population et une meilleure récolte font repasser le niveau des *subsistances* au-dessus de celui de la population qui voit alors une possibilité d'augmenter le nombre de ses *mariages*. On constate ainsi que le niveau de la population ne peut pas s'adapter au niveau des récoltes.

On retrouve la même démonstration chez Malthus où, comme chez Say, cette « espèce d'oscillation » touche principalement « les classes inférieures » [Malthus, 1817, p. 80-81].

Par ailleurs, dans son étude des obstacles à la croissance de la population, Malthus adopte également une analyse de *classes*. Ainsi, à l'instar de Say, les *preventive checks* s'opèrent davantage chez les classes supérieures – higher classes –, et les *positive checks* s'opèrent davantage chez les classes inférieures

– lower classes. Malthus parvient à cette conclusion en montrant que les individus ne font pas le même usage de la *contrainte morale* – moral restraint.

Selon Malthus, la *contrainte morale* est en effet un frein « propre à l'espèce humaine et qui résulte d'une faculté qui la distingue des animaux bruts ; à savoir, la capacité de prévoir et d'apprécier des conséquences éloignées » [*ibid.*, p. 75]. La fonction de cette *contrainte morale* peut donc être assimilée à celle de la *prévoyance* chez Say. Tout comme chez Say, Malthus précise que ce frein n'opère pas de la même manière selon le type de population envisagé. Les individus appartenant aux classes inférieures vont, à travers les observations qu'ils font de leur entourage, pouvoir apprécier les conséquences d'une famille nombreuse sur le partage des subsistances. Les individus les plus prévoyants craignant de ne pas pouvoir faire subsister leurs enfants restreignent alors leur inclination naturelle à se reproduire. Les individus des classes supérieures ne font pas exactement le même calcul. Si, comme les individus des classes inférieures, ils font preuve de prévoyance, leur préoccupation n'est pas d'avoir suffisamment de subsistance pour leurs enfants, mais de leur assurer la même éducation et de conserver le même rang dans la société. Ce qui limite effectivement la croissance de ce type de population, ce ne sont donc pas les biens de subsistance, mais des biens de confort et la conservation d'un statut social. Ce type de biens est donc assimilable aux *biens d'existence* de Say. Cette distinction de mode calculatoire permet de comprendre pourquoi Malthus ne croit pas à la *contrainte morale* comme frein efficace à la croissance de la population des plus pauvres. Du fait de la variation du prix du blé, de la variation de leurs revenus ainsi que de leur ignorance quant au coût réel de l'élevage d'un enfant, l'effort de prévoyance est en effet bien plus important à réaliser dans leur situation que dans celle des individus des classes supérieures. Ces derniers bénéficiant de revenus réguliers et de prix stables sur les biens de luxe, leur prévoyance se fixe alors essentiellement sur le surcoût d'un enfant supplémentaire qu'ils estiment sans difficulté.

Autrement dit, Malthus, tout comme Say, distingue bien deux bornes à la croissance de la population : les *biens de subsistance* qui limitent la croissance de la population des classes inférieures et les *biens d'existence* qui limitent la croissance de la population des classes supérieures.

Cette démonstration permet de comprendre Say lorsqu'il affirme que « Malthus a confirmé, par de savantes recherches, les mêmes principes » que les siens [Say, 1828-1840, II, p. 819].

Toutefois, dans son ouvrage *La pensée démo-économique de J.-B. Say et de Sismondi* [1969], Guillaumont ne semble pas adhérer à ce propos. Il soutient qu'« en substituant les moyens d'existence aux moyens de subsistance dans la théorie malthusienne [...], Say a généralisé le principe de population : la population tend à s'adapter à ses moyens d'existence et plus seulement aux subsistances » [Guillaumont, 1969, p. 42]. Outre l'inconvénient de présenter le principe de population de Say comme une adaptation à celui de Malthus, cette affirmation est erronée car elle nie l'analyse de Malthus à propos des *classes supérieures*, ainsi que celle de Say à propos de la spécificité des denrées alimentaires. Plus problématique, Guillaumont ne fait pas la distinction entre *principe de population* et *théorie de la population.* Cette distinction nous semble pourtant fondamentale pour éviter les confusions – telles que présenter *un principe de population généralisé* chez Say – et comprendre les véritables divergences entre les deux auteurs.

Ainsi, rappelons que la convergence entre les deux principes de la population n'apparaît qu'en cas de disette. Or, si Say constate que ces disettes se manifestent fréquemment[18], il affirme également qu'elles seront plus rares à l'avenir : « Quels que soient, dans l'état actuel de notre civilisation, les frais qu'exigent les précautions qu'il faut prendre contre les disettes, on peut raisonnablement se flatter qu'elles seront moins embarrassantes à l'avenir. » [Say, 1828-1840, II, p. 883] En opérant ce passage du court terme au long terme, Say élargit la problématique de la population. La question n'est plus de déterminer les obstacles qui limitent la croissance de la population, mais de savoir dans quelle mesure il est possible de dépasser les contraintes coercitives qu'impose le principe de population. Ce faisant, Say ne propose plus seulement un principe de population mais une théorie de la population. Il apparaît alors que, si à court terme, les principes de population de Say et de Malthus sont similaires, à long terme leurs théories sont incompatibles. Ces différences trouvent leurs sources d'une part dans la conception de l'*industrie* chez Say et d'autre part dans leurs approches personnelles du concept de *perfectibilité.*

18. « Il est affligeant mais il est vrai de dire que chez presque toutes les nations, surtout chez les nations nombreuses, une partie de la population périt tous les ans de besoin. » [Say, 1803, I, p. 389]

2. Say : une théorie de la population singulière

2.1. L'agriculture : une industrie

Say justifie la raréfaction des disettes par différents éléments : l'augmentation de la variété de substances alimentaires, le développement de l'élevage animal, le perfectionnement des moyens de communication et de navigation ou encore les progrès du commerce. Mais au-delà de tout cela, ce qui lui permet d'affirmer « que les disettes seront plus rares à l'avenir » [Say, 1828-1840, II, p. 882], c'est sa conception même de l'agriculture.

Selon Guillaumont, Say se désintéresse de la production des denrées agricoles car l'industrie et le commerce permettent aux nations d'obtenir ces denrées : « Say ne pense pas à un pays producteur primaire ; il pense déjà à une nation industrielle ou en voie de l'être. Say cependant ne s'attarde pas à ce problème [de production de denrée alimentaire]. Il croit aux bienfaits de l'industrie, susceptible de fournir des produits en échange desquels il est possible d'obtenir des denrées alimentaires. » [Guillaumont, 1969, p. 40] En dissociant l'industrie manufacturière, le commerce et la production de denrées alimentaires dans la pensée de Say, Guillaumont tente à tort, selon nous, de recentrer l'analyse sur les biens d'existence. En indiquant que les « bienfaits de l'industrie » permettraient, *via* l'échange, « d'obtenir des denrées alimentaires », Guillaumont utilise en effet de manière ambiguë le terme *industrie*. Rappelons que sous ce terme Say désigne trois types d'industrie : *l'industrie agricole*, l'*industrie manufacturière* et l'*industrie commerçante* [Say, 1803, I, p 2]. Ainsi l'*industrie agricole* fait partie de l'*industrie* au même titre que l'*industrie manufacturière* et *commerçante*. Par ailleurs, Say voit la terre comme un ensemble de « compartiments propres à diverses productions » : « La terre est un atelier chimique admirable où se combinent et s'élaborent une foule de matériaux et d'éléments qui en sortent sous la forme de froment, de fruits, propres à notre subsistance, de lin dont nous tissons nos vêtements, d'arbres dont nous construisons nos demeures et nos navires. » [Say, 1819, I, p. 82] Il existe donc une multitude de qualités de terre et de *produits* qui y sont associés. Ces *produits* étant exploités par l'*industrie agricole*, Say définit alors l'agriculture comme « une manufacture de produits agricoles » [Say, 1828-1840, I, p. 211]. Par conséquent, l'*industrie agricole* répond aux mêmes problématiques que celles de l'*industrie manufacturière* et *commerciale*. Le problème de la lutte contre les disettes n'est donc pas un problème spécifique – que Say aurait éludé –, mais bien un problème de production en général. L'accroissement de la production des *produits*, qu'ils soient de *subsistance* ou d'*existence*, dépend de deux facteurs : le capital et le travail. Or, selon Say, l'homme a tout intérêt à substituer le capital à son travail [Say, 1803, I, p. 40]. Lors de l'exploitation des *forces de la nature*, le capital permet en effet des *gains productifs* bien supérieurs au travail[19]. Cette substitution permet ainsi d'obtenir une augmentation considérable de la production. Say prend alors l'exemple du moulin à vent qui permet d'assurer « l'ouvrage de dix-huit hommes » [*ibid.*, p. 40-41]. Il apparaît donc que l'augmentation de la production passe par l'augmentation des capitaux. Par conséquent, comme pour toute manufacture, la production agricole dépend avant tout des *avances* qu'on y fait : « Pour que la production agricole ait lieu, il faut à la vérité des terres susceptibles de culture, mais les terres cultivables ne suffisent pas : il faut, en outre, une industrie agricole et des capitaux pour subvenir aux avances que réclame la culture. » [Say, 1828-1840, II, p. 828] Lorsqu'il existe suffisamment de *capitaux* pour assurer les avances nécessaires à l'*industrie agricole*, alors un seul « fonds de terre peut fournir une quantité décuple, centuple, de produits utiles à l'homme » [Say, 1819, I, p. 83]. Notons que cette progression rapide des produits agricoles est en complète contradiction avec *la progression arithmétique des moyens de subsistance* de Malthus[20]. C'est donc bien sa conception de l'*industrie agricole* qui permet à Say d'affirmer que « la terre est loin de manquer aux subsistances » [Say, 1828-1840, II, p. 828].

Toutefois, Say mentionne le risque d'une allocation des capitaux inefficace. Selon lui, il existe en effet une possibilité que les capitaux destinés à l'*industrie agricole* fassent défaut du fait d'une allocation trop importante des capitaux vers les produits de *luxe*[21]. Say en appelle alors aux *institutions* qui, en assurant le libéralisme économique, doivent permettre une meilleure répartition des capitaux.

De manière plus générale, il existe donc chez Say un lien fort entre capital, production et population : « Un nouveau capital mis en action augmente directement la quantité de produits et n'augmente qu'indirectement le nombre des consommateurs. » [*Ibid.*, p. 861] L'ordre causal de ce lien – la

19. Sur le rôle du *service productif* de la *nature* dans la pensée de Say, voir Vatin [2003, p. 611-621].

20. Nous n'entrerons pas dans le débat de la place de la loi des rendements décroissants dans la pensée de Malthus. Sur ce débat, voir notamment Stassart [1957, p. 92], Charbit [1998, p. 120] et Hofmann [2013, p. 400-402].

21. Cette aversion pour le *luxe*, Say l'exprime déjà dans ces articles de la *Décade philosophique, littéraire et politique* : « Ce qui est fastueux ne s'obtient jamais que par le sacrifice de ce qui aurait été utile, que le faste a toujours pour voisin la misère ; et que le véritable luxe, le luxe le mieux entendu consiste dans l'abondance du nécessaire, dans la bonne qualité de ce que l'on consomme. » [Say, 1795, p. 491]

production détermine *a priori* le niveau optimal de la population – n'est pas un hasard. Cette causalité découle de son approche même de l'économie politique : la production détermine un revenu, revenu qui est ensuite distribué puis consommé.

Malthus, qui s'intéresse à l'économie politique après avoir abordé la question de la démographie dans l'*Essai*, n'accorde pas la même importance à la production et au capital.

À partir de 1820, avec la publication des *Principes d'économie politique*, l'auteur britannique développe un nouveau pan de sa théorie de la population[22]. Dans ce nouvel ouvrage, il affirme que l'expérience montre « que l'emploi du capital qui s'est trop rapidement accru, peut trouver, et trouve souvent en effet une limite, longtemps avant qu'il y ait une difficulté réelle de se procurer les moyens de subsistance. Il semble encore démontré que le capital et la population peuvent à la fois, et pendant des époques très longues, dépasser la demande effective pour les produits » [Malthus, 1836, p. 359-360].

Ce passage des *Principes* nous révèle que, pour Malthus, la limite à la croissance de la population n'est plus un problème de capacité à produire des moyens de subsistance, mais un problème de demande pour les produits. Une demande insuffisante limite, en effet, l'emploi du capital et *in fine* la demande de travail. Cette dernière devient insuffisante par rapport au niveau de la population qui doit alors s'abaisser. Par conséquent, c'est la demande de travail dans l'industrie en général qui limite effectivement le niveau de la population [Charbit, 1998, p. 125]. Ainsi, contrairement à ce qu'affirme Say, et selon Malthus, non seulement l'augmentation du capital et de la production ne permet pas la croissance de la population, mais elle peut même s'avérer néfaste :

> « Si la transformation du revenu en capital, poussée au-delà d'un certain point, doit, en diminuant la demande effective pour les produits, laisser les classes ouvrières sans ouvrage, il est évident que les habitudes de

22. Cette nouveauté est également développée dans l'article *Population* qu'il rédige pour le supplément de la cinquième édition de l'*Encyclopædia Britannica* en 1823. Cet article est repris dans l'ouvrage *Summary View of the Principle of Population* que Malthus publie en 1830. Notons que ces nouveaux apports théoriques n'apparaissent pas dans l'édition de 1826 de l'*Essai*.
Toutefois, si certains lecteurs trouvent dans les *Principes* une continuité de la pensée de Malthus, d'autres parlent de rupture. Sur ce débat voir notamment Caire [1984] et Fauve-Chamoux [1984]. Notons que Say présente l'*Essai* et les *Principes* comme deux ouvrages incompatibles avec cette phrase : « Il faut que ce soit l'auteur de l'*Essai sur la population* qui ait tort, ou bien que ce soit celui des *Principes d'économie politique*. » [Say, 1820, p. 60-61]

> parcimonie poussées trop loin peuvent être suivies, tout d'abord, des effets les plus désastreux et causer ensuite un déclin sensible et permanent dans la richesse et la population. » [Malthus, 1836, p. 289]

Ainsi, selon Malthus, si les revenus sont orientés vers la production au détriment de la demande des produits, apparaissent alors des crises de surproduction et une baisse de la demande de travail. En évoquant ainsi l'insuffisance de la demande et les crises de surproduction, Malthus remet en cause la loi des débouchés[23].

Or Say affirme que l'augmentation de la *production* – *via* l'accumulation de *capitaux* – permet de satisfaire les *besoins* de la population en vertu de cette loi. C'est d'ailleurs de ce raisonnement qu'il tire une recommandation demeurée célèbre :

> « Il convient donc d'encourager les hommes à faire des épargnes plutôt que des enfants ; les épargnes placées reproductivement procurent l'abondance des choses consommables qui satisfont aux besoins de la vie ; ce sont les épargnes qui permettent aux familles de consommer, outre le revenu de leur industrie, de leurs travaux et de leurs talents, un autre revenu encore, celui de leur capital. » [Say, 1828-1840, II, p. 861]

Toutefois, pour Say, si l'augmentation de la production est une condition nécessaire à la croissance de la population, elle n'est pas suffisante. Le risque est que la population, poussée par ses désirs, se reproduise tout de même plus rapidement : « Quelles que soient les bornes que la prévoyance des lois et celle des individus mettent à la multiplication des hommes, l'attrait qui unit les sexes est si puissant, que la production des enfants est toujours supérieure aux moyens que chaque pays offre de subvenir à leurs besoins. » [Say, 1803, I, p. 389] La capacité d'épargner et l'adoption de mœurs plus morales deviennent alors deux éléments consubstantiels à la croissance de la population et, pour Say, l'acquisition de ces vertus passe par l'*éducation*.

2.2. Des individus perfectibles, sensibles à l'éducation

L'éducation tient un rôle crucial dans la pensée de Say[24]. Sa vision de l'éducation et de l'influence qu'elle peut avoir sur la population sont déjà présentes dans *Olbie ou essai sur les mœurs d'une nation* [1800]. Say affirme

23. Cette remise en cause lui vaudra par Keynes le qualificatif – humoristique – de « major » dans la vaillante armée des hérétiques – « *major in the brave army of heretics* » – face à la pensée orthodoxe [Keynes, 1936, p. 371].

24. Sur l'importance de l'enseignement dans la pensée de Say, voir Jacoud et Steiner [2003].

alors qu'en plus de donner « la direction physique et morale de l'enfance », l'éducation permet de promouvoir l'instruction [Say, 1800, p. 195]. Il insiste surtout sur cette facette de l'éducation. Say associe l'instruction aux mœurs et précise qu'elle a deux impacts sur ces dernières. Tout d'abord, elle permet de les « adoucir » car « les hommes instruits, en général, font moins de mal, commettent moins de dégâts que ceux qui ne le sont pas [...]. De même, l'homme qui a étudié les bases sur lesquelles se fondent l'ordre social et le bonheur des nations ne les sape jamais sans répugnance » [*ibid.*, p. 195]. Par ailleurs, l'instruction éclaire l'homme sur ses véritables intérêts, ainsi, « le manouvrier qui boit en quelques heures ses profits de la semaine, qui rentre chez lui pris de vin, bat sa femme, [...] calcule moins bien que cet ouvrier diligent qui, loin de dissiper ses petites épargnes, les accumule, ainsi que leurs intérêts, se fait un sort sur ses vieux jours, et passe l'âge du retour au sein d'une famille active qu'il a rendue heureuse, et dont il est adoré » [*ibid.*, p. 195-196]. L'éducation – et l'instruction en particulier – permet donc aux individus d'acquérir des mœurs morales et la clairvoyance sur leurs intérêts. C'est dans cette perspective que Say accueille favorablement la création des écoles primaires à la fin du XVIIIe siècle : « Grâce à l'institution des écoles primaires, la différence entre les diverses classes de la société, sera bien moins sensible » [Say, 1794, p. 464]. Selon lui, l'éducation doit en effet être prise en charge par l'État pour s'assurer que l'ensemble de la population y ait accès[25]. Ajoutons que si l'instruction permet aux individus d'être éclairés sur leurs intérêts, c'est l'économie politique qui leur permet de comprendre comment les atteindre au mieux. Il faut alors, selon Say, vulgariser et propager les *lumières*[26] de l'économie politique pour apprendre aux individus à gérer leur revenu et encourager les classes les plus pauvres à épargner. Cette épargne, et le capital ainsi accumulé, permet en effet à cette catégorie de la population de financer des activités productives individuelles plus rémunératrices qu'une activité salariale. L'économie politique devient alors un levier qui permet de créer des mécanismes de satisfaction des *besoins* [Clément, 2003, p. 158].

Toutefois, Say pense que ce n'est pas par l'enseignement direct que les classes inférieures peuvent accéder aux *lumières* de l'économie politique. Si chez Say « l'enseignement des connaissances élémentaires » – lire, écrire, compter – est suffisant pour « combattre l'abrutissement dû à la division du travail » [Steiner, 1986, p. 69], « l'enseignement élevé » – par lequel se

25. Sur le rôle de l'État dans sa prise en charge de l'éducation chez Say, voir Steiner [1986, p. 67-68] et Legris et Ragni [2003, p. 48-49].

26. Say utilise l'image du rayon de lumière comme facteur déclenchant du passage d'un monde barbare et obscur à un monde civilisé et éclairé [Say, 1828-1840, I, p. 33-34].

développe l'économie politique – ne leur est pas directement accessible[27]. Cependant, ce que les classes inférieures « n'acquerraient jamais par une instruction directe, elles peuvent l'obtenir dans leurs relations avec les classes moyennes de la société, celles qui sont le plus à portée de recevoir tous les genres d'instruction » [Say, 1828-1840, I, p. 50]. Intervient alors le rôle crucial des *classes mitoyennes* dans la diffusion de l'économie politique. C'est en effet *via* cette classe que la *lumière* se diffuse à l'ensemble de la société : « C'est dans la classe mitoyenne, loin des soucis et des plaisirs de la grandeur ; loin des angoisses de la misère [...] que naissent les lumières ; et c'est de là qu'elles se répandent chez les grands et le peuple ; car les grands et le peuple n'ont pas le temps de méditer ; ils n'adoptent les vérités que lorsqu'elles leur parviennent sous forme d'axiomes, et qu'elles n'ont plus besoin de preuves. » [Say, 1803, I, p. xxviii] C'est donc par l'intermédiaire de cette classe *mitoyenne* que les individus des classes inférieures peuvent changer leurs *habitudes* et donc le classement de leurs *besoins*[28]. Ces individus désignent alors comme prioritaires des *besoins* qui répondent aux critères vertueux de l'économie politique. Say croit d'autant plus à cette diffusion que, pour lui, « le comportement économique est naturel » [Steiner, 1986, p. 65] chez tous les individus, qu'ils fassent partie de la classe supérieure, mitoyenne ou inférieure[29].

En définitive, Say associe donc l'éducation à la morale et à l'économie politique. Sa perception de l'éducation est incontestablement influencée par la philosophie des Lumières. Il suggère d'ailleurs de regarder du côté de Montaigne, Locke ou Rousseau qu'il considère comme de « grands maîtres » en matière d'enseignement moral et d'éducation [Say, 1800, p. 196]. En outre, cette vision de l'éducation est étroitement liée à l'idée que se fait Say de la *perfectibilité* de l'humanité.

Même s'il n'en fait pas partie, Say est durant toute sa vie entouré par les membres du groupe des Idéologues[30]. Il est ainsi profondément influencé

27. Steiner distingue à juste titre trois types d'enseignement chez Say : « l'éducation professionnelle », « l'enseignement des connaissances élémentaires » et « l'enseignement élevé » [Steiner, 1986, p. 68-69].

28. Rappelons que c'est *via* leurs habitudes que les individus déterminent leurs besoins [cf. partie 1.1 de cet article].

29. C'est pour promouvoir la diffusion de l'économie politique que Say publie le *Catéchisme d'économie politique* [1815] – et la rendre ainsi accessible au plus grand nombre – et qu'il enseigne successivement à l'Athénée royal (1815-1820), au Conservatoire des arts et métiers (1820-1832) et au Collège de France (1831-1832).

30. « En 1796, dans un Mémoire sur la faculté de penser, présenté à l'Institut, Destutt de Tracy utilise un néologisme "idéologie". Idéologie voulait seulement dire ici "science des idées". Cette science des idées est

par les idées développées dans le salon de madame Helvétius[31]. C'est d'ailleurs notamment pour en diffuser les idées qu'il co-fonde le journal *La Décade philosophique, littéraire et politique*, dans lequel la promotion d'une éducation démocratisée tient un rôle prépondérant [Say, 1794 ; 1796]. Ces Idéologues, dont il faut se garder d'exagérer l'homogénéité, partagent au moins une conviction profonde : celle de la *perfectibilité* telle que Condorcet la définit dans son *Esquisse d'un tableau des progrès de l'esprit humain* [Blanc et Tiran, 2003, p. 18]. Cette idée de la *perfectibilité* de l'humanité, qui fait tendre la société vers un progrès économique et moral, est inhérente à l'ensemble de l'œuvre de Say. Toutefois, il ne s'agit pas de tomber dans le providentialisme car cette dynamique peut être ralentie par différents obstacles. C'est pour faire face à ces obstacles qui entravent le progrès que Say milite pour des *institutions* qui soutiennent le libéralisme économique et l'éducation[32]. Le libéralisme permet une meilleure organisation de la production et donc un accroissement des richesses ; l'éducation permet aux individus les plus indigents d'être éclairés sur leurs véritables intérêts et de changer leurs *habitudes*. C'est parce qu'ils sont intrinsèquement *perfectibles* que ces individus peuvent être sensibles aux vertus de l'éducation.

C'est précisément cette notion de *perfectibilité* qui oppose Say et Malthus sur la question de la *prévoyance* – et de la *contrainte morale* – chez les classes indigentes.

Pour appréhender cette distinction, il faut d'abord comprendre la conception religieuse qui inspire la thèse de Malthus. Comme le souligne Waterman [1984, p. 325], le pasteur britannique tient notamment son épistémologie de *The light of Nature Pursued* [1768] d'Abraham Tucker où ce dernier développe l'idée que le *mal* a été créé par Dieu pour stimuler l'esprit de l'homme afin qu'il puisse l'éviter. Malthus retient alors cette idée d'*aiguillon* nécessaire – car sinon pourquoi Dieu aurait-il créé le *mal* ? – qui permet à l'esprit de l'homme de progresser [Malthus, 1798, p. 166]. Dieu a certes créé le *mal*, mais il a également placé en l'homme la capacité de l'éviter. C'est donc à l'homme de faire les efforts nécessaires pour s'adapter aux maux qui s'imposent à lui. À partir de cette conception théologique, il rejette la thèse que développent Godwin et Condorcet selon laquelle les individus

matérialiste, empirique. Le nom d'*Idéologues* désignera par la suite tous ceux qui se retrouvaient dans le salon de madame Helvétius [durant la période révolutionnaire]. » [Blanc et Tiran, 2003, p. 17]

31. Sur la relation de Say avec les Idéologues, voir Steiner [2003].

32. Sur la relation entre la diffusion du savoir et le progrès des sociétés dans la pensée de Say, voir Legris et Ragni [2003, p. 45-46].

s'améliorent du fait même de leur nature perfectible. C'est donc précisément pour réfuter l'idée de *perfectibilité* développée par Godwin et Condorcet – et qui inspire Say – que Malthus rédige l'*Essai*[33] (1798).

Cette distinction fondamentale du concept de *perfectibilité* oppose donc la théorie de Malthus à celle de Say. Pour le premier, la *perfectibilité* est un choix individuel motivé par la décision de se soumettre à la volonté divine afin d'éviter les maux que le Créateur impose aux hommes ; pour le second, c'est un comportement naturel qui – sous condition d'avoir de *bonnes institutions* propices à la diffusion de l'éducation – pousse les individus à changer spontanément leurs *habitudes*. Ainsi, le développement de la *contrainte morale* s'accompagne nécessairement de maux, alors que la diffusion de la *prévoyance* se développe dans un cadre de progrès économique et moral[34].

Conclusion

Jean-Baptiste Say présente un principe de population similaire à celui de Malthus. En revanche, la réflexion qui fonde ce principe lui permet d'élaborer une théorie de la population fondamentalement différente de celle de Malthus. Ainsi, la réelle distinction entre les deux formulations, *la croissance de la population est bornée par ses moyens d'existence* et *la croissance de la population est bornée par ses moyens de subsistance*, n'est pas à chercher du côté de la nature des produits – puisque les deux auteurs souscrivent à ces principes –, mais du côté du fondement théorique inhérent à leur formulation. En élaborant son principe de population à travers des éléments issus de sa théorie économique tels que les notions de *besoin*, de *produit*, d'*utilité*, d'*industrie*, de *revenu* ou encore d'*éducation*, Say propose en effet une théorie de la population incompatible avec le système de pensée malthusien. Si, comme de nombreux auteurs, Say considère Malthus comme une référence sur la question de la population, il apparaît néanmoins clairement qu'il ne s'en inspire pas pour élaborer sa propre théorie de la population.

---

33. Sur la critique de Malthus vis-à-vis du progrès chez Godwin et Condorcet, voir Spengler [1945], Dupâquier [1980] et Petersen [1980].

34. Cette présentation des doctrines de Malthus et de Say peut conduire à conclure à une vision *pessimiste* de l'un et *optimiste* de l'autre. Cette assertion se confirme lorsque l'on reprend ces mots de Gide et Rist à propos du *pessimisme* de Ricardo et de Malthus : « En somme, ils n'avaient pas beaucoup de foi dans ce que nous appelons le progrès. » [Gide et Rist, 1909, p. 131] Toutefois, il serait selon nous réducteur de restreindre les théories de nos deux auteurs à ces adjectifs. D'une part, parce que, à l'instar de Say qui propose un système pour raréfier les disettes, Malthus propose bien des solutions – notamment dans ses *Principes* – pour contrer l'apparition de la misère ; d'autre part, ces adjectifs ne permettent pas de rendre compte justement des subtilités théoriques des auteurs.

Bibliographie

Arena Richard [2003], « La loi de l'offre et de la demande chez Jean-Baptiste Say : une interprétation », dans J.-P. Potier, A. Tiran (dir.) *Jean-Baptiste Say. Nouveaux regards sur son œuvre*. Paris : Economica, p. 304-324.

Barrows Stephen [2010], « The law of population and the Austrian school », *American Journal of Economics and Sociology*, vol. 69, n° 4, p. 1178-1205.

Blanc Emmanuel, Tiran André [2003], « Introduction générale », dans J.-B. Say, *Œuvres morales et politiques*, E. Blanc, A. Tiran (éd.). Paris : Economica, p. 9-42.

Block Maurice [1890], *Les progrès de la science économique depuis Adam Smith, révision des doctrines économiques*, vol. I. Paris : Guillaumin.

Caire Guy [1984], « Un ou deux Malthus ? », *Revue économique*, vol. 35, n° 4, p. 623-634.

Cantillon Richard [1755], *Essai sur la nature du commerce en général*. Londres : Fletcher Gyles.

Charbit Yves [1981], *Du malthusianisme au populationnisme, les économistes français et la population, 1840-1870*. Paris : INED, coll. « Travaux et documents » n° 90.

— [1998], « Malthus populationniste ? Une lecture transdisciplinaire », *Population*, vol. 53, nos 1-2, p. 113-137.

Chinard Gilbert [1925], *Jefferson et les Idéologues d'après sa correspondance inédite avec Destutt de Tracy, Cabanis J.-B. Say et Auguste Comte*, vol. 1. Paris : Presses universitaires de France.

Clément Alain [2003], « Économie morale et pauvreté chez J.-B. Say », dans J.-P. Potier, A. Tiran (dir.) *Jean-Baptiste Say. Nouveaux regards sur son œuvre*. Paris : Economica, p. 147-163.

Condillac Étienne Bonnot de [1776], *Le commerce et le gouvernement considérés relativement l'un à l'autre*. Paris : Jombert et Cellot.

Condorcet Nicolas de [1793], *Esquisse d'un tableau historique des progrès de l'esprit humain*. Paris : Masson et fils, 1822.

Dupâquier Jacques [1980], « Avant-propos », dans T. R. Malthus *Essai sur le principe de population en tant qu'il influe sur le progrès futur de la société, avec des remarques sur les théories de Mr Godwin, de M. Condorcet et d'autres auteurs*, 1798 ; traduction de E. Vilquin. Paris : INED, p. 9-16.

Fauve-Chamoux Antoinette (éd.) [1984], *Malthus hier et aujourd'hui*. Paris : Éditions du CNRS.

Gide Charles, Rist Charles [(1909) 1944], *Histoire des doctrines économiques depuis les physiocrates jusqu'à nos jours*, 6e édition, A. Cot et J. Lallement (éd.). Paris : Dalloz, 2000.

Godwin William [1793], *Enquiry Concerning Political Justice and its Influence on Morals and Happiness*. Londres : Paternoster-Row.

Gonnard René [1923], *Histoire des doctrines de la population*. Paris : Nouvelle Librairie nationale.

Guillaumont Patrick [1969], *La pensée démo-économique de J.-B. Say et de Sismondi*. Paris : Éditions Cujas.

Hofmann Klaus [2013], « Beyond the principle of population: Malthus's *Essay* », *The European Journal of the History of Economic Thought*, vol. 20, n° 3, p. 399-425.

Hume David [1752], *Essays and Treatises on several Subjects, Essays, Moral, Political, and Literary*, Volume II, partie II. Londres : A. Millar, 1760.

Jacoud Gilles, Steiner Philippe [2003], « Introduction. De l'importance de l'enseignement pour Jean-Baptiste Say », dans J.-B. Say, *Leçon d'économie politique*, édité par G. Jacoud, P. Steiner. Paris : Economica, p. 9-47.

Keynes John-Maynard [1936], *The General Theory of Employment, Interest and Money*. Londres : Macmillan.

Legris André, Ragni Ludovic [2003], « La conception de l'individu chez Jean-Baptiste Say », dans J.-P. Potier, A. Tiran (dir.) *Jean-Baptiste Say. Nouveaux regards sur son œuvre*. Paris : Economica, p. 41-68.

Malthus Thomas Robert [1798], *Essai sur le principe de population en tant qu'il influe sur le progrès futur de la société, avec des remarques sur les théories de Mr Godwin, de M. Condorcet et d'autres auteurs*, traduction de E. Vilquin. Paris : INED, 1980.

— [1803-1806-1807-1817-1826], *An Essay on the Principle of Population; or, a View of its Past and Present Effects on Human Happiness; with an Enquiry into our Prospects respecting the Future Removal or Mitigation of the Evils which it Occasions*, édition *variorum*, P. James (ed.), 2 vol. Cambridge : Cambridge University Press, 1989.

— [1817], *Essai sur le principe de population, ou exposé des effets passés et présents de l'action de cette cause sur le bonheur du genre humain ; suivi de quelques recherches relatives à l'espérance de guérir ou d'adoucir les maux qu'elle entraîne,* 5e édition, traduction de P. Prévost et G. Prévost, J.-P. Maréchal (éd.), 2 tomes. Paris : Flammarion, 1992.

— [1820], *Principles of Political Economy Considered with a View of their Practical Application.* Londres : Murray and Albemarle-Street.

— [1830], *A Summary View on the Principle of Population*, A. Flew (ed.). Harmondsworth : Penguin Books, 1970.

— [1836], *Principes d'économie politique, considérés sous le rapport de leur application pratique*, 2e édition, traduction de M. Monjean. Paris : Guillaumin, 1846.

Montesquieu Charles de Secondat baron de La Brède et de [1748], *De l'esprit des lois.* Paris : Firmin Didot, 1864.

Petersen William [1980], *Malthus, le premier anti-malthusien,* Paris, Dunod.

Potier Jean-Pierre, Tiran André (dir.) [2003], *Jean-Baptiste Say. Nouveaux regards sur son œuvre*, Paris, Economica.

Say Jean-Baptiste [1794], « Des écoles primaires », *La Décade philosophique, littéraire et politique,* t. 3, 20 frimaire an III [1/12/1794], p. 464-468.

— [1795], « Le Concert de la rue Feydeau, ou l'Agrément du jour », *La Décade philosophique, littéraire et politique*, t. 4, 20 ventôse an III [10/03/1795], p. 488-491.

— [1796], « Boniface Véridick à Polyscope, sur un projet de théâtre pour le peuple », *La Décade philosophique, littéraire et politique,* t. 9, 3e trimestre an IV, [03-06/1796], p. 38-44.

— [1800], *Olbie ou essai sur les mœurs d'une nation*, dans Jean-Baptiste Say, *Œuvres morales et politiques,* édité par E. Blanc, A. Tiran. Paris : Economica, 2003, p. 191-236.

— [1803], *Traité d'économie politique, ou simple exposition de la manière dont se forment, se distribuent et se consomment les richesses,* 2 tomes. Paris : Crapelet.

— [1803-1814-1817-1819-1826-1841], *Traité d'économie politique, ou simple exposition de la manière dont se forment, se distribuent et se consomment les richesses*, édition *variorum*, édité par C. Mouchot *et al.*, 2 vol. Paris : Economica, 2006.

— [1814], *Traité d'économie politique, ou simple exposition de la manière dont se forment, se distribuent et se consomment les richesses,* 2e édition, 2 vol. Paris : Renouard.

— [1815], *Catéchisme d'économie politique.* Paris : Crapelet.

— [1819], « Annotations », dans D. Ricardo *Des principes de l'économie politique et de l'impôt*, traduction de F. S. Constancio. Paris : Aillaud.

— [1820], *Lettres à M. Malthus, sur différents objets de l'économie politique.* Paris : Bossange.

— [1828-1840], *Cours complet d'économie politique*, édition *variorum*, édité par E. Blanc *et al.*, 2 tomes. Paris : Economica, 2010.

— [2003], *Œuvres morales et politiques*, édité par E. Blanc, A. Tiran. Paris : Economica.

Schoorl Evert [2013], *Jean-Baptiste Say, Revolutionary, Entrepreneur, Economist.* Abingdon : Routledge.

Smith Adam [1776], *Recherche sur la nature et les causes de la richesse des nations,* traduction de P. Jaudel (dir.), Livres I et II. Paris : Economica, 2000.

Spengler Joseph John [1936], « French population theory since 1800 », *Journal of Economic History*, vol. 44, n° 2, p. 743-766.

— [1945], « Malthus's total population theory: a restatement and reappraisal », *Canadian Journal of Economics and Political Science*, vol. 11, n° 2, p. 234-264.

Stassart Joseph [1957], *Malthus et la population.* Liège : Faculté de Droit de Liège.

Steiner Philippe [1986], « J.B. Say et l'enseignement de l'économie politique en France (1816-1832) », *Économies et Sociétés*, série PE, n° 6, p. 63-95.

— [2003], « Say, les Idéologues et le Groupe de Coppet, la société industrielle comme système politique », *Revue française d'histoire des idées politiques,* vol. 18, n° 2, p. 331-353.

Steuart James [1767], *Inquiry into the Principles of Political Economy.* Londres : Millar and Cadell.

Tucker Abraham [1768], *The Light of Nature Pursued, Theology*, Volume 2. Londres : Jones.

Vatin François [2003], « Pensée industrielle et théorie de la production chez Jean-Baptiste Say », dans J.-P. Potier, A. Tiran (dir.) *Jean-Baptiste Say. Nouveaux regards sur son œuvre.* Paris : Economica, p. 605-628.

Waterman Anthony M. C. [1984], « Malthus théologien : économie politique et théologie chrétienne dans le "premier essai" », dans A. Fauve-Chamoux (dir.) *Malthus hier et aujourd'hui.* Paris : Éditions du CNRS.

LA COORDINATION PAR LE MARCHÉ DANS *SOCIAL CHOICE AND INDIVIDUAL VALUES* : MÉRITES NORMATIFS OU MÉRITES TECHNIQUES ?

Irène Berthonnet et Vincent Desreumaux[1]

L'article cherche à élucider le statut qu'Arrow prête au marché dans son ouvrage de 1951. Il montre comment la quête originelle de l'auteur consistait à proposer un troisième théorème de l'économie du bien-être (Feldman, [1991]), en montrant que le marché réalise non seulement des allocations Pareto-optimales, mais aussi des allocations justes. Si le marché est frappé par le théorème d'impossibilité, Arrow propose cependant une solution à son célèbre théorème. L'article interprète le sens de cette solution en montrant qu'elle consiste à limiter le rôle du marché à celui d'opérateur technique d'efficacité, ne prenant pas en compte les valeurs individuelles.

Does market coordination lead to justice or to strict efficiency in* Social Choice and Individual Values*?

The paper tries to clarify the status of the market in Social Choice and Individual Values. *It shows how Arrow at first intended to propose a third theorem of welfare economics (Feldman [1991]), which would show that the market achieves not only Pareto-optimality, but also equitable social allocations. The impossibility theorem proves this is impossible. Arrow's solution to impossibility is interpreted here as a further limitation of the market's objectives. At the end of the book, the market is presented as a technical mechanism that guarantees economic efficiency, if it doesn't take individual values into consideration.*

Mots clefs : Théorème d'impossibilité, économie du bien-être, fonction de bien-être social, efficacité économique.

Keywords: Impossibility theorem, welfare economics, values, social welfare function, economic efficiency.

JEL classification: B20, D60, D71

---

1. Les auteurs remercient les rapporteurs anonymes pour leurs commentaires ayant permis d'améliorer l'article. Ils remercient également Nicolas Postel pour sa relecture et ses remarques.

. Clersé (université de Lille 1). Mél : irene.berthonnet@gmail.com

. IESEG School of Management. Mél : vdesreumaux@hotmail.com

Malgré l'immense succès de l'ouvrage dans lequel Arrow développe son fameux théorème d'impossibilité, et bien qu'il ait suscité de nombreuses et diverses interprétations, une question pourtant cruciale a été éludée. Presque toutes les analyses postérieures à *Social Choice and Individual Values* (*SCIV*) ont laissé de côté la question de comprendre en quoi le théorème qui y est démontré invalide – comme l'énonce Arrow – le marché comme fonction de choix collectif. Autrement dit, le théorème d'Arrow a insinué un doute radical quant à la possibilité de construire une fonction de bien-être social de type Bergson-Samuelson, mais presque aucune réflexion poussée sur l'attaque pourtant radicale adressée au marché[2]. Comme le remarque aussi Amadae : « Peu d'efforts ont été faits pour comprendre en quel sens le marché représente un mécanisme de choix social dans l'acception d'Arrow, de nombreux théoriciens estimant qu'il serait grotesque de penser que la théorie du choix social d'Arrow met en cause le marché. » [Amadae, 2003, p. 128]

Nous cherchons, dans le présent article, à produire un effort en ce sens. Nous envisageons cette question en proposant une relecture de l'ensemble de l'ouvrage, de manière à saisir toutes les implications de ce qu'Arrow a placé en amont de son théorème (conditions et axiomes) et en aval (remède à l'impossibilité proposé par Arrow dans le chapitre 7). Notre interprétation est fondée sur la distinction entre mérites normatifs et mérites techniques du marché : en tant que fonction de bien-être social, le marché n'aboutit pas à une solution satisfaisante en termes de justice, en revanche il reste pertinent pour réaliser l'efficacité économique, comme instrument technique au service d'objectifs préalablement définis[3]. La structure du texte épouse cette distinction, et montre que le marché – en tant que fonction de choix social – est bien une des cibles du théorème d'impossibilité (section 1), mais que le sens de la solution à l'impossibilité proposée par Arrow consiste à conforter l'efficacité du marché sur un plan technique (section 2).

La section 1 montrera ainsi que le projet d'Arrow s'inscrit dans un projet philosophique général qui remonte à A. Smith, et se poursuit dans le courant néoclassique, consistant à chercher à produire ce qui peut être qualifié, à la

2. Sur les pistes ouvertes par le théorème d'impossibilité, voir par exemple Fleurbaey [2000]. Mongin et Fleurbaey [2005] reviennent sur l'impact du théorème sur l'économie du bien-être.

3. Nous n'entendons pas reprendre à notre compte cette dichotomie entre justice et efficacité, entre normativité et technicité, mais simplement montrer qu'elle est structurante dans la manière dont Arrow présente les vertus du marché, et que c'est cette opposition qui lui permet de conclure que le marché n'est pas une fonction de bien-être social, mais qu'il reste efficace comme « moyen de réalisation partielle de l'optimum social » [Arrow, 1974, p. 159-160].

suite de Feldman [1991], de « troisième théorème fondamental de l'économie du bien-être ». Peut-on demander au marché non seulement l'optimalité, mais aussi la justice ? Voilà une autre manière de formuler la quête initiale d'Arrow dans *SCIV*. Le théorème d'impossibilité conclut cette recherche en montrant que le marché ne permet pas d'agréger rationnellement des choix individuels fondés sur la justice. La section 2 mettra en évidence dans quelle mesure *SCIV* ne condamne pourtant pas la coordination marchande comme moyen d'agréger rationnellement les préférences individuelles. En explorant le sens exact de la solution qu'Arrow propose à son théorème d'impossibilité, nous montrerons qu'à l'issue de *SCIV*, le marché reste le meilleur moyen de réaliser des objectifs partiels d'efficacité économique, à la condition expresse que les classements individuels qui s'expriment sur le marché ne s'appuient pas sur les valeurs des individus.

1. Le marché comme cible du théorème d'Arrow

> « Dans la discussion qui suit quant à la cohérence des différents jugements de valeurs relatifs au choix social, on ne fera pas de distinction entre le vote et le mécanisme de marché, ces deux processus étant considérés comme des cas particuliers de la catégorie plus générale de fonction de choix social [collective social choice][4]. » [Arrow, 1963, p. 5]

Arrow ne saurait être plus explicite, dès le début de *Social choice and individual values*. Au plan analytique, il ignore purement et simplement la différence entre vote et marché, ce qui suppose, sans aucun doute, qu'il les prend comme deux « fonctions de choix social » potentielles. Autrement dit, le marché est bel et bien considéré, à part entière, comme modalité de production d'un choix collectif visé par le théorème d'impossibilité. Dans la mesure où son résultat consiste à affirmer qu'il n'existe pas de fonction de choix social satisfaisante, cette sentence vaut aussi pour le marché pris comme fonction de choix social potentielle.

Pourtant, force est de constater que ce n'est pas ainsi que, dans la grande majorité des cas, le théorème d'impossibilité a été reçu. On ne trouve guère que Buchanan pour prendre au sérieux les conclusions d'Arrow sur le marché. Pour Buchanan, dire du marché qu'il ne conduit pas à un choix collectif rationnel est incompréhensible. En effet, selon lui, « le marché existe comme moyen par lequel le groupe social est capable de passer d'un état social à un

4. Dans le présent article, et sauf mention contraire, nous avons choisi de retraduire la version originale de *SCIV* dans son édition de 1963, afin de fixer une terminologie spécifique qui nous permette de présenter nos arguments.

autre [...] sans qu'il ait été nécessaire de faire un choix collectif » [Buchanan, 1954, p. 122]. L'indignation de Buchanan, lecteur attentif de *SCIV*, est selon nous un indice que l'interprétation d'Arrow sur l'impact de son théorème d'impossibilité sur le marché doit être prise au sérieux.

En ce sens, nous mettrons ici en évidence le fait que l'étude d'Arrow s'inscrit dans une perspective plus globale en cherchant à produire un « troisième théorème fondamental de l'économie du bien-être » (1.1.). Ensuite, une fois établi que le cadre d'analyse d'Arrow était conçu pour pouvoir s'atteler à ce problème (1.2.), nous explicitons la signification précise de la sentence énigmatique d'Arrow qui affirme que son théorème d'impossibilité vaut preuve de ce que le marché ne constitue pas une fonction de choix social satisfaisante (1.3.).

1.1. Le théorème d'impossibilité de Arrow ou le « troisième théorème fondamental de l'économie du bien-être »

Le projet originel d'Adam Smith, symbolisé par l'image classique de la main invisible, était également celui de la théorie économique lorsque celle-ci prit la forme d'une théorie mathématique abstraite, dans sa version néoclassique. Une lecture répandue de l'histoire des idées en la matière fait explicitement de la théorie de l'équilibre général la « version moderne du théorème de la main invisible[5]. » [Bridel, 1988] Selon Blaug [2007], sur le fond, cette lecture est certes discutable, néanmoins il est clair qu'elle est largement admise. L'analyse de d'Aspremont en constitue une synthèse éclairante :

> « En ce qui concerne la compatibilité entre la poursuite du bonheur individuel et le bonheur général, les activités économiques ont été prises comme modèle. L'harmonie des intérêts individuels résultant des activités économiques ne se réduit pas seulement à "l'effet naturel du commerce [...] de porter à la paix" comme l'écrivait simplement Montesquieu. Selon la phrase la plus fameuse d'Adam Smith, l'individu est "conduit par une main invisible à promouvoir une fin qui ne faisait pas partie de son intention". Dans une économie de marché en concurrence parfaite, l'efficacité sociale est atteinte par des agents qui ne poursuivent que leur intérêt propre. » [d'Aspremont, 1995, p. 218-219.]

Le premier théorème fondamental de l'économie du bien-être, ici évoqué, vaut alors démonstration mathématique de la main invisible, dès lors que la notion de bonheur général est identifiée au concept d'optimum de Pareto :

5. Bridel adopte pour sa part sur cette lecture une position réservée.

grâce au mécanisme marchand, les actions individuelles privées et non concertées conduisent à l'intérêt commun (l'optimalité au sens de Pareto).

Quel que soit le degré de validité de cette interprétation, il suffit pour notre démonstration de mettre en avant le fait qu'Arrow, pour l'essentiel, l'endosse. Arrow est l'un des artisans majeurs de la théorie de l'équilibre général. Or, *a posteriori*, il se situe, explicitement, dans la lignée des économistes qui cherchent à élucider les mystères de la main invisible. Ainsi, par exemple, le premier chapitre de *General Competitive Analysis*, qu'il rédige dans le but de situer la théorie de l'équilibre général dans l'histoire des idées économiques, débute par une référence explicite à « la main invisible d'Adam Smith » [Arrow & Hahn, 1971, p. 1]. Dans *SCIV* comme ailleurs, Arrow cherche à comprendre en quel sens on peut dire – ou simplement vérifier que l'on peut vraiment dire – que le marché conduit une société d'individus rationnels vers une forme d'intérêt général. D'une certaine manière, on peut donc appréhender le projet d'Arrow dans *SCIV* comme une tentative de vérifier, depuis le point de vue extérieur du théoricien, que la main invisible accomplit convenablement sa tâche.

Pourquoi pousser plus avant cette investigation qui a trouvé déjà sa réponse avec le premier théorème de l'économie du bien-être ? Parce qu'Arrow juge cette première démonstration des mérites du marché insuffisante, dans la mesure où la définition du bonheur général qu'elle retient est jugée trop faible. Cela est connu, l'optimum de Pareto est insensible à toute forme de justice distributive :

> « L'idée selon laquelle l'équilibre d'un système de prix concurrentiel est efficient ou optimal en un sens où le rationnement ne l'est pas est ancienne. Ce sens et l'énoncé exact du théorème d'optimalité ont été clarifiés par Pareto [1909] et dans les années 1930 par mon professeur, Harold Hotelling [1938], et par Abram Bergson [1938]. [...] Bien sûr, tous reconnaissaient, et Bergson le plus explicitement peut-être, que la Pareto-efficacité n'impliquait en aucun cas la justice distributive. Une allocation des ressources peut être efficace au sens de Pareto et conduire pourtant à une énorme opulence pour certains et une extrême pauvreté pour d'autres. » [Arrow, 1983, p. 202]

Peut-on demander au marché non seulement l'optimalité, mais aussi la justice ? Voilà une autre manière de formuler la quête d'Arrow dans *SCIV*. À cet égard, il nous semble que Feldman [1991], en faisant du théorème d'impossibilité, dans l'entrée du *Palgrave* qu'il lui consacre, « le troisième théorème fondamental de l'économie du bien-être », a parfaitement résumé l'idée que nous défendons ici : Arrow, en écrivant *SCIV*, a bel et bien voulu compléter son investigation sur les mérites normatifs du marché. En définitive, si nous partageons sans réserves ce point de vue émis notamment par Fleurbaey et Mongin : les « deux théorèmes [de l'économie du bien-être] ont des conséquences importantes en philosophie politique » [Fleurbaey et Mongin, 1996, p. 246] ; on n'en dira certes pas moins du théorème d'impossibilité, ce « troisième théorème de l'économie du bien-être ».

1.2. Un cadre d'analyse qui mime le marché

Arrow fait donc du marché le modèle idéal de société – celui qui mérite d'être étudié. Pour le mettre en évidence, notons d'abord que, sur un plan général, Arrow développe une conception individualiste de la société : il la définit comme une collection d'individus, sans lui attribuer une existence propre en dehors de cette définition. Dans son analyse du choix social, la société est une collection d'individus séparés : chacun construit sa propre échelle de préférences de manière isolée, conformément à sa subjectivité souveraine. Le classement social doit ensuite être fondé sur les seuls classements individuels.

Les commentateurs sont, sur ce point, à peu près unanimes. La synthèse de Frohock rapportée ci-dessous est assez consensuelle :

> « Le théorème de Arrow, dans ses définitions et ses règles, exprime une relation de l'individu à la société qui a dominé la théorie politique au moins depuis le XVIIe siècle. [...] La forme la plus basique est celle d'une collection d'individus autonomes constituant une société n'ayant d'autres caractéristiques au-delà de celles qui sont produites par la combinaison des individus comme entités discrètes. C'est un héritage de Hobbes, Mill, et particulièrement Bentham. Le théorème d'Arrow représente la logique extrême de cette tradition. » [Frohock, 1980, p. 382-383]

Dès lors, la société est vue comme ensemble d'individus séparés, vision qui suggère l'image d'une organisation sous forme de marchés, telle que la formalise singulièrement la théorie de l'équilibre général. En définitive, il nous semble possible de synthétiser l'interrogation sous-jacente à l'ensemble de *SCIV* de la façon suivante : l'organisation marchande de la société est-elle en mesure de produire un résultat collectivement satisfaisant ?

C'est pour cette raison que nous esquissons la présentation du théorème sous un angle particulier : nous mettrons en lumière le fait que le cadre d'analyse d'Arrow est conçu pour être aussi fidèle que possible au marché – il en va ainsi en particulier pour les cinq célèbres conditions d'agrégation.

Arrow rend d'ailleurs explicite l'éthique individualiste que ces dernières reflètent :

> « Ces conditions sont naturellement des jugements de valeur et pourraient être mises en question ; réunies, elles expriment sous une forme très générale les principes de la souveraineté et de la rationalité des citoyens lorsqu'on admet qu'ils possèdent un large éventail de valeurs. » [*Ibid.*, p. 69]

La condition 1, condition de domaine non restreint, stipule qu'il doit être possible d'agréger tout ensemble de préférences individuelles. Tout ensemble $(R_1,\ldots, R_n)$ doit pouvoir être agrégé en une préférence *R*. Autrement dit, il n'y a pas de préférence *a priori* proscrite. Chaque membre de la collectivité est en droit d'exprimer librement ses préférences, quelles qu'elles soient. La subjectivité de chacun doit être pleinement prise en compte et respectée par la procédure d'agrégation. Cette première condition est, par essence, respectée par le marché : sur celui-ci, un individu peut exprimer n'importe quel classement des paniers de biens : le marché est le lieu de la liberté de choix.

Les conditions 2 et 4 sont elles aussi nettement liées à l'éthique individualiste de l'économie du bien-être. La condition 2, dite condition d'association positive, exige que si une alternative monte dans le classement d'un individu, tandis que les classements de tous les autres sont inchangés, cette alternative ne doit pas baisser dans le classement social. La condition 4 porte quant à elle un nom explicite : il s'agit de la condition de « souveraineté du citoyen » [Arrow, 1950, p. 158]. Elle réclame que le choix social ne soit pas imposé, c'est-à-dire qu'il dépende effectivement, pour toute paire quelconque d'alternatives, des classements individuels. Notons que Bergson [1938] nomme cette condition la « souveraineté du consommateur ». En 1963, dans la réédition de *SCIV*, Arrow propose une nouvelle démonstration de son théorème où les conditions 2 et 4 sont remplacées par le principe de Pareto [Arrow, 1963, p. 176]. On peut, à nouveau, remarquer que le mécanisme marchand fonctionne conformément à ces deux conditions. Il est, d'abord, le lieu idéal d'expression de la souveraineté du consommateur [Desreumaux, 2013]. Plus généralement, en tant que procédure de déroulement des seuls échanges mutuellement avantageux, le marché fonctionne de façon à ce que la collectivité soit conduite à exploiter toutes les opportunités d'amélioration parétienne, et seulement celles-là.

La condition 5, quant à elle, réclame l'absence de dictateur. Il y a au sein de la collectivité un dictateur si la préférence sociale est toujours impliquée par la préférence d'un unique individu, quelles que soient les préférences des autres. Par exemple, dans une collectivité composée de trois individus, si quels que soient R_1 et R_2, et quels que soient x et y, xR_3y implique xRy, l'individu 3 est un dictateur. Cette condition est sans doute la plus explicite : elle réclame la démocratie. Elle pose donc très clairement l'alternative entre liberté de choix et dictature, ou encore, en matière d'organisation institutionnelle des affaires économiques et sociales, entre marché et planification totalitaire. Plus généralement, les conditions 4 et 5 représentent le refus de la contrainte qui grèverait la liberté des individus, que celle-ci provienne d'un seul homme (le dictateur) ou de la collectivité (tradition, coutume, normes ou éthique sociales préétablies).

La condition 3, dite condition d'indépendance à l'égard des alternatives non pertinentes, réclame que le classement social d'un ensemble donné d'alternatives ne dépende que des classements individuels de ces alternatives. Le classement social d'un ensemble (x, y, z) de trois états sociaux doit être déterminé par les seuls classements individuels de ses trois états sociaux, et ne pas être affecté par les préférences des individus sur un état social w quelconque non disponible ; w est en l'occurrence une « alternative non pertinente ». Cette condition d'indépendance est, de loin, la plus discutée. Nous n'échapperons pas à cette règle, mais reportons notre discussion de cette condition à la sous-section suivante (1.3.). Indiquons seulement que le respect de cette condition garantit l'exclusion de toute forme de comparaisons interpersonnelles de bien-être, ce qui préserve l'isolement et l'autonomie de l'individu effectuant son choix sur le marché[6].

Outre les cinq conditions, Arrow pose aussi deux axiomes : il faut dire un mot de la représentation des préférences individuelles dans *SCIV*. Une préférence individuelle rationnelle y est représentée par une relation ayant les deux propriétés suivantes. D'abord, la relation doit être complète, c'est-à-dire qu'elle classe effectivement n'importe quelle paire d'alternatives : xRy ou yRx, pour tout x, y. Ensuite, la relation doit être transitive, de sorte que si l'alternative x est préférée à l'alternative y qui est elle-même préférée à z, nécessairement, x est préférée à z. Autrement dit : xRy et yRz implique xRz. Une relation complète et transitive sera appelée un ordre. La rationalité, on le voit, se résume à une forme minimale de cohérence du choix.

Il faut, dans notre perspective, relever un point important, également repéré par Amadae [2003] : formellement, la relation d'ordre se représente

6. Sur l'isolement de l'individu sur le marché néoclassique, voir l'analyse de Berthoud [1988].

de la même manière, qu'il s'agisse des préférences du consommateur sur le marché ou de celles du citoyen dans l'urne. Dans *SCIV*, la distinction entre la notion de souveraineté du citoyen et celle de souveraineté du consommateur tend à se brouiller : « [Arrow] définit mathématiquement la "souveraineté du citoyen" en des termes équivalents au concept économique de "souveraineté du consommateur". » [Amadae, 2003, p. 4] Or cette identité formelle entre les deux notions jette le trouble. La différence fondamentale entre le citoyen et le consommateur, c'est que, tandis que le premier est un individu situé dans l'espace politique, où il est donc amené à discuter avec ses semblables, le second est un individu situé sur le marché qui, de façon isolée, autonome, évalue des paniers de biens. Plus généralement, le marché est le lieu où s'expriment librement et sans concertation (et également sans domination) les subjectivités incommensurables de chacun ; le lieu où l'on ne recherche pas l'accord, la commune mesure. Le lieu où l'on ne se compare pas. En ce sens, la théorie de l'équilibre général incarne une philosophie politique bien précise, sans spectateur impartial, sans morale et sans contrat social, une forme de bien-être social est atteinte – celle qui est définie comme optimalité au sens de Pareto – grâce au marché concurrentiel.

Las, le théorème d'impossibilité, produit dans un cadre théorique qui mime le marché, se présente comme une pierre encombrante dans le jardin du libéralisme économique. Il n'est pas possible, établit-il, de construire une procédure d'agrégation des préférences individuelles rationnelles en une préférence collective rationnelle qui respecte les conditions 1 à 5. De manière équivalente, si les conditions 1 à 3 sont respectées, alors les seules procédures d'agrégation des choix individuels rationnels en un choix collectif rationnel possibles sont soit imposées (violation de la condition 4), soit dictatoriales (violation de la condition 5) – deux solutions où, de fait, le choix social est effectué indépendamment des préférences individuelles. Autrement dit, les procédures « libres » d'agrégation des préférences, et en premier lieu le marché, ne produisent pas un choix collectif satisfaisant.

1.3. Le marché n'est pas rationnel

À notre sens, cette proposition n'est qu'une reformulation, dans un langage différent, de conclusions que les théoriciens néoclassiques du bien-être (Kaldor, Hicks, Scitovsky, Samuelson, pour l'essentiel) avaient déjà établies avant 1950. Nous concentrons notre attention ci-dessous sur un article décisif de Samuelson, publié en 1956, parce que c'est sur celui-ci que s'appuie brièvement – mais explicitement – Arrow dans la réédition de 1963 de *SCIV* pour offrir au lecteur de son ouvrage une interprétation plus précise de l'impact de son théorème d'impossibilité sur le mécanisme marchand. Après avoir présenté les grandes lignes de la démonstration de Samuelson (1.3.1.), nous montrons comment Arrow mobilise ce travail pour rendre plus explicite sa position quant au marché (1.3.2.) – ce faisant, nous sommes amenés à mettre en évidence le rôle crucial que joue la condition d'indépendance à l'égard des alternatives non pertinentes.

1.3.1. La main invisible selon Samuelson

Dans « Social indifference curves » Samuelson[7] généralise, dans le sillage de Scitovsky, la preuve du caractère irrémédiable de l'intransitivité des critères de compensation potentielle. Il sonde la légitimité de l'analogie entre le comportement rationnel d'un individu et celui d'une collectivité, cette dernière étant définie de façon très générale comme une collection de plus d'un individu. Il s'appuie sur les travaux précédents de Scitovsky sur les courbes d'indifférence collectives. Sa problématique sous-jacente, identique à celle d'Arrow, est donc celle de l'agrégation de préférences ou de comportements individuels en une préférence ou un comportement collectifs. L'étude de Samuelson consiste alors à interroger la possibilité de construire des courbes d'indifférence collectives qui formaliseraient la rationalité économique de la collectivité de façon analogue à celle du consommateur, en permettant la déduction d'une fonction de demande collective cohérente. À l'issue de cette réflexion, Samuelson va en fait établir lui aussi un théorème d'impossibilité.

Par analogie avec le comportement individuel, les économistes supposent volontiers, selon Samuelson, que la collectivité elle-même possède des courbes d'indifférence, et qu'elle tend à maximiser son utilité, décrite par une fonction de bien-être social de type $W=W(U_1, U_2,\ldots, U_n)$, en adoptant un comportement consistant à égaliser son taux marginal de substitution au rapport des prix des biens, ce qui déterminerait une fonction de demande collective[8]. Dès lors la question de Samuelson est la suivante : en supposant, pour ne retenir que le cas le plus simple, une collectivité composée de deux individus *1* et *2*, est-il possible de déduire un comportement collectif rationnel à partir des comportements rationnels et des caractéristiques

7. La démonstration qu'il y développe est déjà ébauchée dans *ses Fondements de l'analyse économique*. Voir Samuelson [1965, p. 288-289].

8. C'est notamment le cas en théorie du commerce international, où l'on modélise les relations entre deux nations en supposant qu'il est pertinent de leur prêter un comportement rationnel analogue à celui d'un individu. Voir, pour quelques références, Samuelson [1956, p. 2-4].

des deux individus ? Formellement, cette question consiste à savoir si l'on peut déduire de la relation $F_1(X_1,Y_1) = p_x/p_y = F_2(X_2,Y_2)$, résultat des comportements rationnels d'égalisation par chaque individu de leur taux marginal de substitution au rapport des prix des biens, la relation $F(X_1+X_2,Y_1+Y_2) = p_x/p_y$, ou encore $F(X,Y) = p_x/p_y$, qui modéliserait le comportement rationnel de la collectivité égalisant son supposé taux marginal de substitution à ce même rapport des prix des biens. On disposerait, dans ce cas du taux marginal de substitution collectif, de courbes d'indifférence collectives et de la fonction de demande collective recherchés. Mais Samuelson démontre que cette déduction est, dans le cas général, impossible. Il est impossible de construire une relation entre quantités collectivement demandées et prix des biens (relation déduite de l'égalisation d'un supposé taux marginal de substitution collectif au rapport des prix des biens), à partir des mêmes relations existant pour chaque individu. Bref : « Les courbes d'indifférence collectives qui seraient nécessaires à la dérivation d'une demande collective n'existent pas. » [Samuelson, 1956, p. 6]

Il s'agit alors d'identifier la cause de ce résultat et d'en établir convenablement l'interprétation. L'explication de cette impossibilité est, en substance, la suivante : la dépendance entre évaluation du revenu réel et distribution de celui-ci. C'est ainsi que Samuelson résume : « Le sens commun de ce théorème d'impossibilité est facile à saisir. Allouer un même total de biens différemment entre les individus conduit généralement à ce que le rapport de prix d'équilibre obtenu soit à chaque fois différent. » [Samuelson, 1956, p. 5] On pourrait résumer la conclusion principale de ce qui précède en exprimant les liens entre bien-être collectif et distribution suivant la formule suivante : il n'y a pas de sens à définir le premier sans tenir compte de la seconde. Dès qu'il y a plus d'un individu, la notion de distribution apparaît et il est impossible de considérer le bien-être du collectif sans elle parce que, intrinsèquement, elle en devient une composante[9].

La solution que propose Samuelson est la suivante : si l'on veut que le mécanisme marchand conduise à un équilibre final satisfaisant en termes de distribution du revenu, et que reste maximisée la fonction de bien-être $W = W(U_1, U_2, \ldots, U_n)$, il faut pratiquer des redistributions adéquates à chaque modification technologique ou autre, et ce jusqu'à ce que soit atteint l'équilibre final :

9. Évidemment, la notion de distribution est sans objet lorsqu'il n'y a qu'un individu. C'est bien pour cette raison que l'analogie entre rationalité d'un individu et rationalité d'un collectif est défaillante selon Samuelson.

> « Qu'est-ce que cela signifie spécifiquement pour la politique ? Cela signifie que, juste avant que l'équilibre final soit atteint, il faut introduire des transferts forfaitaires (soit en pouvoir d'achat abstrait soit en biens) qui assurent que l'on aboutisse à une situation telle que les utilités marginales sociales soient égalisées. » [Samuelson, 1956, p. 13]

Dès lors, si l'on veut faire du marché le vecteur d'un comportement collectif rationnel, il faut le doter d'une conscience de lui-même : il faut admettre l'intervention sur le marché d'un acteur surplombant, doté de ce point de vue global, qui rectifie sans cesse la distribution afin de préserver celle qui maximise le bien-être social. La notion même de distribution impose l'introduction de cet acteur omniscient et omnipotent (le seul qui ait la conscience de cette caractéristique et le pouvoir de la modifier), lequel rend caduque la métaphore de la main invisible. De plus, le décideur public devrait alors être doté d'une source d'information considérable et d'une grande capacité à la traiter [Chipman, 1987]. C'est précisément cette centralisation de l'information que le mécanisme marchand était censé permettre d'éviter : le mécanisme des prix, laissé libre, diffuse auprès des agents toute l'information nécessaire à leurs calculs, et le résultat finalement obtenu devrait être socialement favorable sans qu'aucun acteur omniscient n'ait eu à intervenir. On constate avec Samuelson que le décideur public devrait, en quelque sorte, accomplir une partie de l'œuvre du mécanisme des prix à sa place, en intervenant pour rectifier la distribution, à chaque modification des conditions de fonctionnement de l'économie. C'est seulement « en admettant cette condition utopique de transfert optimal » [Samuelson, 1956, p. 15], que l'on peut supposer que la communauté organisée en marchés agit de façon rationnelle. À défaut, le résultat du marché ne maximise pas *W*. Autrement dit le marché conduit la collectivité à des comportements collectifs intransitifs : il la situe certes toujours en des équilibres concurrentiels Pareto-optimaux, mais il les « sélectionne » de façon incohérente. La main invisible ne classe pas les équilibres concurrentiels de manière rationnelle.

1.3.2. La reformulation de Arrow : le dilemme entre indépendance et rationalité collective ou l'impossible main invisible

Arrow partage sans réserve cette conclusion, qu'il a simplement démontrée dans *SCIV* à l'aide d'autres outils mathématiques[10]. Pour nous, l'approche

10. Voir d'Aspremont [1995] pour un exposé formel permettant de montrer clairement la compatibilité des démarches respectives d'Arrow dans *SCIV* et des théoriciens parétiens de l'économie du bien-être.

de Samuelson facilite l'interprétation du message qu'Arrow adresse au marché. Ce dernier fait du marché l'archétype de l'institution décentralisée : le prix doit contenir toute l'information suffisante à la coordination des activités individuelles. Parmi les conditions raisonnables d'agrégation, c'est l'indépendance à l'égard des alternatives non pertinentes qui garantit cette décentralisation. À l'instar de Samuelson (et Scitovsky), Arrow établit alors l'alternative suivante : le marché décentralisé produit des résultats collectifs incohérents – et respecte la condition d'indépendance –, mais toutes les procédures d'interventions redistributives conduites pour rendre au marché la cohérence nécessitent l'omniscience et l'omnipotence d'un acteur central – et le procédé ne respecte plus la condition d'indépendance.

Le marché, théoriquement, est un mécanisme dont la caractéristique essentielle est de permettre une organisation décentralisée de l'économie[11] : la collectivité n'aboutit à un équilibre donné que parce que tel est le résultat – non intentionnel – de la somme des actes individuels non concertés. Ce résultat, et c'est ce que démontre le premier théorème de l'économie du bien-être, se trouve être optimal au sens de Pareto, ce qui peut être jugé, pour une certaine conception du bien social, comme une propriété collective attrayante. Arrow, à l'unisson de tous les économistes intéressés à cette question, énonce une première objection à cette présentation, dont on s'est fait l'écho ci-dessus : l'aveuglement du marché à l'endroit de la distribution. Il existe des équilibres concurrentiels Pareto-optimaux profondément inégalitaires et, pour cette raison, socialement inacceptables selon les normes éthiques les plus consensuelles. Cette objection fonde le principe d'une intervention publique, en amont du fonctionnement des marchés, censée rectifier la distribution. L'idée de main invisible survivrait toutefois à ce principe : une fois sélectionnée la distribution initiale du revenu souhaitée, on laisse fonctionner librement les marchés, et on escompte que le résultat obtenu soit socialement satisfaisant.

Mais l'analyse de Samuelson invalide cette solution et montre que le seul remède aux errements du marché réside non pas dans une unique rectification initiale de la distribution, mais dans d'incessantes redistributions du revenu décidées par un État littéralement omniscient et omnipotent. Nous voudrions montrer que, pour Arrow, ce remède n'est guère satisfaisant.

11. On laisse ici de côté une objection – pourtant sérieuse – à cette idée du caractère décentralisé d'un système de marché : celle selon laquelle il faut théoriquement un agent qui, dans les termes de la théorie de l'équilibre général de Walras, crie les prix. Cet agent doit centraliser les informations nécessaires à l'équilibrage de tous les marchés. Pour une analyse critique de l'énigme entourant cette figure, connue depuis sous le nom de commissaire-priseur ou de secrétaire de marché, voir par exemple Guerrien [1989].

Le caractère décentralisé de la procédure marchande est en effet très attrayant à ses yeux, et il lui apparaît douloureux d'y renoncer. C'est le sens à notre avis essentiel de la formulation de la condition d'indépendance à l'égard des alternatives non pertinentes.

Dans la préface de la traduction française de la deuxième édition de *Choix collectif et préférences individuelles*, Arrow revient sur cette condition d'indépendance. C'est en termes de disponibilité des informations qu'il la défend :

> « [J]e voudrais souligner que cette condition va de pair avec l'accent mis de plus en plus en théorie économique générale sur la possibilité de fonder exclusivement le comportement économique, collectif ou individuel, sur des grandeurs que le décideur peut observer. Ainsi le système fiscal optimal pour réaliser une redistribution ou éliminer les effets externes ne peut, par hypothèse, légitimement dépendre des fonctions d'utilité des contribuables, car les pouvoirs publics ne peuvent les observer directement. De la même façon, avec la condition d'indépendance à l'égard des situations extérieures, le choix collectif n'exige pas davantage d'information que celle donnée par le choix individuel entre situations possibles. » [Arrow, 1974, p. 11]

C'est là un premier mérite du marché, procédure respectueuse de la condition d'indépendance, que de se montrer économe en information. Arrow, cependant, accorde à la condition d'indépendance et au marché une importance qui excède ce problème pratique de récolte et de traitement de l'information. Au-delà des difficultés concrètes de mise en œuvre d'une politique de redistributions incessantes, Arrow s'inquiète selon nous de l'usage qu'un quelconque acteur pourrait faire des informations en question. La connaissance de l'intégralité des fonctions d'utilité individuelles (y compris sur les alternatives non pertinentes), devrait permettre aux pouvoirs publics d'effectuer des comparaisons interpersonnelles, sur la base desquelles ils pourraient décider de redistributions du revenu. Il nous semble que c'est principalement comme rempart à ce procédé, philosophiquement problématique à ses yeux, qu'Arrow impose la condition d'indépendance, et donc qu'il valorise la principale institution qui la respecte : le marché.

C'est dans la note complémentaire de 1963, où il revient sur un certain nombre de débats qu'a suscités son ouvrage, qu'Arrow rend véritablement explicite l'attrait qu'il prête à la condition d'indépendance, en évoquant explicitement la théorie de Samuelson [1956]. Le passage est bref : au détour d'un court paragraphe et d'une note de bas de page, on décèle à la fois le sens profond de la relation entre condition d'indépendance et marché et l'interprétation de l'application du théorème d'impossibilité à ce dernier :

> « Il pourrait être utile de noter plus explicitement que dans le texte le mécanisme de marché procède lui aussi indépendamment des alternatives non pertinentes. Si nous modifions les fonctions d'utilité individuelles pour des allocations qui sont socialement non réalisables, nous ne modifions pas l'équilibre concurrentiel. À vrai dire, la décentralisation de l'information, qui est une vertu si appréciable du mécanisme marchand, est incompatible avec l'utilisation de comparaisons d'utilité entre alternatives non pertinentes pour parvenir à une allocation des ressources. » [Arrow, 1963, p. 110]

L'information relative aux préférences individuelles concernant des alternatives non disponibles n'est simplement pas prise en compte par le mécanisme marchand : d'abord, aucun individu rationnel n'en tient compte dans ses calculs, mais surtout, il n'existe sur le marché aucun acteur central qui s'attacherait à considérer les préférences individuelles concernant les alternatives non pertinentes, dans le but d'effectuer un quelconque raisonnement, par exemple un calcul basé sur la forme complète des préférences individuelles, qui guiderait le choix social. La seule information requise, et mobilisée par la multitude des acteurs individuels sur le marché décentralisé, se résume aux préférences individuelles relatives aux alternatives pertinentes.

Ici se confirme donc l'hypothèse étayée précédemment : chaque condition a été pensée pour reproduire les caractéristiques essentielles du marché, et c'est sans doute la condition d'indépendance qui est à cet égard la plus révélatrice, puisqu'elle garantit la décentralisation : elle exclut l'idée d'un acteur central qui, dans le but de construire la fonction de choix social, en effectuant ce qu'Arrow nomme des « comparaisons d'utilité entre alternatives non pertinentes », collecterait et traiterait des informations concernant l'intégralité des préférences des individus – et singulièrement, dans la perspective de l'ordinalisme, la forme de leurs courbes d'indifférence sur l'ensemble potentiellement infini des allocations théoriquement concevables.

C'est sans doute à la lumière de commentaires plus tardifs d'Arrow sur sa propre démarche que l'on saisit le mieux l'importance, dans une perspective individualiste libérale, de l'exclusion des comparaisons interpersonnelles. En 1977, alors qu'il vient de consacrer une étude envisageant une forme de comparaisons interpersonnelles d'utilité ordinale, Arrow conclut de façon assez réservée dans les termes suivants :

> « La seconde difficulté réside dans le fait que réduire un individu à une liste spécifiée de qualités revient à nier son individualité dans un sens profond. D'une manière que je ne parviens pas à bien articuler et que je suis loin d'être sûr de défendre, l'autonomie des individus, un élément d'incommensurabilité mutuelle entre les personnes, semble niée par la possibilité de comparaisons interpersonnelles. Il ne fait aucun doute que c'est un tel sentiment qui m'a rendu si réticent à l'idée de m'écarter de l'ordinalisme pur, malgré mon désir de rechercher la base d'une théorie de la justice. » [Arrow, 1977, p. 225]

Le fond du problème est bien celui-là : les comparaisons interpersonnelles d'utilité nient l'hypothèse de base de l'éthique individualiste libérale, celle de l'hétérogénéité incommensurable des subjectivités individuelles et même le caractère sacré de ces dernières. Toute forme de comparaison interpersonnelle qui, d'une manière ou d'une autre, conduira à « réduire les individus à une liste spécifiées de qualités », est à cet égard très problématique dans une perspective libérale. Or ce point, comme on le constate dans la précédente citation, est essentiel pour Arrow. Au sein des diverses formes de welfarisme, et plus généralement de l'utilitarisme, Arrow relève, il faut le rappeler ici, du « parétianisme », une version très spécifique de welfarisme : il s'éloigne fort de l'utilitarisme originel ; ainsi, notamment en introduisant ce que d'assez nombreux commentateurs[12] assimilent à un droit de veto, le welfarisme fait place à une notion libérale de respect de l'individu, contre la logique sacrificielle de l'utilitarisme ; autrement dit, le conséquentialisme initial de l'utilitarisme, qui autorisait à sacrifier le bonheur d'un individu au nom de la maximisation de bonheur total, est très fortement amendé par l'introduction de ce droit de veto correspondant au principe de Pareto – introduisant ce faisant une dose non négligeable de déontologie dans cette version du conséquentialisme. L'interdiction des comparaisons interpersonnelles, spécifique au parétianisme, rend en effet cette forme de welfarisme philosophiquement de plus en plus étrangère à l'utilitarisme, et la rapproche d'une forme de libéralisme respectueux de l'incommensurabilité des individus : c'est notamment parce que l'on doit, philosophiquement, respecter l'intégrité de chacun, renoncer à ramener ou à réduire des individus uniques et singuliers à une commune mesure nécessairement arbitraire, qu'il faut refuser les comparaisons interpersonnelles[13].

---

12. Par exemple Dupuy [1992], Gamel [1992], Lengaigne [2000], Picavet [1996], Wolfelsperger [2001], Albert et Hahnel [1990].

13. Cet argument d'Arrow, que l'on trouve aussi, formulé différemment, dans Arrow [1973], est en substance le même que celui que mobilise Rawls [1982] dans sa critique des comparaisons interpersonnelles d'utilité ordinale. Arrow adhère donc ici à une définition rawlsienne du libéralisme, selon laquelle il faut respecter « la notion d'autonomie dans le sens impliqué par la conception de personnes libres et morale-

Compte tenu de ce positionnement philosophique, toute figure d'un acteur central omniscient et celle des comparaisons interpersonnelles d'utilité auxquelles il se livrerait[14] sont donc incontestablement problématiques aux yeux d'Arrow. Renoncer à la condition d'indépendance, c'est renoncer au caractère décentralisé de la procédure d'agrégation des choix individuels. Sur le marché, et c'est l'une de ses qualités pour Arrow, l'autonomie des individus est respectée.

Hélas, introduire la condition d'indépendance implique dans *SCIV* que le marché produit des résultats collectivement non cohérents, puisqu'elle rend impossible de rectifier sans cesse sa trajectoire, en procédant à des redistributions pointues qui neutralisent les changements dans la distribution du revenu. Dans *SCIV*, Arrow en a proposé de fait une autre démonstration et une interprétation dans les termes particuliers de la théorie du choix social.

> « Puisque le mécanisme de marché satisfait la condition d'indépendance à l'égard des alternatives non pertinentes, il doit en violer une autre : il s'agit clairement de la condition de Rationalité collective. Que cette condition ne soit pas respectée est prouvé précisément par l'intersection bien connue des courbes d'indifférence collectives. Les courbes d'indifférence collectives de Samuelson [1956] satisfont la condition de Rationalité collective mais violent celle de l'indépendance à l'égard des alternatives extérieures : la redistribution du revenu associée à chaque modification des possibilités sociales de production requiert un haut degré de centralisation de l'information concernant les fonctions d'utilité individuelle. » [Arrow, 1963, p. 110, note n° 50]

Autrement dit, Arrow établit le même dilemme que Samuelson : il faut choisir entre rationalité et décentralisation. Un dilemme qu'il décrit à nouveau dans des textes ultérieurs : « En général, la rationalité collective implique que le mécanisme social soit choisi de façon à ce que soit maximisée une fonction basée, d'une façon ou d'une autre, sur les préférences individuelles. Il s'avère que ce programme est difficile à accomplir, au moins tant que la transmission de l'information relative aux intensités des utilités est limitée. » [Arrow, cité par Feiwel, 1987, p. 47.]

Son message à l'économie parétienne du bien-être est alors le suivant : les principes de l'éthique individualiste, et leur incarnation institutionnelle, le mécanisme de marché, ne parviennent pas à réunir ces deux caractéristiques. La rationalité collective exige une prise en compte globale de la question de

ment égales » [Rawls, 1982, p. 181].

14. Voir aussi Mueller [1989, p. 382], sur cette question.

l'équité distributive, prise en compte qui, de fait, exclut la possibilité d'une organisation décentralisée de la collectivité. Autrement dit, la main invisible ne produit pas la rationalité collective car elle ne prend pas en compte la question de la distribution ; mais la rationalité collective réclame une main visible qui pilote depuis une position centrale la collectivité.

Est-ce à dire qu'Arrow condamne définitivement le mécanisme marchand ?

2. Le marché comme mécanisme efficace ?

Les conséquences de la démonstration par Arrow du fameux théorème d'impossibilité semblent donc à première vue désastreuses pour la théorie économique, qui se construit depuis 200 ans autour du marché comme institution qui permettrait d'atteindre un état social optimal. Cependant, cette seconde section montrera que le théorème d'impossibilité ne disqualifie pas complètement le marché. Il nous semble qu'Arrow ne souhaite pas que l'analyse économique renonce à mobiliser le marché comme mode de coordination ; ce qu'il confirmera quelques années plus tard, lorsqu'il démontrera avec G. Debreu qu'un équilibre général obtenu par un système composé exclusivement de marchés interdépendants est théoriquement possible [Arrow et Debreu, 1954].

Si Arrow ne disqualifie pas complètement le marché par la démonstration du théorème d'impossibilité, l'impact de son livre n'est pas pour autant faible : notre thèse est que la solution relative au marché proposée par Arrow, dès l'article de 1950 – et plus largement développée dans l'ouvrage de 1951 –, est de limiter le domaine sur lequel le marché peut fonctionner efficacement. Dans *SCIV*, le marché devient pour Arrow un mécanisme technique, utile et efficace pour assurer la coordination des choix des agents, à condition que ces choix ne portent pas directement sur les valeurs[15]. Le marché fonctionne, mais pas si la communauté est constituée uniquement de marchés. Il faut nécessairement supposer en amont du marché une volonté générale qui permet seule de prendre des décisions par l'intermédiaire d'un système de vote. Seul celui-ci permet de choisir collectivement des valeurs qui constituent les fondations indispensables à l'activité économique, tout en n'en faisant pas partie. Ainsi, c'est seulement une fois que les valeurs ont été établies hors du marché, que celui-ci peut fonctionner efficacement pour

15. Nous traduisons l'opposition entre *tastes and values* par *goûts* et *valeurs,* bien que parfois le terme *tastes* soit remplacé par *preferences* dans *SCIV* ; lorsque nous parlons de « préférences » ou de « classement individuel », nous faisons référence à la fois aux goûts et aux valeurs.

coordonner les décisions des agents. On l'aura compris, la question qui sous-tend toute notre interprétation est celle de la différenciation qu'opère Arrow entre valeurs et autres fondements du choix rationnel dans *SCIV*. À la fin du livre, la position d'Arrow a changé : le marché n'est plus affecté par le théorème d'impossibilité, car il agrège désormais des préférences individuelles qui ne peuvent pas inclure les valeurs (tout en étant compatibles avec celles dont la société s'est dotée par ailleurs). Arrow a donc finalement modifié le cadre initial du théorème d'impossibilité, dans lequel le fondement du choix des agents n'était pas spécifié, et où il pouvait relever aussi bien des valeurs que de n'importe quel autre critère de choix individuel.

2.1. Les conditions du problème et le théorème d'impossibilité

Pour comprendre comment Arrow sauve le mécanisme de coordination qu'est le marché des implications de son théorème, il faut lire l'énoncé du problème qui le préoccupe, ainsi que l'énoncé du théorème, en gardant à l'esprit ce que Arrow définit comme fondement du choix des individus. Dès la formulation du problème qu'il entend poser, Arrow écrit qu'il cherche à agréger rationnellement des choix collectifs mobilisant notamment les « valeurs » (*values*).

Le premier élément à prendre en considération est la définition qu'il propose du choix social comme objet du choix. L'objet du choix des agents mobilisé dans la construction des conditions pour l'agrégation rationnelle est l'état *social*. Celui-ci est constitué d'une description complète des biens que possède chaque individu, de la quantité de travail fournie par chaque individu, de la quantité de ressources productives investie dans chaque type d'activité productive par chaque individu, et de la quantité des différents types d'activités collectives (Arrow cite ici en exemple la diplomatie, les statues d'hommes célèbres, les services municipaux… Voir Arrow [1963, p. 17]). Il faut noter que les caractéristiques de l'état social sont nombreuses et diverses : plusieurs sont des variables qui peuvent être considérées comme ne relevant pas directement du champ de l'économie. De plus, Arrow considère que chaque individu doit pouvoir classer les états sociaux en fonction de critères qui lui sont propres et dont il décide lui-même : « Nous supposons que l'individu classe les états sociaux en fonction des critères, quels qu'ils soient, qui lui semblent pertinents. » [*Ibid.*, p. 17] Et c'est précisément ce qui l'amène à distinguer clairement les goûts (*tastes*) des valeurs (*values*) :

> « En général, il y aura alors une différence entre le classement des états sociaux en fonction des consommations directes de l'individu, et son

classement quand il prend aussi en compte ses principes généraux d'équité […]. Nous dirons que le premier classement reflète les *goûts* de l'individu, tandis que le second reflète ses *valeurs.* » [*Ibid.,* p. 18]

Ainsi les goûts sont les déterminants du choix qui concernent uniquement la consommation individuelle, tandis que les valeurs sont ceux qui portent aussi sur une conception (individuelle) de la justice. Cependant, Arrow ajoute que la distinction entre goûts et valeurs n'est pas toujours simple à opérer, car la satisfaction de certaines valeurs peut être à l'origine de satisfactions psychologiques dont découlent les goûts. Quoi qu'il en soit, Arrow insiste quelques pages plus loin sur le fait que le classement des états sociaux effectué par les individus est bien fondé sur les valeurs : « Les classements individuels qui constituent les arguments de la fonction de bien-être social, tels qu'ils sont définis ici, reflètent les valeurs des individus plutôt que leurs goûts. » [*Ibid.,* p. 23] Cette position forte est confirmée dans le dernier chapitre de l'ouvrage, ajouté pour la réédition en 1963, dans lequel Arrow répond à certaines critiques qui ont été adressées à son ouvrage paru en 1951. À Little [1952] qui prétend que le théorème d'impossibilité ne relève pas de l'économie du bien-être, Arrow objecte le fait qu'il a cherché à agréger des choix de société portant sur les valeurs, et qu'en conséquence il appartient bien au courant de l'économie normative.

La façon de poser les conditions du problème qu'il va ensuite tenter de résoudre permet donc de comprendre la portée exacte qu'Arrow attribue à son théorème. Mais cela est encore plus flagrant avec l'énoncé du théorème. Comme on le sait, la formulation du théorème prend d'abord la forme d'un théorème de possibilité. Immédiatement après, il est reformulé en théorème d'impossibilité :

« Le théorème 2 montre que, *si aucune hypothèse préalable n'est faite sur la nature des classements individuels*, aucune méthode de vote ne permet d'écarter le paradoxe du vote discuté dans le chapitre 1, section 1, ni le vote pluraliste ni aucun schéma de représentation proportionnelle, quel que soit son degré de sophistication. De même, le mécanisme de marché ne crée pas un choix social rationnel. » [Arrow, 1963, p. 59 ; nous soulignons.]

Au moment de formuler ce que le marché est empêché de faire, Arrow écrit qu'il ne peut pas aboutir à un choix social rationnel, c'est-à-dire que le marché ne permet pas d'agréger rationnellement des choix fondés sur la justice. Or, ce qui garantit que le choix collectif est fondé sur la justice est bien, comme montré précédemment, le fait que les individus font des choix mobilisant leurs valeurs, c'est-à-dire des considérations éthiques.

On comprend ici le sens qu'Arrow attribue à l'impossibilité : ni le marché ni le vote ne fonctionnent en tant que fonction de bien-être social. Mais immédiatement après avoir exposé son théorème, Arrow annonce qu'il va proposer une solution qui consiste à montrer qu'un choix social rationnel reste possible sous une condition.

2.2. Le sens de la solution proposée par Arrow

Bien que la majeure partie de la postérité de *SCIV* ait concentré son attention sur le seul théorème, il est important de garder à l'esprit le fait qu'Arrow n'a pas choisi de présenter son théorème isolément. Au contraire, dès le chapitre 6, qui suit celui où est énoncé le théorème d'impossibilité, il propose une solution pour résoudre l'impossibilité d'agréger rationnellement des choix sociaux.

2.2.1. Préférences unimodales et homogénéité de la société

Cette solution consiste en une modification de sa condition 1 (condition de domaine non restreint), en plaçant une restriction sur les types de préférences individuelles possibles[16]. La nouvelle condition « 1' » impose une restriction supplémentaire sur les classements individuels : les préférences étant désormais unimodales, l'agrégation rationnelle devient mathématiquement possible. Cette solution formelle du théorème d'impossibilité est interprétée par Arrow en termes économiques : il écrit que l'unimodalité des préférences correspond à une homogénéité en valeurs chez les individus qui composent la société. La solution proposée par Arrow à l'impossibilité implique donc de restreindre l'espace de définition possible des valeurs de la collectivité :

> « [...] il faudra alors définir une fonction de bien-être social satisfaisante pour tous les ensembles de valeurs individuelles compatibles avec ces restrictions, bien qu'elle ne soit pas nécessairement satisfaisante ni même définie pour les autres types de valeurs. La suite de cette étude envisage les possibilités qui s'offrent dans ce sens. » [*Ibid.*, p. 60]

Ainsi, seules certaines valeurs sont désormais possibles, les choix des individus ne peuvent plus être déterminés par n'importe quelles valeurs individuelles. La restriction supplémentaire introduite par le biais de la condition « 1' » – telle qu'elle est interprétée par Arrow – signifie que les

16. En fait, Arrow propose deux solutions à l'impossibilité : l'unanimité et l'unimodalité des préférences. Cette dernière est la seule qu'il développe, c'est donc celle que nous commentons ici.

options du choix de classement par les individus sont désormais limitées : pour éviter que la fonction de bien-être social soit imposée ou dictatoriale, il faut introduire une nouvelle contrainte consistant à limiter la zone de définition des valeurs individuelles dans laquelle se trouve l'optimum social. Pour Arrow, cela revient à postuler une sorte d'homogénéité naturelle de la société : « En conséquence, la possibilité de formuler des jugements de bien-être social repose sur des attitudes similaires à l'égard des choix sociaux. » [Arrow, 1951, p. 69] Il ne s'agit pas de dicter les valeurs que les individus doivent adopter, mais simplement de postuler que, quelles que soient ces valeurs, elles sont les mêmes pour tous les individus. La solution apportée par Arrow au théorème d'impossibilité est donc celle qu'on peut qualifier d'hypothèse supplémentaire – par rapport aux conditions originelles – de « société homogène » ; d'où le titre du chapitre suivant, « La similarité comme fondement des jugements de bien-être social ». Ce chapitre développe l'hypothèse d'un socle de valeurs communes à tous les individus composant la collectivité. Ce socle est nécessaire pour rendre la procédure d'agrégation rationnelle possible. Le sens réel de la transformation de la condition 1 en condition « 1' » est donc de postuler que les individus partagent des valeurs communes, déterminées ou fondées en dehors des classements individuels à agréger. Il n'est pas nécessaire d'introduire des valeurs dont le contenu est déterminé en substance, mais il reste nécessaire que tous les individus partagent les mêmes valeurs.

Arrow n'est pas embarrassé par sa solution, dans la mesure où il estime qu'elle se légitime assez facilement (« [c]ela implique des individus soucieux du bien commun ainsi qu'une société homogène » [*ibid.*, p. 74]) et que cela correspond à une tradition de philosophie politique sur l'existence d'une volonté générale (il mentionne ici brièvement les œuvres de Rousseau et de Kant). La solution du théorème d'impossibilité revient donc à dire qu'avant même que les individus établissent leur classement quant aux états sociaux qu'ils préfèrent, il y a un espace commun, un espace sur lequel ils sont déjà tous d'accord. Comme souligné par Baujard [2011], les résultats de l'impossibilité sont en partie dus au peu d'information contenu dans les préférences individuelles (puisque Arrow – dans la lignée de la nouvelle économie du bien-être – rejette les comparaisons interpersonnelles et intrapersonnelles de bien-être). Contrairement à Sen et à une grande part de l'économie du bien-être postérieure au théorème d'impossibilité [Mongin, 1999 ; Baujard, 2011], qui tentera de dépasser l'impossibilité en réintroduisant une forme de comparaison interpersonnelle ou en ayant recours à des informations hors-utilité, Arrow propose une solution qui permet d'obtenir de l'information sur les préférences individuelles d'une autre manière. Pas besoin de comparaisons, il suffit de postuler une forme d'homogénéité des préférences des individus appartenant à une même société.

Cette solution du théorème d'impossibilité vaut à la fois pour le vote et pour le marché, et elle signifie que pour agréger rationnellement des préférences, il faut supposer un fonds de valeurs commun. Notre thèse est que, dans la suite de *SCIV*, au moment de rattacher cette solution aux institutions concrètes que sont le vote et le marché, Arrow distingue les implications de l'homogénéité des valeurs pour le vote et le marché. C'est cette distinction qui, à notre sens, permet le sauvetage de l'efficacité du marché dans *SCIV*.

2.2.2. *Les destins différents du vote et du marché*

En effet, immédiatement après avoir développé le sens de sa solution apportée à l'impossibilité, Arrow introduit une nouvelle spécificité du marché et insiste à cet endroit sur le fait que le marché ne permet jamais de prendre en compte des critères éthiques :

> « Tout point de vue qui dépend du consensus comme fondement de l'action collective, exclut le mécanisme de marché de l'ensemble des fonctions de bien-être collectif, puisque ce mécanisme ne peut tenir compte de motivations altruistes nécessaires à l'établissement du consensus. Si le consensus en question est celui des impératifs moraux, c'est encore pire puisqu'il est certain que le marché exprime uniquement des impératifs pragmatiques. » [Arrow, 1963, p. 86]

Or, si le marché n'exprime que des impératifs pragmatiques, il ne peut plus être considéré comme une fonction de bien-être social, puisqu'il ne permet plus de réaliser des choix de justice :

> « [...] les classements individuels représentent les goûts plutôt que les valeurs, et la fonction résulte finalement de certaines valeurs que l'on suppose unanimement partagées plutôt que d'une méthode réconciliant divers systèmes de valeurs en conflit. » [*Ibid.*, p. 72]

Ainsi, après avoir montré qu'un choix collectif rationnel n'est possible que s'il est adossé à une homogénéité de la société (des valeurs communes), Arrow introduit une distinction entre les mécanismes de décisions techniques et les mécanismes de décisions de justice. L'individu, dit-il, a en général deux classements différents : « La doctrine idéaliste peut alors être résumée en disant que chaque individu possède deux classements, un qui gouverne ses actions quotidiennes », il s'agit de celui qui porte sur les préférences et s'exerce sur le marché, « et un qui pourrait être pertinent dans des conditions idéales et qui serait en un sens plus vrai que le premier » [*ibid.*, p. 82-83], ce second classement correspond aux choix fondés en valeur qui portent sur les états sociaux et que le marché ne peut pas réaliser. Or, Arrow considère que le second classement est celui qui est pertinent pour le choix social, puisque c'est le seul qui tolère les valeurs individuelles. Il a donc modifié le cadre originel de son problème, puisqu'il écrit désormais qu'on ne peut pas demander au marché de produire une préférence collective rationnelle et juste. Par l'introduction de cette restriction sur le type de classements individuels qui doivent être agrégés sur le marché, Arrow renonce à traiter le marché de la même manière que le vote, comme une fonction de bien-être social.

Cette nouvelle restriction sur le type de préférences qui doivent s'exprimer sur le marché implique que le marché pourra fonctionner uniquement si les nécessaires valeurs homogènes de la société sont déterminées en dehors du marché, par exemple par le vote. Par conséquent, le vote devient à ce stade un mécanisme de coordination d'une nature différente du marché, puisqu'il fait appel à des classements individuels qui mobilisent explicitement les valeurs. Le vote sert à réaliser des choix collectifs qui portent sur l'éthique, ou la justice, mais le marché – parce qu'il porte uniquement sur les autres préférences individuelles – sert à les réaliser efficacement :

> « Une partie du système de valeurs de chaque individu doit être un schéma de normes socio-éthiques, dont la réalisation ne peut pas, par nature, être atteinte via le comportement marchand atomistique. De plus, ces normes doivent être suffisamment semblables parmi les membres de la société pour éviter les difficultés soulignées ci-dessus. » [Arrow, 1950, p. 342-344]

Ainsi, le marché pourra agréger rationnellement des choix individuels qui ne portent pas directement sur les valeurs, puisque les choix de valeurs ont déjà été effectués dans la collectivité par le vote. Finalement, le vote doit permettre de fonder hors du marché des valeurs communes qui sont nécessaires pour que les impératifs pragmatiques puissent être exprimés sur le marché. Une fois ces valeurs établies, le marché pourra fonctionner efficacement en agrégeant des choix individuels qui ne portent pas sur les valeurs, mais qui les reflètent. Dès lors, l'efficacité du marché comme mécanisme de coordination va être sauvée par la distinction opérée entre valeurs et autres préférences individuelles comme fondement du choix sur les états collectifs à classer.

Après l'exposé de sa solution d'unimodalité des préférences et son interprétation en termes d'homogénéité des valeurs, le marché dans *SCIV* va être cantonné à un rôle subalterne, technique. Si l'on admet que le marché n'agrège pas des classements établis en fonction des valeurs, alors on peut affirmer que dans *SCIV* on retrouve toutes les caractéristiques de la coordination marchande et toutes les hypothèses qui permettent de garantir son efficacité. Contrairement à sa déclaration d'intention initiale, Arrow a finalement opéré une différence de niveau entre le vote et le marché. À travers la solution du théorème d'impossibilité qu'il propose et à cause du traitement différencié qu'il réserve au marché, l'ouvrage de 1951 contribue à la naissance du marché comme mécanisme technique de coordination, qui ne peut pas fonctionner pour les choix fondés en valeurs, mais qui a une forme de neutralité si on l'utilise comme instrument pour coordonner les autres préférences :

> « Tout point de vue qui dépend du consensus comme fondement de l'action collective exclut le mécanisme de marché de l'ensemble des fonctions de bien-être collectif, puisque ce mécanisme ne peut tenir compte de motivations altruistes nécessaires à l'établissement du consensus. [...] *Cela n'exclut pas la possibilité d'un recours limité au marché comme moyen* de réalisation partielle de l'optimum social, surtout si on l'utilise délibérément pour faire coïncider les comportements obéissant à des impératifs pragmatiques avec ceux qui découleraient d'impératifs moraux[17]. » [Arrow, 1974, p. 159-160 ; nous soulignons.]

Ainsi, nous pensons qu'originellement le théorème d'impossibilité concerne le marché qui se révèle incapable d'effectuer des choix collectifs, rationnels et justes. Néanmoins, le marché reste efficace pour des choix collectifs et rationnels. La pleine compréhension des modalités du sauvetage du marché dans *SCIV* se trouve dans l'interprétation de l'hypothèse d'homogénéité de la société (préférences unimodales). La solution proposée par Arrow a permis de charger les classements individuels d'un contenu. Ce contenu est défini par la négative : il n'inclut pas les valeurs individuelles. De cette manière, l'agrégation rationnelle sur le marché est désormais possible.

Le marché est donc considéré comme une sorte d'opérateur technique qui permet de réaliser des objectifs mécaniquement, une fois les choix sociaux élaborés en amont [Lengaigne, 2000]. *SCIV* n'invalide pas complètement le marché comme mode de coordination, mais rejette l'hypothèse d'une société qui fonctionnerait avec le marché comme seul mode de coordination. Le

17. Traduction empruntée à la version française de *SCIV* de 1974.

marché est efficace, mais il ne suffit pas ; il ne l'est pas tout seul. La société entière ne peut être composée uniquement de marchés interdépendants.

2.3. Une représentation articulée de la société en cohérence avec un projet politique

En résumé, ce que montre ici Arrow, c'est que pour que le marché fonctionne efficacement (pour que les individus puissent faire des choix rationnels qui conduisent à un équilibre général optimal), il faut que l'ensemble des choix soit restreint. Le marché nécessite donc des fondements extérieurs à lui-même. Il est alors possible de schématiser la représentation qu'Arrow se fait du fonctionnement de la société par une architecture à trois niveaux :

1. Au niveau le plus anthropologique, la condition « 1' » d'homogénéité de la société lui permet de supposer des valeurs communes aux individus qui forment la société, valeurs presque inconscientes, et qui sont mieux révélées dans la démocratie : « [...] les mérites de la démocratie reposent sur l'argument selon lequel l'expression des opinions et la libre discussion sont les techniques les mieux adaptées pour parvenir à l'impératif moral, implicitement commun à tous[18]. » [Arrow, 1974, p. 157] L'existence de ces valeurs permet aux individus de mobiliser une nouvelle forme de rationalité.

2. Grâce à cette nouvelle rationalité, les individus peuvent prendre des décisions concernant les valeurs communes dont la société choisit consciemment de se doter, à travers le vote. Ces décisions collectives vont à leur tour définir une nouvelle zone de conformité (condition « 1' » à un échelon inférieur).

3. À l'intérieur de cette nouvelle zone de conformité, le marché va pouvoir fonctionner efficacement. On se situe alors au dernier niveau qui est celui de l'analyse économique.

Il faut noter que cette représentation articulée en trois niveaux correspond au projet philosophique et politique d'Arrow [Amadae, 2003]. En effet, si la première conclusion d'Arrow est qu'une société composée uniquement de marchés ne peut pas fonctionner, sa conclusion ultime est que les marchés sont des moyens techniques de réaliser l'efficacité économique, à condition qu'ils soient fondés par des choix politiques effectués en dehors des marchés

18. Traduction : version française de *SCIV* [Arrow, 1974].

eux-mêmes. Dans la préface de l'édition française rédigée en 1974, Arrow écrit que les recherches dans le domaine du choix social relèvent bien de la théorie de la démocratie :

> « La théorie du choix collectif est un domaine vivant, du point de vue théorique ; ce qui est plus important, elle est étroitement liée aux études philosophiques les plus fondamentales de la démocratie et de la justice. » [Arrow, 1974, p. 12 ; relevé par Lengaine, 2000, p. 42.]

SCIV est donc un ouvrage fondamental dans le contexte géopolitique de guerre froide qui caractérise les années 1950 [Amadae, 2003], puisqu'il permet de montrer que marché et démocratie sont étroitement liés. *SCIV* vise à démontrer la cohérence du modèle occidental : on trouve bien, à travers l'exposé d'Arrow, la légitimation du marché comme moyen technique de réalisation d'objectifs « éthiques » décidés démocratiquement par une société homogène, unie autour de valeurs [Lengaigne, 2000]. Le marché n'implique pas la justice car il est un outil technique neutre ; mais il respecte les choix de justice réalisés par le vote et il permet d'aboutir le plus efficacement possible aux décisions politiques prises en amont. La dernière phrase de la réédition de *SCIV* en 1963 nous prouve qu'Arrow cherchait bien à fonder rationnellement la démocratie:

> « La rationalité collective dans le mécanisme de choix social n'est donc pas un simple transfert illégitime de l'individu à la société, mais une caractéristique importante d'un système authentiquement démocratique capable de s'adapter pleinement à différents environnements. » [Arrow, 1963, p. 217]

Vers 1950, quand paraît le travail d'Arrow sur le choix social, l'urgence de ce problème est accrue : au cœur de la guerre froide, la question de savoir si l'économie de marché apporte davantage de bien-être social que tout autre mode d'organisation sociale a pris une acuité tout à fait singulière. C'est en substance ce que signale Amadae, dans un ouvrage sur les fondements théoriques de ce qu'il nomme le « libéralisme du choix rationnel ». Arrow y occupe une place de choix : en faisant de la liberté individuelle l'une des valeurs centrales de *SCIV*, il façonne un cadre d'analyse qui n'est compatible qu'avec les démocraties occidentales de marché, puisque, en principe, c'est dans ce contexte que se déploie l'expression souveraine des préférences individuelles [Amadae, 2003 ; notamment chapitre 2]. Bridel [1988] développe une interprétation similaire. En ce sens, on peut dire que *SCIV* fournit à la théorie économique une manière de trancher entre les deux modèles politico-économiques qu'étaient à l'époque l'Union soviétique et les démocraties libérales occidentales. En effet, Amadae [2003] montre qu'Arrow était particulièrement investi dans les débats récurrents à l'époque avec les socialistes de marché. Le seul critère dont disposait jusqu'à *SCIV* l'économie normative était celui de l'optimum parétien, qui ne permettait pas de trancher entre les deux, puisqu'il pouvait être atteint à la fois dans un modèle centralisateur et dans un modèle parfaitement décentralisé (voir Pareto [1963, p. 363]). Avec *SCIV*, Arrow tranche le débat en montrant que le marché ne fonctionne efficacement que dans une démocratie. Cela explique en partie le succès de *SCIV* dans un contexte de guerre froide[19], et son succès dans la sphère académique, conduisant presque à abandonner la nouvelle économie du bien-être au profit notamment de la théorie du choix social.

Conclusion

Avec *SCIV*, Arrow a démontré qu'une société constituée uniquement de marchés ne pouvait pas faire de choix collectifs rationnels sur l'état social, détruisant par là le mythe de la main invisible qui obsédait les économistes depuis Adam Smith. Il n'a pas pour autant prouvé que le marché ne fonctionnait pas. Au contraire, le livre fondateur d'Arrow garantit aux économistes que le marché fonctionne efficacement, à la condition toutefois que la société ait préalablement opéré des choix « éthiques », ou plus largement politiques. En divisant ainsi les tâches entre marché et vote, entre goûts et valeurs, les conclusions développées dans *SCIV* contribuent à (re)fonder – ou au moins à clarifier – la ligne de fracture qui oppose économie positive et économie normative. On pourra suggérer que cette partition explique que l'étude ultérieure des marchés dans la théorie de l'équilibre général sera rangée parmi les théories positives ; tandis que la théorie du choix social qui cherchera à contourner l'impossibilité [Mongin, 1995 ; Fleurbaey 2000] appartiendra à la branche normative de l'économie.

Nous avons proposé ici une interprétation du théorème d'impossibilité et de l'ouvrage dans lequel il s'insère au regard de la question de l'efficacité du marché. Cette interprétation est une interprétation possible, probablement pas la seule, car l'interprétation des implications du théorème n'est pas aisée. Arrow lui-même a reconnu dans le chapitre 8 (ajouté au moment de la deuxième édition du livre en 1963) que l'ouvrage avait fait couler beaucoup d'encre, justement à cause de ces difficultés d'interprétation : « Ce ne sont pas

19. Par contraste avec l'ouvrage de Black, qui était arrivé à des conclusions similaires dès 1948, mais qui avait refusé de partager ses écrits avec la RAND Corporation à laquelle appartenait Arrow et qui était le fleuron de la recherche militante de l'Ouest [Amadae, 2003].

les résultats qui ont été significativement affectés, mais leur interprétation et leur relation avec d'autres travaux contemporains. » [Arrow, 1963, p. 92] De même dans son discours de prix Nobel, Arrow a admis qu'il n'était lui-même pas certain de l'interprétation exacte de son théorème :

> « Les implications – philosophiques et touchant la répartition – de ce paradoxe du choix social ne sont pas claires. Il n'existe pas de solution facile à ce problème. J'espère que d'autres verront dans ce paradoxe un défi à relever plutôt qu'un obstacle décourageant. » [Arrow, 1975, p. 671 ; relevé par Lengaigne, 2000, p. 24.]

Bibliographie

Albert Michael, Hahnel Robin [1990], *A Quiet Revolution in Welfare Economics*. Princeton, Princeton University Press. (Disponible à l'adresse : http://books.zcommunications.org/books/1/1.htm).

Amadae Sonja [2003], *Rationalizing Capitalist Democracy: The Cold War Origins of Rational Choice Liberalism*, Chicago, Chicago University Press.

Arrow Kenneth [1950], « A difficulty in the concept of social welfare », reproduit dans K. Arrow, T. Scitovsky *Readings in Welfare Economics*, AEA Series vol.XII. Londres, Allen & Unwin, 1969, p. 147-168.

— [1963], *Social Choice and Individual Values*, 2e édition. Yale University Press.

— [1973], « Some ordinalist-utilitarian notes on Rawls's theory of justice », *The Journal of Philosophy*, vol. 70, n° 9, p. 245-263.

— [1974], *Choix collectif et préférences individuelles*. Paris, Calmann-Lévy, trad. en français.

— [1977], « Extended sympathy and the possibility of social choice », *American Economic Review*, vol. 67, n° 1, p. 219-225.

— [1983], *General Equilibrium, Collected Papers of K. Arrow*, vol. 2. Oxford, Basil Blackwell Publisher.

— , Debreu Gérard [1954], « Existence of an equilibrium for a competitive economy », *Econometrica*, vol. 22, n° 3, p. 265-290.

— , Hahn Frank [1971], *General Competitive Analysis*. San Francisco, Holden Day.

Aspremont Claude d' [1995], « Économie du bien-être et utilitarisme », *in* L.-A. Gérard-Varet, J.-C. Passeron (dir.) *Le modèle et l'enquête*. Paris, EHESS, p. 217-241.

Baujard Antoinette [2011], « L'économie du bien-être est morte. Vive l'économie du bien-être ! », *WP CREM*, 2011-02.

Bergson Abram [1938], « A reformulation of certain aspects of welfare economics », *Quarterly Journal of Economics*, vol. 52, n° 2, p. 310-334.

Berthoud Arnaud [1988], « Économie politique et morale chez Walras », *Économies et Sociétés*, série PE, n° 9, p. 65-93.

Black Duncan [1948], « On the rationale of group decision making », *Journal of political economy*, vol. 56, n° 1, p. 23-34.

Blaug Mark [2007], « The fundamental theorems of modern welfare economics, historically contemplated », *History of Political Economy*, vol. 39, p. 185-207.

Bridel Pascal [1988], « Quelques réflexions sur l'idée de "main invisible" », *Revue européenne des sciences sociales*, vol. 36, n° 82, p. 79-98.

Buchanan James [1954], « Social choice, democracy, and free markets », *Journal of Political Economy*, vol. 62, n° 2, p. 114-123.

Chipman John [1987], « When is a fixed income distribution optimal? » *in* G. Feiwel (ed.) *Arrow and the Foundations of the Theory of Economic Policy*. Londres, Macmillan Press, p. 371-381.

Desreumaux Vincent [2013], « Équilibre général et justice sociale : la théorie néoclassique comme philosophie politique ? », *Cahiers d'économie politique*, n° 64, p. 75-110.

Dupuy Jean-Pierre [1992], *Le sacrifice et l'envie*. Paris, Calmann-Lévy.

Gamel Claude [1992], *Économie de la justice sociale, repères éthiques du capitalisme*. Paris, Éditions Cujas.

Feiwel George [1987], « The many dimensions of Kenneth Arrow », *in* G. Feiwel (ed.) *Arrow and the Foundations of the Theory of Economic Policy*. Londres, Macmillan Press, p. 1-115.

Feldman Alan [1991], « Welfare economics », *in* J. Eatwell, M. Milgate et P. Newman (ed.) *The New Palgrave: A Dictionary of Economics*. Londres, Macmillan, vol. 4, p. 889-895.

Fleurbaey Marc [2000], « Choix social : une difficulté et de multiples possibilités », *Revue économique*, vol. 51, n° 5, p. 1215-1232.

—, Mongin Philippe [1996], « Choix social : théorie du choix social et économie normative », *in* M. Canto-Sperber (dir.) *Dictionnaire d'éthique et de philosophie morale*. Paris, PUF, p. 243-251.

—, Mongin Philippe [2005], « The news of the death of welfare economics is greatly exagerated », *Social Choice and Welfare*, vol. 25, n°s 2-3, p. 381-418.

Frohock Fred [1980], « Rationality, morality, and impossibility theorems », *American Political Science Review*, vol. 74, n° 2, p. 373-384.

Guerrien Bernard [1989], *La théorie néoclassique : bilan et perspectives du modèle d'équilibre général.* Paris, Economica.

Lengaigne Benoît [2000], *Justice et efficience dans la théorie économique contemporaine de la société*, thèse de doctorat ès Sciences économiques, Université des Sciences et Technologies de Lille, Faculté des Sciences économiques et sociales.

Little Ian [1952a], « Social choice and individual values », *The Journal of Political Economy*, vol. 60, n° 5, p. 422-432.

Mongin Philippe [1995], « L'utilitarisme originel et le développement de la théorie économique », *in* É. Halévy *La formation du radicalisme philosophique.* Paris, Alcan, 1904 ; réédition Paris, PUF, postface du 3e tome, *Le radicalisme philosophique,* p. 369-394.

— [1999], « Normes et jugements de valeur en économie normative », *Informations sur les sciences sociales*, vol. 34, n° 8, p. 521-553. [Disponible dans la bibliographie en ligne de l'auteur.]

Mueller Dennis [1989], *Public Choice II.* Cambridge, Cambridge University Press.

Picavet Emmanuel [1996], *Choix rationnel et vie publique.* Paris, PUF.

Pareto Vilfredo [1963], *Manuel d'économie politique,* 2e édition. Paris, Librairie générale de droit et de jurisprudence.

Rawls John [1982], « Social unity and primary goods », *in* A. Sen, J. Williams (ed.) *Utilitarianism and Beyond.* Cambridge, Cambridge University Press, p. 159-185.

Rosanvallon Pierre [1989], *Le libéralisme économique. Histoire de l'idée de marché.* Paris, Seuil, coll. « Points Politique ».

Samuelson Paul [1956], « Social indifference curves », *Quarterly Journal of Economics,* vol. 70, n° 1, p. 1-22.

— [1965], *Les fondements de l'analyse économique.* Paris, Gauthier-Villars.

Wolfelsperger Alain [2001], « Comment peut-on être parétien ? L'économie du bien-être, de l'utilitarisme au libéralisme », *Revue de Philosophie économique*, n° 3, p. 5-35.

UNE HISTOIRE DU CIBLAGE DE L'INFLATION : SCIENCE DES THÉORICIENS OU ARTS DES BANQUIERS CENTRAUX ?

Emmanuel Carré[1]

Le régime de politique monétaire de ciblage de l'inflation apparaît en 1989 en Nouvelle-Zélande. Plus de vingt ans après, il domine la littérature, a été adopté par plus de 25 pays et constitue le régime de référence du Fonds monétaire international. Pour la littérature standard, il naît de la « science » de la politique monétaire, de l'incohérence temporelle principalement. Retraçant l'histoire de ce régime en Nouvelle-Zélande, l'article met en évidence qu'il s'inscrit aussi, dans le cadre plus large, des réformes gouvernementales inspirées de l'École de Harvard. Plus encore, l'historique du ciblage de l'inflation réalisé par l'article souligne le rôle limité des théories dans sa création : il émerge comme un « art » pragmatique, pauvre en fondation théorique. Il est donc une innovation au regard de la théorie, et une originalité au regard de l'histoire des régimes monétaires antérieurs dérivant de la théorie.

The origins of inflation targeting regime: the science of central banking or the art of central bankers?

The monetary policy regime of inflation targeting was born in 1989 in New Zealand. Inflation targeting has now become the mainstream view in the literature, it has been adopted by more than 25 countries and it is the norm of the International Monetary Fund. Conventional wisdom sees the origins of inflation targeting in the 'science' of monetary policy, in particular the problem of time inconsistency. The author recalls the historical origins of this regime in New Zealand and shows that it also results from the broader governmental economic reform based on the Harvard School. Further evidence shows that economic theories have played a limited role in the creation of inflation targeting, which turns out instead to be a pragmatic 'art', with little theoretical foundations. Inflation targeting is thus quite special in the history of monetary regimes.

Mots clefs : Régime de ciblage de l'inflation, Nouvelle-Zélande, incohérence temporelle, école de Harvard.

Keywords: Inflation targeting regime, New Zealand, time-inconsistency, Harvard business school.

JEL classification: B22, E42

1. Université Paris XIII – CEPN, UMR 7234. Mél : carre.emnl@gmail.com

Introduction

Le ciblage de l'inflation (IT pour *inflation targeting* en anglais) naît dans un pays dominé monétairement[2], la Nouvelle-Zélande, avec l'Acte de la Banque de réserve de Nouvelle-Zélande (RBNZ) du 20 décembre 1989. Il est défini comme une stratégie de management des anticipations[3] d'inflation basée sur une cible d'inflation ($\overline{\pi}$), accompagnée d'un cadre institutionnel de responsabilisation, transparence et communication.

En 2011, 28 pays dans le monde l'avait adopté, et le Fonds monétaire international [2006] en a fait son régime officiel : il est le « nouveau système monétaire international » [Rose, 2007]. Cette trajectoire est originale dans l'histoire marquée par des régimes monétaires internationaux venus des pays dominants, et non dominés monétairement.

La thèse la plus courante dans la littérature est que ce succès de l'IT découle de la robustesse de ses fondations ancrées dans la « science » de la politique monétaire de l'époque de sa création : les solutions de la Nouvelle Macroéconomie classique au biais inflationniste de Kydland-Prescott-Barro-Gordon [Bernanke *et al.*, 1999, p. 14]. Des théoriciens du XIXe siècle sont même convoqués comme précurseurs de l'IT pour lui conférer de profondes racines théoriques. Mais des nouveaux keynésiens prétendent aussi être à son origine. Sans compter que de l'histoire de l'IT néo-zélandais ressortent d'autres théories fondatrices *concurrentes*, comme les théories microéconomiques de la Harvard Business School sur lesquelles le gouvernement s'appuie dans sa réforme de la RBNZ à partir de 1984.

Cependant, une thèse alternative conteste l'importance de la théorie dans l'apparition de l'IT, notamment dans les deux premiers ouvrages[4] qui lui sont consacrés, et par la suite dans les discours de banquiers centraux. La « science » aurait joué un rôle limité dans son avènement, il serait une création pragmatique, un « art ». Cette quasi-absence de fondations théoriques originelles en constituerait l'originalité principale. En effet, les régimes de politique monétaire précédents dérivaient au contraire d'une

2. Voir Creel et Sterdyniak [1998, p. 218].

3. En référence au « management of expectations » de Woodford [2003, p. 15].

4. Haldane [1995], Leiderman et Svensson [1995].

« science » préexistante : le régime keynésianiste de l'après-guerre, suivi par le régime monétariste, et l'ordre monétaire d'indépendance des banques centrales à la fin des années 1980.

L'article contribue à ces débats en confrontant ces deux thèses sur l'origine de l'IT à une tentative de reconstitution de l'historique de ce régime dans son pays pionnier, la Nouvelle-Zélande. L'analyse croise de multiples sources (publications de la RBNZ et de ses membres, des questions posées à certains d'entre eux, des documents du gouvernement et la littérature en général) afin de retracer un historique de l'éclosion de l'IT. L'objectif est de contribuer au débat en triant et hiérarchisant les diverses théories revendiquant son origine. Quelles sont les plus pertinentes ? Est-il vraiment une pure créature de la théorie ? Quelle part de pragmatisme dans sa naissance ?

L'article s'organise en deux parties autour de la controverse entre les deux thèses sur l'origine de l'IT. La première étudie la « science », les diverses théories supposées à son origine. Leur caractère fondateur apparaissant discutable, la seconde partie examine « l'art » de l'IT.

1. La science de l'IT

Les théoriciens convoquent des auteurs anciens comme « précurseurs » de l'IT (§1.1). Ils soutiennent qu'il est fondé sur la macroéconomie monétaire contemporaine de sa création (§1.2) : les « prétendants » néo-classiques (NC), néo ou nouveaux keynésiens (NK). Mais son histoire indique que le gouvernement néo-zélandais invente l'IT sur la base de théories « *concurrentes* » des thèses standard (§1.3).

1.1. Les précurseurs

Marshall, Wicksell, Fisher et Simons seraient les précurseurs de l'IT[5]. Néanmoins, ils en sont plus des inspirateurs que des précurseurs. Par exemple, Simons [1936] plaidait, comme Fisher, pour un ciblage du niveau général des prix (et non de l'inflation) qu'il jugeait temporaire, remplacé à long terme par une règle de quantité (monétariste). Il prônait aussi une règle mécanique, et non contingente comme en IT.

5. Haldane [1995, p. 1].

L'IT aurait aussi comme prédécesseur le régime monétaire suédois de 1931-1937[6]. Néanmoins, il portait sur le niveau général des prix, l'indice des prix à la consommation n'était pas la seule cible considérée, et l'engagement sur un indice des prix n'était pas explicite. En outre, il était conçu comme transitoire, avant de revenir à l'étalon-or[7]. Il n'était donc pas à proprement parler de l'IT[8] et n'est donc pas une fondation précise de l'IT néo-zélandais [Heikensten, 2005b, p. 3]. Enfin, la RBNZ[9] insiste sur les limites du ciblage du niveau général des prix induisant, si l'ancrage des anticipations n'est pas meilleur qu'en IT, une politique monétaire plus active donc une instabilité de l'instrument de politique monétaire perturbatrice pour l'économie.

Figure 2 - Recension des approches sous-jacentes de la réforme de la RBNZ

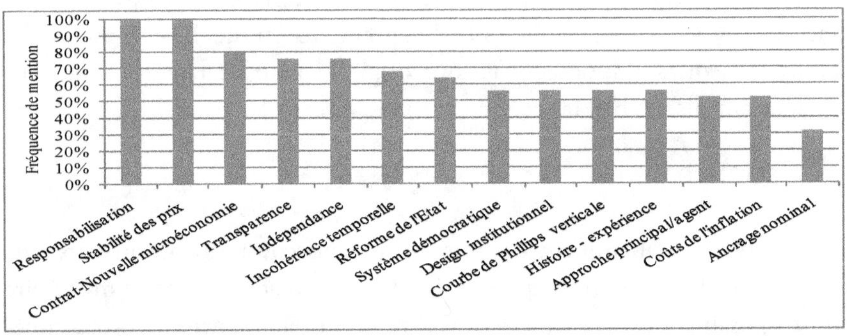

Source : auteur. Notes : en ordonnée, « fréquence de mention » mesure la mention ou occurrence d'une approche dans les articles sélectionnés. Les articles sont sélectionnés selon le critère de connaissance des approches sous-jacentes de la réforme de la RBNZ, à savoir l'appartenance d'un des auteurs à la RBNZ ou un membre du gouvernement néo-zélandais. Recension sur la période de départ de l'IT : 1989-1999. Début en 1989 car auparavant les fondements de la politique de la RBNZ sont fluctuants (cf. *infra*). Liste des 25 articles sélectionnés disponible sur demande. La signification des items est détaillée dans le corps de texte.

Le ciblage monétaire de la Bundesbank est aussi présenté comme précurseur : la RBNZ l'examinait lors de la création de l'IT [Bollard et

6. Sherwin [1999a, p. 73].

7. Berg et Jonung [1999].

8. Reddell [1999, p. 63].

9. Brash [1998, p. 222], l'article « Inflation targeting in principle and in practice » de la RBNZ, et Citu [2002].

Karagedikli, 2006]. Ils auraient en commun la recherche d'un ancrage nominal consécutif à l'effondrement du précédent. À l'instar de l'IT, la Bundesbank imposait un point focal d'inflation pour les anticipations. La transparence, l'engagement et la flexibilité du « monétarisme pragmatique » par rapport à la cible monétaire seraient proches des bandes de fluctuations de l'IT. Surtout, la Bundesbank aurait ciblé l'inflation plus que les agrégats monétaires, donc un IT implicite. Aussi les performances macroéconomiques allemandes favorables des années 1970-1980 démontreraient l'efficacité empirique de l'IT, justifiant son adoption[10]. Ce rapprochement assied l'IT sur la réputation de la Bundesbank, lui conférant ainsi une assise historique et empirique forte. Cependant, ce rapprochement est captieux car la Bundesbank est fondée sur l'ordo-libéralisme la séparant des politiciens. À la différence de l'IT néo-zélandais reposant sur un canevas institutionnel de responsabilisation politique issu de la tradition anglaise du système de Westminster (cf. *infra*). La nature et le degré d'indépendance de la RBNZ diffèrent radicalement de la Bundesbank. Pour toutes ces raisons, la Bundesbank conteste son assimilation à l'IT[11] et la RBNZ ne la mentionne pas comme inspiration majeure (figure 2).

1.2. Les prétendants

Selon la littérature, les théories en vogue dans les années 1980 seraient les fondements standard de l'IT : Littérature de la crédibilité et nouveaux keynésiens.

1.2.1. Les prétendants de la littérature de la crédibilité

La Littérature de la crédibilité est une synthèse Milton Friedman/Robert Lucas du monétarisme et des néo-classiques, donc elle regroupe divers éléments dont l'importance dans la création de l'IT est analysée.

Monétarisme

La théorie de Milton Friedman, « l'inflation est partout et toujours un phénomène monétaire », fonderait l'objectif final de long terme d'inflation

10. Bernanke et Mihov [1997, p. 1027].

11. Bernanke et Mihov [1997, p. 1044].

de l'IT en stipulant qu'à long terme la banque centrale contrôle l'inflation à travers les agrégats monétaires. Pareillement, la courbe de Phillips verticale de Milton Friedman, en indiquant une absence d'arbitrage inflation/production à long terme, justifierait l'inflation comme seul objectif final [Sherwin, 1999a, p. 74]. En outre, Milton Friedman [1975] recommanderait de cibler directement l'inflation, et Laidler et Meltzer conseillaient la réforme de la RBNZ de 1989. Enfin, pendant l'élaboration de l'IT en 1984-1988 le gouvernement néo-zélandais, inspiré par le monétarisme, propose à la RBNZ d'adopter le ciblage monétaire [Singleton *et al.*, 2006].

Certes, la courbe de Milton Friedman indique l'objectif final d'inflation et colore l'Acte de 1989[12]. Mais elle influence beaucoup moins $\overline{\pi}$, les objectifs intermédiaires et indicateurs pour y parvenir. De plus, à la différence du ciblage monétaire focalisant indirectement l'inflation via des objectifs intermédiaires d'agrégats monétaires, l'IT cible directement l'inflation sans objectif intermédiaire. Ainsi des banques centrales se réclamant de la courbe de Friedman ne sont pas en IT. En outre, cette courbe n'indique pas explicitement le design institutionnel de l'IT ou sa responsabilisation. Par ailleurs, Milton Friedman évoque le ciblage direct dans un journal non académique et cette origine de l'IT est mentionnée une fois seulement à notre connaissance[13]. Surtout, à la différence du ciblage monétaire de la Bundesbank, l'IT provient de l'échec du monétarisme avec l'instabilité de la relation agrégats monétaires/inflation amenant Laidler à déconseiller la règle des *k* % de Milton Friedman que la RBNZ rejette [Grimes, 1992, p. 11]. Pour Brash [1993b, p. 288 ; 1998, p. 222], les problèmes d'instabilité de la demande de monnaie frappant dans les années 1980 de nombreux pays, dont la Nouvelle-Zélande après la libéralisation financière de 1984, écartaient l'option du ciblage monétaire. Dès fin 1984 la recension par la RBNZ des expériences internationales des régimes monétaires d'inspiration monétariste constate leur discrédit[14]. C'est pourquoi la RBNZ résiste en 1984-1988 aux épisodiques pressions gouvernementales pour adopter un cadre d'inspiration monétariste. C'est un élément supplémentaire nuançant l'hypothèse de la Bundesbank

12. Brash [1999, p. 37].

13. Yates [1995, p. 135].

14. Singleton *et al.* [2006, p. 107].

comme précurseur de l'IT. Au final, le monétarisme apparaît un fondement secondaire de l'IT (figure 2) : « [L]e ciblage de l'inflation ne provient pas immédiatement de cet arrière-plan. » [Brash, 1998, p. 222] La seconde partie de l'article confirme cette analyse en montrant que les pratiques de la RBNZ sont éloignées du monétarisme.

Incohérence temporelle

À la suite de l'échec du monétarisme, l'incohérence temporelle de Kydland-Prescott-Barro-Gordon à la base de la Littérature de la crédibilité domine la théorie début des années 1980 : les annonces de la banque centrale manquent de crédibilité car les politiciens font de l'inflation. La solution à ce biais inflationniste est l'engagement sur une règle. L'IT serait la dernière solution en date : l'engagement sur $\overline{\pi}$ permettant une désinflation crédible. À suivre la littérature[15], l'incohérence temporelle serait le modèle standard des débuts de l'IT (figure 2). Elle a influencé en interne les chercheurs chargés de la réforme à la RBNZ[16]. Elle donne à l'IT sa priorité à la stabilité des prix, présentée comme une leçon empirique et historique de la stagflation des années 1970. En effet, le gouvernement néo-zélandais de Muldoon de 1975-1984 est marqué par une inflation forte (figure 3). L'IT se veut « *Muldoon proof*[17] », évitant les manipulations politiques inflationnistes.

15. Evans *et al.* [1996, p. 1862].

16. Confirmé par A. Grimes dans une correspondance électronique. Voir aussi Reddell [1999, p. 65], Grimes [2005, p. 3], Bollard et Karagedikli [2006], Singleton *et al.* [2006, p. 149].

17. Singleton [2006, p. 10].

Figure 3 - Nouvelle-Zélande : croissance annuelle PIB réel et inflation

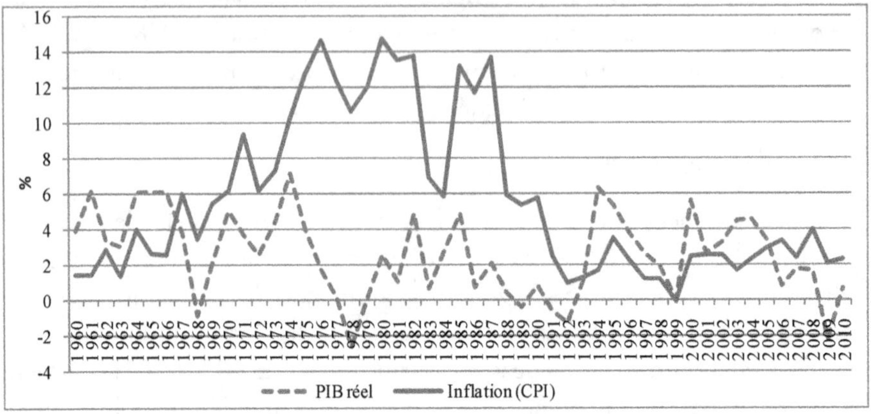

Source : auteur, données *Statistics New Zealand*, base *Infoshare* (*economicindicators*) et *Long Term Data Series* (*national income* et *prices*). CPI : Consumer Price Index. Données annuelles.

Cette attribution de l'IT au biais inflationniste n'est pas robuste car le nouveau gouvernement de 1984 lutte contre l'inflation. Il est également à l'initiative de la réforme de l'IT qui serait au départ une « instruction »[18] donnée à la RBNZ par le ministre des finances Douglas à l'origine du terme « *Muldoon proof* ». La Littérature de la crédibilité ne motive pas la forte implication du politique dans le cadre institutionnel de l'IT de la RBNZ, notamment en matière de responsabilisation. Elle n'est pas non plus respectée par l'Acte de 1989 n'incluant aucun engagement sur une règle. De surcroît, l'IT n'est pas la seule solution de désinflation car cette dernière commence avec le nouveau gouvernement en 1984, donc avant l'IT[19]. Ce dernier se révèle autant une stratégie de désinflation que de verrouillage de l'inflation à un niveau bas. Ainsi la justification théorique du biais inflationniste procéderait de l'effet d'annonce : avancée surtout au début de l'IT, elle sert des fins stratégiques d'établissement de la crédibilité. Une fois la réputation construite, elle passe au second plan.

Au final, pour Bollard et Karagedikli [2006], l'Acte de 1989 n'aurait qu'un « *parfum* » d'incohérence temporelle : elle en est une fondation, mais pas la seule (figure 2), notamment car à l'époque sa solution de règle est

18. Grimes [2005, p 3].

19. Archer [1997, p. 9].

contestée. D'autres théories, comme l'indépendance, prédominaient et fonderaient la « science » de l'IT.

Désinflation crédible et coûts de l'inflation

En 1970-1984, l'inflation soutenue en Nouvelle-Zélande (figure 3) pourrait justifier l'IT par une volonté de désinflation crédible. L'IT pourrait s'inscrire dans la perspective de Sargent (1983) : une annonce de désinflation crédible permettant une désinflation rapide et sans coût (ratio de sacrifice) pour l'économie réelle si les anticipations des agents s'ajustent immédiatement. Certes, la RBNZ souligne explicitement que l'annonce de l'IT donne de la crédibilité à la stratégie de désinflation pour atteindre la stabilité des prix par la baisse des anticipations d'inflation. Cependant, à notre connaissance, Sargent (1983) n'est pas mentionné par la RBNZ pour justifier l'IT. Plus largement, la « désinflation crédible » est peu mentionnée comme fondement de l'IT, notamment car la désinflation néo-zélandaise pendant l'IT s'est révélée coûteuse en termes d'emplois et croissance (figure 3), soit un ratio de sacrifice significatif reconnu par le gouverneur Brash [1994a, p. 178]. Brash [2002] admet même « qu'il est beaucoup moins clair que l'adoption d'une cible d'inflation ait été *de facto* un succès en termes de réduction des coûts de la désinflation via la réduction des anticipations d'inflation ». En effet, malgré la désinflation menée *post* 1984, les anticipations d'inflation à 2 ans mesurées par la RBNZ baissent, mais restent autour de 4 % en 1987-89 pour se stabiliser autour de 2,5 % seulement après la mi-1991. Les anticipations sont bien au-dessus de la cible d'inflation de long terme de 0-2 % annoncée par le ministre en 1988 ou par les contrats de mars et décembre 1990 entre la RBNZ et le gouvernement. Pour la RBNZ dans son *Bulletin* une explication est la rigidité, persistance des anticipations d'inflation à un niveau élevé. Une autre explication de la désinflation coûteuse est qu'en réduisant les anticipations d'inflation, même modérément c'est-à-dire en dessous du niveau de $\overline{\pi}$, la RBNZ accentue l'arbitrage inflation / production, donc le ratio de sacrifice [Hutchison et Walsh, 1998].

Au regard des niveaux d'inflation conséquents des années 1970-1980, l'approche des « coûts de l'inflation » pourrait aussi fonder l'IT. Cette doctrine est avancée par la RBNZ[20], mais tardivement et plus comme une justification *largo sensu* de la priorité à la stabilité des prix, que comme justification *stricto sensu* de l'IT. Elle est ainsi employée par la RBNZ pour fonder la désinflation de 1984-88, mais sert relativement peu d'étayage théorique à l'IT dans la communication de la RBNZ sur la période 1989-1999 (figure 2). Sans doute était-il difficile pour la RBNZ d'insister sur les coûts de l'inflation alors que le public faisait face au contraire aux coûts de la désinflation.

Indépendance

L'Acte de 1989 fondant l'IT accroît l'indépendance de la RBNZ. La théorie de l'indépendance des banques centrales, notamment Alesina [1989] et Alesina et Summers [1993][21], serait un fondement de l'IT, mais pas le plus cité (figure 2). Cette théorie dérive de la Littérature de la crédibilité : une solution au biais inflationniste par l'éviction du politique de la banque centrale, soit une indépendance *a maxima.* Selon la macroéconomie de l'indépendance, elle permettrait une désinflation « *free lunch* », donc un IT sans ratio de sacrifice pour l'économie réelle. Ainsi les banques centrales les plus indépendantes (Bundesbank) auraient affiché à l'époque de meilleures performances macroéconomiques, notamment en matière d'inflation. L'IT devait donc être adopté par les banques centrales les moins indépendantes sujettes au biais inflationniste.

Cette théorie de l'indépendance totale s'applique imparfaitement à la RBNZ : « [T]oute tentative de placer la Banque de réserve de Nouvelle Zélande sur une échelle linéaire d'indépendance est probablement inappropriée. » [Hansen et Margaritis, 1993, p. 33] Certes, le gouvernement cherche un arrangement institutionnel abaissant le coût de la désinflation, mais dans l'approche de réforme du gouvernement ce n'est pas nécessairement l'indépendance, mais une autonomie plus forte. Ensuite, le politique délègue seulement l'instrument monétaire, décide encore du mandat, de $\overline{\pi}$ et peut renvoyer le gouverneur (section 49 de l'Acte) qui est donc fortement responsabilisé politiquement. L'indépendance de la RBNZ est donc limitée dans la section 12 de l'Acte

20. Greville et Reddell [1990], Johnson [1993].

21. Lloyd [1992, p. 208].

de 1989 continuant de donner le contrôle ultime de la politique monétaire au gouvernement [Dawe, 1990, p. 33]. Ainsi au début, la RBNZ décrit le nouvel arrangement de l'Acte par le terme « d'autonomie accrue »[22], plutôt que le terme plus fort d'indépendance. Dans la logique du biais inflationniste, cette indépendance *limitée* ne règle pas le problème. Mais dans le système démocratique néo-zélandais l'indépendance *a maxima* est inenvisageable [Sherwin, 2000a, p. 30]. Ainsi Dawe [1990, p. 36] écrit même que l'Acte de 1989 « ne rend pas la Banque indépendante des souhaits du gouvernement présent, mais assure que les changements de politique seront faits d'une manière ouverte et transparente ». Ainsi une des principales innovations de l'IT en 1989 n'est pas l'indépendance, existant déjà, mais l'indépendance limitée aux instruments pointant « l'approche de Nouvelle-Zélande internationalement unique à cette époque » [Brash, 1999, p. 38][23]. Cette distinction indépendance objectif/instrument sera théorisée ultérieurement par les néo-keynésiens, et non les néo-classiques [Debelle et Fischer, 1994].

En outre, la RBNZ insiste sur les limites de la littérature de l'indépendance qui « n'a jamais été considérée comme totalement concluante car s'appuyant sur des mesures et d'autres faiblesses techniques, et montre seulement une corrélation, pas une causalité » [Lloyd, 1992, p. 208]. L'IT « n'est pas partie intégrante du concept originel d'indépendance de la banque centrale » [Sherwin, 1999b, p. 72]. Ensuite, l'hypothèse de « free lunch » apparaît à notre connaissance postérieurement à l'IT [Grilli *et al.*, 1991] ; cela expliquerait qu'elle n'est pas mentionnée par la RBNZ à la création de l'IT. En outre, elle est invalidée empiriquement : le ratio de sacrifice néo-zélandais augmenterait après l'adoption de l'IT[24].

Au final, l'IT néo-zélandais diffère de la théorie de l'indépendance *a maxima*. Les NC n'offrant pas de fondements parfaitement valides, néo et nouveaux keynésiens revendiquent aussi l'IT.

---

22. Brash [1991, p. 225].

23. Pour Singleton [2006, p. 1], la Nouvelle-Zélande introduit une nouvelle forme d'indépendance.

24. Debelle [1996, p. 73].

1.2.2. Prétendants néo et nouveaux keynésiens

Pour Phelps [2006, p. 353], « il est possible que mon article de 1967 soit le père de ce qui sera appelé le ciblage de l'inflation ». Cet article qui apporte une courbe de Phillips augmentée des anticipations motivant le *management des anticipations*[25] au cœur de l'IT, porte sur l'objectif d'inflation et emploie l'instrument de taux d'intérêt. Mais il traite plus de politique fiscale que monétaire, ne donne pas clairement la priorité à l'inflation sur la production, et le terme « ciblage de l'inflation » ainsi que son design institutionnel sont absents. Enfin, la courbe de Phelps n'est pas le plus cité des fondements de l'IT (figure 2)[26]. Phelps est plus un précurseur qu'un fondateur de l'IT.

Pour Rogoff, son article de 1985 fonde l'IT en étant un des premiers mentionnant le « ciblage du taux d'inflation » (6 occurrences), et évoquant un design institutionnel proche de la RBNZ. Toutefois, il n'est pas retenu dans la littérature comme fondement de l'IT (figure 2). En effet, il juge équivalents inflation et niveau général des prix, et parle surtout du ciblage monétaire (17 occurrences) : « Larry Summers, mon éditeur au *Quarterly Journal of Economics*, m'a instamment demandé [...] de placer le ciblage de l'inflation en second[27]. »

Goodhart, consulté en 1987-1989 par la RBNZ et le Parlement néo-zélandais, influence les discussions lors de la création de l'IT, mais ne dicte pas son design. Ainsi il propose une responsabilisation du gouverneur avec incitation salariale, alors que l'option du renvoi est retenue [Goodhart, 2010, p. 175].

Pour les néo-keynésiens, l'IT s'inscrit aussi dans la tradition des banques centrales de recherche d'un ancrage nominal, notamment pour contrôler les anticipations et donc assurer la stabilité des prix [Mishkin, 1999]. L'IT néo-zélandais découle bien de la volonté de réduire l'inflation et institutionnaliser la stabilité des prix. Cependant, la référence au concept de « l'ancrage nominal » est limitée (figure 2) et n'apparaît que *post* 1996

25. Woodford [2003].

26. Evans *et al.* [1996, p. 1862] font exception.

27. Rogoff cité par Bernanke [2005, p. 278].

dans les articles recensés, soit bien après l'adoption de l'IT. Plus largement, les théories des néo-keynésiens se développent à la même période que l'IT mais les connexions sont quasi inexistantes.

1.3. Les concurrents

En défendant la thèse de l'incohérence temporelle comme fondation de l'IT, la RBNZ minimise la concurrence qu'elle a subie de la part du gouvernement en la matière. L'importance de ces fondements « concurrents » venus du Trésor dans l'avènement de l'IT est examinée.

1.3.1. L'approche de la Harvard Business School

L'apparition de l'IT s'inscrit en Nouvelle-Zélande dans le cadre de réforme de l'État du gouvernement travailliste en 1984[28] dont le ministre des finances, Roger Douglas, développait une doctrine économique qualifiée de « Rogernomics » en référence à la « Reaganomics ». Les rapports du Trésor de 1985-1986 conçoivent la RBNZ comme une entreprise d'État à réformer suivant trois points : 1) responsabilité managériale, 2) clarté des objectifs, 3) neutralité compétitive. Ces principes découlent de la microéconomie de l'École de Harvard[29] reposant sur deux piliers (figure 4).

Le pilier *Gouvernance d'entreprise* et sa responsabilité managériale fonde une innovation majeure de l'IT : la responsabilisation du « manager » de la RBNZ, le gouverneur. S'adressant à ce dernier, le ministre des finances d'alors déclare : « Nous ne pouvons renvoyer la banque centrale dans son ensemble. Réalistement, nous ne pouvons pas non plus renvoyer le comité. Mais vous pouvez être sûr que l'on peut vous renvoyer. » [Brash, 2002, p. 66] La RBNZ est conçue comme une entreprise d'État au président révocable. À la place de cette responsabilisation du seul gouverneur, la RBNZ propose en 1987 celle d'un comité décidant la politique monétaire[30]. Mais le gouvernement maintient la responsabilisation personnelle, plus en phase avec la gouvernance d'entreprise (figure 4). La responsabilisation sur les résultats de l'École de Harvard requiert des

28. Svensson [2010].

29. Evans *et al.* [1996, p. 1862].

30. Reddell [1999, p. 65].

objectifs vérifiables et observables : $\overline{\pi}$ sert de mesure d'évaluation des performances du gouverneur. À la différence des précédentes, cette théorie justifie une innovation centrale de l'IT : l'annonce d'une cible d'inflation explicite.

Figure 4 - École de Harvard : les deux piliers

Théories	**Gouvernance d'entreprise**	**Nouvelle Microéconomie**
Composantes	Management économique	Économie de l'information, asymétries d'information
	Approche managériale	Transparence
	Responsabilisation individuelle	Théorie de l'agence, modèle principal/agent
	Responsabilisation par les résultats	Délégation
	Efficacité des agences d'État	Approche contractuelle

Source : auteur.

Le pilier *Nouvelle Microéconomie* (figure 4) appelle une transparence sur les performances jugées selon un critère transparent : $\overline{\pi}$ est de nouveau justifié. Ensuite, la théorie de l'agence inspire la nouvelle forme d'indépendance de la RBNZ[31] : le principal (gouvernement) conserve la définition des objectifs finauxmais délègue l'instrument pour les atteindre. Enfin, l'accord RBNZ-gouvernement, le *Policy Targets Agreement* (PTA), serait un contrat d'objectif ou de performance[32].

Défendant des théories différentes, le Trésor et la RBNZ s'affrontent lors de l'élaboration de l'IT autour de 1988 [Singleton *et al.*, 2006, p. 154]. La théorie dominant leurs débats est difficilement déterminable. La littérature donne une place centrale à l'École de Harvard, mais pas la première place (figure 2). Toutefois, on peut formuler l'hypothèse que la recension de la littérature de la figure 2 est biaisée par des contributions de la RBNZ majoritaires qui minorent la place de l'École de Harvard. *De facto*, même si la RBNZ a des marges de manœuvre dans la négociation, elles sont limitées puisqu'elle n'est pas indépendante à l'époque. Ainsi le gouvernement serait le principal créateur de l'IT qui « doit beaucoup plus à

31. Sherwin [1999a, p. 76].

32. Singleton [2006, p. 10].

la Harvard Business School qu'aux monétaristes de Chicago » [Sherwin, 2000a, p. 29]. Toutefois, les thèses du Trésor sur les entreprises d'État, notamment le point 3), s'appliquent difficilement à une institution comme la banque centrale, impliquant des concessions du gouvernement à la RBNZ[33]. L'IT est un compromis entre les théories gouvernementales et de la RBNZ.

1.3.2. Design institutionnel

À l'origine de l'IT, « les débats étaient principalement focalisés sur les institutions de politique monétaire » [Singleton *et al.*, 2006, p. 134]. L'IT est d'abord avec l'Acte de 1989 un cadre institutionnel, et seulement ensuite une stratégie avec le premier PTA de mars 1990. Cette dominante institutionnelle s'explique partiellement par l'absence de théorie de politique monétaire à l'époque, et surtout par la demande de 1986 du ministre des finances Douglas de réforme de la gouvernance de la RBNZ[34] afin d'institutionnaliser la stabilité des prix.

Cette volonté gouvernementale ressemble à l'approche de réduction du biais inflationniste par les institutions, au sens d'isolation vis-à-vis du politique [Barro et Gordon, 1983, p. 608]. Mais cette assimilation de l'IT à une contrainte institutionnelle est réductrice : le gouvernement souhaite organiser la relation, non la séparation, avec la RBNZ en recourant aux théories de Harvard sur la gouvernance et les incitations institutionnelles.

Cette conception gouvernementale de l'IT concorde avec la théorie du *design institutionnel* dominant la littérature début des années 1990[35]. Persson et Tabellini [1993, p. 54] s'appuient sur l'École de Harvard et rejettent l'indépendance totale et les approches législative ou constitutionnelle séparant le politique et la banque centrale. Ils formalisent l'arrangement institutionnel de l'IT de la RBNZ inspirée de l'École de Harvard : le *principal* pénalise ou récompense le gouverneur selon ses performances en matière de respect de $\overline{\pi}$. Ainsi l'IT réduirait le biais inflationniste par une structure d'incitation contractuelle crédible fondée

33. Singleton *et al.* [2006, p. 148].

34. Singleton *et al.* [2005, p. 9].

35. Goodhart [1992].

sur une règle de démission optimale [Walsh, 1995]. Le *design institutionnel* développe aussi le contrat contingent remplaçant la règle fixe et inconditionnelle des monétaristes. Intégrant l'arbitrage inflation/production ou le dilemme crédibilité/flexibilité de l'IT en cas de choc d'offre ε, ce contrat proposerait une solution plus optimale du biais inflationniste que la règle ou l'indépendance.

La RBNZ se reconnaît dans ces théories, notamment dans le contrat contingent coïncidant avec le PTA conditionnel prévoyant des chocs exceptionnels (ε) nécessitant des révisions de $\overline{\pi}$ [Brash, 1993a, p. 10-11].

Toutefois, le *design institutionnel* diffère de l'IT en conservant les hypothèses de la monnaie comme instrument. En outre, selon les banquiers centraux, le contrat contingent est incomplet du fait de l'incertitude sur le modèle de l'économie, ou de leur connaissance imparfaite. Enfin, le *design institutionnel* est postérieur à la naissance de l'IT, puisque Walsh [2007, p. 6] fut influencé par l'expérience néo-zélandaise à la suite d'un séjour de recherche dans ce pays en 1990.

Au final, le *design institutionnel* est une des théorisations les plus fidèles de l'IT, mais n'est pas son fondement originel dominant (figure 2).

1.3.3. Responsabilisation et démocratie

La responsabilisation politique de l'IT néo-zélandais sur un objectif clair, $\overline{\pi}$, est une innovation par rapport la Littérature de la crédibilité recommandant une règle, et aux théories de l'indépendance prônant au contraire la dépolitisation. Elle est congruente avec les théories du design institutionnel et l'École de Harvard, donc en accord avec les fondements théoriques du Trésor. Elle s'inspirerait aussi de la procédure Humphrey-Hawkins de la Fed[36], issue du keynésianisme, institutionnalisant et augmentant les prérogatives du politique.

La responsabilisation découle aussi de la tradition politique néo-zélandaise : le système de Westminster[37]. L'Acte de 1989 se veut « cohérent avec l'approche de Westminster de la démocratie » [Nicholl et Archer,

36. Reddell [1999, p. 65].

37. Sherwin [2000b, p. 3].

1992, p. 316]. Le gouvernement suivrait donc les recommandations de l'École de Harvard car elles sont congruentes avec le système politique néo-zélandais, donc acceptables par le public. Le système de Westminster guide la réforme du design institutionnel de la RBNZ. Il indique que la délégation de la politique monétaire à des non-élus induit un déficit démocratique pouvant être réduit si le politique préserve le pouvoir ultime. Ainsi dans l'Acte de 1989 le gouvernement continue de décider des objectifs finaux du mandat et selon la section 12 le gouvernement peut temporairement imposer un autre objectif final que la stabilité des prix (*overrideprocedure*)[38]. Ce maintien du contrôle ultime est un « principe impérieux »[39] empêchant l'indépendance de cible : $\overline{\pi}$ n'est pas définie par la seule RBNZ, mais conjointement avec le gouvernement via le PTA. Il fait de la responsabilisation démocratique le contrepoids du surcroît d'indépendance de la RBNZ, soit un arbitrage indépendance / responsabilisation[40].

La responsabilisation relève donc autant de la théorie économique que politique : elle importe la légitimité du politique élu dans la banque centrale [Sherwin, 2000b, p. 3]. L'IT possède un versant politique dont la problématique est la légitimité et non la crédibilité. Elle assure que la banque centrale est légitime car elle possède les mêmes préférences que le public en matière d'arbitrage de Taylor, la même fonction de perte que la société. L'IT diffère du banquier conservateur de Rogoff aux préférences distinctes de la société. Cet aspect politique explique en partie le succès de l'IT dans le monde : il est acceptable par les classes politiques conservant le pouvoir ultime sur la politique monétaire.

Autour de 1986, la RBNZ est contre la responsabilisation réduisant son indépendance et la forçant à s'expliquer en public alors que le secret est la tradition des banques centrales [Singleton *et al.*, 2005, p. 9]. Mais dès 1987, elle accepte la responsabilisation, sans doute car il est difficile d'aller contre les préférences politiques de la société.

38. Lloyd [1992, p. 211], Singleton *et al.* [2006, p. 135].

39. Dawe [1990, p. 36].

40. Brash [1993a] réfute l'arbitrage.

Mais au final cette approche démocratique est incomplète en ne guidant pas précisément la mise en œuvre de l'IT en pratique : quelle $\overline{\pi}$ choisir ? Quel objectif intermédiaire ? Quel instrument ?

La confrontation des fondements théoriques possibles de l'IT à son historique néo-zélandais ne révèle pas une théorie unique et évidente à l'origine de ce régime. Émerge ainsi l'hypothèse qu'il résulterait aussi du pragmatisme du gouvernement et de la banque centrale, un « art ».

2. L'art de l'IT

Une des originalités majeures de l'IT est l'annonce de $\overline{\pi}$ reliée dans la littérature à « l'art » de la politique monétaire, c'est-à-dire la stratégie [Benjamin Friedman, 1990, p. 1187]. L'IT est aussi innovateur sur les autres composantes de la stratégie : instruments, objectifs intermédiaires, canaux de transmission. Ces innovations dans l'art de l'IT démontrent-elles une origine purement pragmatique de l'IT, ou au contraire révèlent-elles en creux une origine dans la théorie comme le soutient la thèse standard de la littérature ?

Dans la littérature, la stratégie renvoie aussi au débat règle *versus* discrétion[41]. Le positionnement original de l'IT dans ce débat est également examiné. Enfin, une partie de la littérature suggère que l'IT est un « art » ne possédant pas originellement de fondation théorique : cette seconde thèse, s'opposant à la première faisant de l'IT le produit de la « science », est étudiée car il s'agirait d'une originalité dans l'histoire récente des régimes de politique monétaire.

2.1. Stratégie de l'IT : quels fondements théoriques ?

Afin de répondre à cette question, les *Bulletins* de la RBNZ sont analysés sur la période septembre 1984 - décembre 1989 entre l'élection de juillet 1984 et la création de l'IT. Les composantes classiques de la stratégie de politique monétaire sont analysées, notamment en comparant le modèle de référence de la RBNZ avant et après l'adoption de l'IT (figure 5).

41. Benjamin Friedman [1990, p. 1187].

Figure 5 - Caractéristiques de la stratégie de la RBNZ dans ses modèles avant et après l'IT

Stratégie de politique monétaire	Modèle de la RBNZ-version XI (vers fin 1987)	Modèle de la RBNZ-version XII (vers 1991)
Objectif final	Inflation	Inflation
Instrument	Titres d'Etat (*spread*)	Taux d'intérêt
Objectif intermédiaire	Monétaire, agrégats monétaires	Non
Canaux de transmission*	Monétaires, taux d'intérêt	1) Taux de change 2) Taux d'intérêt 3) Monétaires 4) Investissement
Anticipations	Taux de change	Inflation (rétrospectives)
Règle	Non mentionnée	Non mentionnée
Théorie de l'inflation (CPI)*	1) Importée (taux de change) 2) Demande	1) Taux de change 2) Demande, salaires
Courbe de Phillips	Non mentionnée	Non mentionnée
Superneutralité	Non	Non

Source : auteur, d'après Clements *et al.* [1988], Brooks et Gibbs [1994]. * : par ordre d'importance

2.1.1. Objectif final

Le mandat de « stabilité du niveau général des prix » de l'Acte de 1989 (section 8) est souvent justifié par le Nouveau Consensus : la stabilité des prix est la meilleure des contributions possibles de la politique monétaire au bien-être collectif [RBNZ, 1998, p. 3]. La RBNZ affirme dès Ledingham [1986] que cette doctrine, s'appuyant sur la courbe de Milton Friedman et la Littérature de la crédibilité, recommande un objectif final de stabilité des prix[42]. Cependant, le gouvernement choisit le terme de « niveau général des prix », plutôt que d'inflation, sans doute pour assurer la continuité historique avec l'Acte antérieur de 1964 (section 8) stipulant que la politique monétaire a de multiples objectifs dont le niveau général des prix : « Le maintien et la promotion du bien-être économique et social en Nouvelle-Zélande, en regardant la désirabilité de promouvoir les

42. Singleton *et al.* [2006, p. 141].

niveaux de production et d'échange les plus élevés et le plein-emploi, et maintenir un niveau des prix interne stable. »

La priorité à la stabilité des prix remplace les objectifs finaux multiples keynésianistes de l'Acte de 1964 jugés par la RBNZ obscures et sources d'instabilité en voulant inutilement atteindre des objectifs réels à long terme [Singleton *et al.*, 2006, p. 135]. La multiplicité des objectifs aurait aussi été coûteuse pour l'économie du fait d'une priorité dans les objectifs variable dans le temps avec des sauts d'un objectif final à l'autre, ainsi que des incohérences entre les objectifs et peu de poids mis sur la lutte contre l'inflation[43] ; donc une politique monétaire opaque source d'incertitude [Lloyd, 1992, p. 207]. Néanmoins, le mandat keynésianiste reste une option dans la littérature de l'époque [McCallum, 1989, p. 4]. Le choix du gouvernement néo-zélandais de l'objectif d'inflation vise à asseoir sa crédibilité anti-inflationniste. La RBNZ soutient cette priorité à l'inflation qui correspondrait à sa pratique depuis l'arrivée au pouvoir du gouvernement travailliste en juillet 1984 (figure 5) [44] ou plus vraisemblablement depuis la fin des taux de change fixes en Nouvelle-Zélande le 4 mars 1985[45]. Mais les *Bulletins* de la RBNZ sur la période 1984-1985 ne mentionnent pas explicitement la stabilité des prix comme l'objectif final puisque le mandat y est décrit de manière plus large comme la « *maximisation d'une croissance non inflationniste* ». Cependant, dans ces *Bulletins* la lutte contre l'inflation apparaît bien en filigrane comme l'objectif prioritaire.

Cependant, l'Acte de 1989 stipule un mandat de niveau général des prix et non d'inflation, et n'explique pas l'IT en n'indiquant pas de cible d'inflation. Cette dernière apparaît postérieurement en mars 1990 dans le premier PTA comme définition quantitative de la stabilité des prix. Le saut entre l'Acte et le PTA, à notre connaissance, est inexpliqué dans la littérature.

43. Brash [1994b, p. 229].

44. Spencer [1990, p. 252].

45. RBNZ [1987, p. 297].

2.1.2. Instrument

Après le passage au taux de change flottant le 4 mars 1985, la RBNZ ne se focalisait plus sur l'instrument de change et envisageait l'instrument de base monétaire suivant les recommandations monétaristes[46]. Mais rapidement la RBNZ jugea optimal de ne pas choisir l'instrument de base monétaire en raison de l'effondrement de la théorie monétariste et son manque de robustesse empirique du fait de la dérégulation financière[47].

La RBNZ n'adopte pas non plus l'instrument de taux d'intérêt en 1985, ne revenant donc pas à son cadre de contrôle du taux d'intérêt des années 1970 et aussi à partir de 1981. En effet le gouvernement élu en juillet 1984 lève le contrôle des taux d'intérêt [Russell, 1984, p. 467]. À l'époque, du fait d'un manque de croyance en l'efficacité du taux d'intérêt, le contrôle des prix, du crédit et des revenus était préféré pour endiguer l'inflation [Goodhart, 2010, p. 180]. Par ailleurs, les autorités trouvaient incohérent que la RBNZ annonce un taux d'intérêt officiel alors que le contrôle des taux d'intérêt venait d'être levé[48]. À l'origine l'IT ne s'assimilerait donc pas à une règle de Taylor. Le taux d'intérêt est ainsi au départ de l'IT un indicateur et non un instrument.

À partir de 1985 l'instrument de la RBNZ devient la « liquidité primaire », c'est-à-dire les titres utilisés par le secteur financier pour régler ses dettes à la banque centrale : les titres escomptables et le *settlement cash* (liquidité de règlement des soldes interbancaires). Vers 1986, la RBNZ fait du *settlement cash*, dont elle contrôle l'offre, son principal outil : elle cherche à atteindre un niveau quotidien de *settlement cash* qualifié de « cible » en apportant ou en retirant de la liquidité. Le contrôle monétaire se réalise donc par les quantités de monnaie plutôt que par les prix de la monnaie, de sorte que l'offre de monnaie est fixée par la RBNZ et c'est le taux d'intérêt qui fluctue. Ce choix d'instrument s'expliquait par un « monétariste frustré » [Sherwin, 1999b, p. 76]. La RBNZ espérait une relation stable entre la *primary liquidity* et les agrégats monétaires. La RBNZ maintient ce choix d'instrument lors de l'adoption de l'IT en 1989.

---

46. Spencer [1990, p. 261].

47. Evans *et al.* [1996, p. 1866].

48. Singleton *et al.* [2006, p. 109].

Cependant l'analyse du modèle de la RBNZ vers fin 1987 (figure 5) nuance l'affirmation d'une mise à l'écart totale du taux d'intérêt comme instrument car le *spread* sur les titres d'État joue aussi un rôle clef. Le choix de l'instrument par la RBNZ n'est donc pas totalement clair.

En 1989, le choix de l'instrument de « liquidité primaire » par la RBNZ n'est pas totalement en désaccord avec la majorité de la littérature continuant de proposer la base monétaire comme instrument[49]. Le taux d'intérêt reste souvent considéré comme un instrument secondaire du passé, une survivance du keynésianisme. Cependant ce choix d'instrument s'oppose à une minorité de la littérature de l'époque recommandant le passage à l'instrument de taux d'intérêt pour deux raisons : a) la théorie du choix optimal de l'instrument à la Poole dans l'environnement d'instabilité des relations monétaires, et b) certains théoriciens reconnaissent l'échec des instruments monétaristes et trouvent une inspiration dans la Fed passée au taux d'intérêt [Benjamin Friedman, 1988, p. 70]. Ainsi, le choix d'instrument de la RBNZ en IT apparaît en décalage avec les pratiques d'instrument de certaines banques centrales comme la Fed qui, à la fin des années 1980, ont tiré les conséquences de l'échec empirique du monétarisme et sont passées à l'instrument de taux d'intérêt. Au fil des années 1990, le choix d'instrument de la RBNZ apparaît de plus en plus en décalage avec la pratique des autres pays en IT qui recouraient au taux d'intérêt comme instrument. Surtout, la pratique de la RBNZ est en porte-à-faux avec la littérature basculant en instrument de taux d'intérêt à la suite de la règle de Taylor [1993]. Ces raisons, auxquelles s'ajoute l'échec empirique du contrôle monétaire quantitatif[50], amèneront la RBNZ à rejoindre, tardivement, le 8 février 1999 la majorité des banques centrales en instrument de taux d'intérêt.

Ainsi l'IT de la RBNZ s'inspire vaguement au départ d'une théorie (le monétarisme) en matière de choix de l'instrument. Mais cette théorie est à cette époque reléguée empiriquement et contestée théoriquement. Au niveau de l'instrument de politique monétaire, l'IT apparaît à l'origine conservateur et peu novateur. Mais par-dessus tout, l'IT apparaît à l'origine avant tout pragmatique, plutôt que théorique, comme souligné par l'écart

49. McCallum [1989].

50. Sherwin [1999b, p. 76].

de doctrine entre les discours de la RBNZ et le modèle économétrique qu'elle publie. Ainsi dans le modèle de la RBNZ autour de 1991 (figure 5), la RBNZ est supposée employer le taux d'intérêt comme instrument [Brooks et Gibbs, 1994, p. 22]. Comme souligné par Brash [1998, p. 222], en matière d'instrument, « l'histoire peut être singulièrement confuse, même pour ceux qui étaient là ».

2.1.3. Objectifs intermédiaires

Après le passage au régime de taux de change flottant en 1985, la RBNZ tente de gérer l'objectif interne d'inflation via des objectifs intermédiaires monétaires. Dans son *Bulletin* de novembre 1985 [p. 626] la RBNZ stipule que la « politique monétaire cherche généralement à influencer la croissance des agrégats monétaires ». En outre, dans le modèle de la RBNZ autour de 1986-1987 (figure 5), les agrégats sont aussi présentés comme un objectif intermédiaire. Mais la RBNZ est déjà en train de constater l'insuccès des objectifs intermédiaires monétaires, donc ne cible pas strictement les agrégats monétaires. Dès le *Bulletin* de juin 1986, la RBNZ confirme ne pas employer les agrégats monétaires comme objectif intermédiaire du fait de leur relation avec l'instrument peu précise à court terme. L'absence d'objectif intermédiaire induit un « *vide* »[51] de théorie de politique monétaire. Dans la littérature, les ébauches d'objectifs intermédiaires alternatifs sont le niveau général des prix, le taux d'intérêt et surtout le niveau *Y* de production[52].

Le Trésor, suivant l'École de Harvard, cherche un étalon pour responsabiliser la banque centrale. Estimant que la RBNZ contrôle imparfaitement l'inflation, il ne propose pas directement celle-ci, mais un objectif intermédiaire. En 1985, il envisage le ciblage de *Y*, mais l'abandonne en raison d'une liaison difficilement identifiable avec l'objectif final de désinflation[53]. Vers 1986, Roderick Deane, sous-gouverneur influent de la RBNZ, fort du constat de la fin des agrégats monétaires, s'oppose aux objectifs intermédiaires proposés par le gouvernement [Singleton *et al.*, 2006, p. 150]. En juillet 1988, le gouvernement

51. Benjamin Friedman [1988, p. 69].

52. Bean [1983].

53. Reddell [1999, p. 66].

maintient son diagnostic et propose une cible intermédiaire de base monétaire ou liquidité. Contrairement aux négociations Trésor/RBNZ sur l'objectif final, celles sur l'objectif intermédiaire sont âpres. Le résultat est l'Acte de 1989, compromis parlant de « cibles » au pluriel. Le Trésor est satisfait car il le pense compatible avec tout objectif intermédiaire ; la RBNZ est aussi satisfaite car elle y voit un ciblage direct de l'inflation: « [A]ucun objectif intermédiaire – sous la forme d'agrégats monétaires ou d'autres variables financières – n'est utilisé. » [Nicholl et Archer, 1992, p. 316] Les prévisions d'inflation ne seraient pas des objectifs intermédiaires (figure 5). Ce ciblage direct est jugé révolutionnaire par les théoriciens de l'époque habitués aux objectifs intermédiaires[54].

Cependant, en raison du vide de la littérature, la RBNZ tâtonne dans la conduite de sa nouvelle stratégie. Dans la période de transition, elle adopte la recommandation de Benjamin Friedman [1988] de suivi d'indicateurs.

2.1.4. Indicateurs

La RBNZ constatant dès 1984 le manque de fiabilité du monétarisme, et donc l'absence d'objectif intermédiaire d'agrégat monétaire fiable, elle fait le choix de l'approche « éclectique », *checklist*[55] par les indicateurs. Une batterie d'indicateurs et de variables informationnelles sur l'inflation est examinée : taux de change, taux d'intérêt, courbe des taux, monnaie, anticipations d'inflation. Dès septembre 1984 Deane recommande l'approche des indicateurs qui est adoptée en interne à la RBNZ en 1985 et explicitement énoncée dans son *Bulletin* de juin 1985 [p. 296]. Ce choix de l'approche éclectique est pragmatique, mais paraît en décalage avec le futur IT de la RBNZ et son futur mandat unique ; un choix suggérant que l'IT n'a pas de fondements théoriques antérieurs robustes.

Après les élections de 1984, la RBNZ rejette les agrégats monétaires comme objectif intermédiaire, mais les accepte comme indicateur de premier plan. Mais rapidement, dès le *Bulletin* de septembre 1985, en cohérence avec le questionnement du monétarisme dans les banques centrales, la RBNZ exprime ses doutes sur la validité des agrégats comme

54. Goodhart [1992], Borio [2004, p. 277].

55. Beaumont et Reddell [1992, p. 57].

indicateur principal. Dans les *Bulletins* suivants, les agrégats sont souvent analysés après le taux d'intérêt et le taux de change, signalant une place secondaire dans la liste des indicateurs. Dans son *Bulletin* de décembre 1989, juste avant l'adoption de l'IT, la RBNZ indique que les agrégats monétaires ne sont pas son indicateur prépondérant car ne donnent pas d'information fiable sur l'inflation future et ont un contenu en informations inférieur aux autres indicateurs. Cela s'explique pour plusieurs raisons : 1) les réformes en Nouvelle-Zélande depuis 1984, notamment la dérégulation financière, 2) les innovations financières, 3) la fin des contrôles du taux de change, 4) la loi de Goodhart [Tait, 1989, p. 282].

Dans les *Bulletins* de la RBNZ avant l'adoption de l'IT, et dès décembre 1985, le taux d'intérêt (courbe des taux), plus précisément l'écart entre le taux des billets de trésorerie à 90 jours et des fonds d'État à 5 ans, est un des indicateurs prépondérants. Dans le *Bulletin* de décembre 1989, lors de l'adoption de l'IT, il est l'indicateur majeur. Mais il reste clairement au niveau des indicateurs, pas des instruments. Ainsi les agrégats monétaires ou les anticipations, donc les recommandations du monétarisme et des néo-classiques, n'apparaissent pas comme les origines majeures de l'IT.

En pratique, avant l'adoption de l'IT entre 1985 et 1989, le taux de change [56] est l'autre indicateur principal, suscitant début 1989 des interrogations, réfutées par la RBNZ, sur un ciblage de change implicite et donc un retour au cadre d'avant le 4 mars 1985. En effet, à partir de la mi-1988, la dépréciation du taux de change est une préoccupation importante de la RBNZ faisant du taux de change un indicateur et un canal de transmission central, mais pas une cible. Le rôle clef du change justifie les doutes du Trésor sur la capacité de la RBNZ à contrôler l'inflation : une banque centrale contrôle difficilement une inflation importée par ε *externe* ; d'autant plus dans le cas de l'IT : selon le triangle de Mundell, ce régime appelle la poursuite d'un objectif final *interne*, au prix d'un change flexible, donc d'une inflation importée possiblement conséquente. Ainsi dès ses prémices, l'IT voit sa soutenabilité mise à l'épreuve par les chocs de *cost push*. Il serait imparfaitement adapté à un petit pays à degré d'ouverture commerciale significatif.

56. RBNZ [1990, p. 17].

Les anticipations d'inflation sont mentionnées fin des années 1980 par la RBNZ[57], comme indicateur plutôt qu'objectif intermédiaire, mais sont secondaires et n'apparaissent pas dans son modèle antérieur à l'adoption de l'IT (figure 5).

Cette approche par les indicateurs est conforme aux propositions de la littérature de l'époque. Mais cette dernière manquait de robustesse : elle ne faisait que singer les pratiques des banques centrales, et supposait une relation robuste entre indicateurs et objectifs finaux faisant dissensus à l'époque [Benjamin Friedman, 1988, p. 70]. Surtout dès 1986-1987 apparaissent les limites de l'éclectisme. Cette approche manque de transparence car le poids attaché à chacun des instruments variait dans le temps, rendant la RBNZ difficile à anticiper. Ensuite, elle est ambiguë, difficile à interpréter car les différents indicateurs donnent des informations et signaux parfois contradictoires les uns par rapport aux autres. Autour de 1988 les problèmes de signalement de l'approche des indicateurs deviennent considérables. Par conséquent cette approche par les indicateurs ne forme pas un fondement solide pour le futur IT.

2.1.5. Canaux de transmission

Les canaux monétaires demeurent lors de la formation de l'IT, mais passent à l'arrière-plan (figure 5). À partir de 1984, le canal du taux d'intérêt remonte en puissance pour devenir quasiment le principal à la mi-1987, indiquant une confiance croissante de la RBNZ dans l'efficacité de cet instrument pour contrôler l'inflation. Cependant, en période d'élaboration intense de l'IT vers 1988-1989, il devient secondaire [Lloyd, 1992b, p. 150].

En effet vers 1988[58], par ordre d'importance pour la RBNZ le canal du taux d'intérêt est second, le canal du taux de change devenant prioritaire[59] (figure 5), en contradiction avec l'affichage d'objectif interne de l'IT.

Le canal des anticipations (d'inflation) est présent à l'origine de l'IT comme stratégie de désinflation, mais il est subalterne à l'origine. Cette

57. Spencer [1990, p. 269].

58. Lloyd [1992a, p. 104].

59. Lloyd [1992a, p. 104].

importance limitée du canal des anticipations aux débuts de l'IT en pratique contraste avec la place centrale qu'occupera par la suite ce canal dans la science néo-keynésienne de l'IT développée à la fin des années 1990. La RBNZ a sans doute réalisé seulement progressivement le rôle crucial des anticipations dans l'efficacité de la politique monétaire car celles-ci ont été un facteur de ralentissement de la désinflation et d'augmentation de son coût au début de l'IT [RBNZ, 1990, p. 12].

Au final, le canal de transmission original de l'IT n'est ni novateur, ni guidé par les évolutions de la littérature qui n'est arrivée que postérieurement.

2.1.6. Cible d'inflation

Début des années 1980, $\overline{\pi}$ et le ciblage direct de l'inflation sont peu envisagés par une littérature restant dominée par les objectifs intermédiaires qui,du fait de la traduction d'*intermediatetarget*, sont qualifiés de « cibles ». En particulier, Barro [1986] réhabilite la proposition de « cible » de niveau général des prix conduisant à $\overline{\pi}$ = 0 %, en accord avec la Littérature de la crédibilité normalisant l'inflation à 0 %. Mais cette théorie ne fournit pas une fondation robuste de l'IT car le niveau général des prix n'est pas l'inflation, et la première cible d'inflation officielle du premier PTA est $\overline{\pi}$ = 0-2 %. La cible directe d'inflation apparaît donc pour partie une innovation par rapport à la théorie. Elle a pu être inspirée de la pratique des banques centrales de cibles de change (*target zones*) courante dans les années 1980. Ce ciblage est cependant rarement mentionné comme fondement de l'IT, sans doute car il est difficile à mettre en œuvre dans un petit pays comme la Nouvelle-Zélande et parce que ce pays adopte un régime de change purement flottant en 1985. *In fine* peu théorique et relativement éloignée des pratiques de l'époque, d'où vient la cible d'inflation ?

L'histoire de $\overline{\pi}$ s'inscrirait dans la stratégie de désinflation gouvernementale commencée en 1984, se prolongeant autour de 1986 par un objectif d'inflation au niveau des partenaires commerciaux de la Nouvelle-Zélande. À mesure que l'inflation baisse, notamment après l'élection d'août 1987, le gouvernement tente de fixer un objectif d'inflation de plus en plus précis pour marquer son engagement anti-inflationniste, mais aussi afin de préserver la désinflation acquise [Spencer, 1990, p. 252]. Plus largement le gouvernement s'interroge sur la cible finale de la désinflation entamée en 1984.

L'annonce de $\overline{\pi}$ serait le fait du ministre des finances Douglas, le 1er avril 1988, proclamant à la télévision vouloir réduire l'inflation à 0 ou 0-1 % dans les deux ans, pour l'élection de 1990. De l'incohérence temporelle seulement en apparence, cette annonce découlerait de la volonté de pousser la désinflation jusqu'à la « véritable » stabilité des prix, au niveau de l'Allemagne ou du Japon [Reddell, 1999, p. 67]. La stratégie de Douglas pourrait s'apparenter aux idées NC (à la Sargent) de désinflation rapide, crédible et peu coûteuse jouant sur les anticipations d'inflation. Mais ce rapprochement n'est pas fait par la RBNZ à notre connaissance.

L'annonce de $\overline{\pi}$ est urgente car son absence entame la crédibilité de l'engagement anti-inflationniste du gouvernement et de la RBNZ. Le gouvernement, influencé par l'École de Harvard, exige $\overline{\pi}$ comme définition quantitative du mandat de stabilité des prix et à des fins de responsabilisation.

L'annonce de $\overline{\pi}$ par Douglas est unilatérale, sans consultation de la RBNZ, et a doncune origine politique. Le gouverneur de la RBNZ, Brash [1999, p. 38], conteste cette histoire : « [I]l n'est pas totalement clair d'où vient notre cible originale de 0 à 2 %. » Il attribue $\overline{\pi}$ non à « la remarque capricieuse du ministre », mais à la RBNZ dans son *Bulletin* de juin 1988 et un document de juillet 1988 adressé au ministre indiquant une stabilité des prix entre 0 et 2 %. La RBNZ aurait même annoncé antérieurement au ministre, en septembre 1987, vouloir « réduire l'inflation à des niveaux bas à un chiffre dans les deux à trois ans[60] ». Cependant, elle ne donnait pas de cible précise.

Entre mi-1988 et 1989 l'incertitude sur $\overline{\pi}$ est forte, débouchant sur son absence dans l'Acte de 1989, ce qui s'expliquerait par les doutes du gouvernement sur la capacité de la RBNZ à atteindre $\overline{\pi}$, le changement de ministre des finances en décembre 1988 et les réticences de la RBNZ à déterminer $\overline{\pi}$ [Singleton *et al.*, 2006, p. 128]. Brash [2008], nouveau gouverneur de la RBNZ, déclare qu'il reprend l'initiative en avril 1989 en

60. Reddell [1999, p. 65].

proposant $\overline{\pi}$ = 0-2 % pour mars 1993 au nouveau ministre des finances Caygill, qui accepte, en posant décembre 1992 comme horizon temporel. Cependant, en mai 1989 lors des discussions parlementaires sur l'Acte, cet accord n'est pas mentionné par Caygill qui ne donne pas l'horizon temporel précis de décembre 1992, mais l'horizon plus vague de début des années 1990. Au total, l'histoire de $\overline{\pi}$ souligne ses origines pragmatiques.

Ensuite, dans son premier *Monetary Policy Statement* d'avril 1990 la RBNZ annonça un sentier progressif de transition vers la cible finale, annoncée pour décembre 1992, afin de donner un guide à ses décisions et minimiser les coûts de la désinflation pour l'économie réelle. L'intervalle-cible indicatif était de 3-5 % pour décembre 1990, et 1,5-3,5 % pour décembre 1991. En raison de la montée du chômage à cette période signalant des coûts importants de la désinflation pour l'économie réelle et résultant aussi du choc pétrolier issu de l'invasion du Koweït, l'intervalle-cible fut considérablement révisé dès le second *Monetary Policy Statement* de septembre 1990, passant à 3-5 % pour fin 1991. Le second PTA de décembre 1990 entérina ce changement de trajectoire en repoussant à décembre 1993 l'achèvement de l'intervalle-cible de 0-2 %. Dès le départ, l'IT apparaît peu robuste aux chocs d'offre externes.

2.1.7. Règle versus discrétion

La littérature est divisée sur ce débat à l'époque de la création de l'IT du fait des revers du monétarisme et sa règle *fixe* des *k* %. Suivant la pratique de la Fed, une part de la littérature recommande une politique discrétionnaire. D'autres privilégient les contraintes institutionnelles à la règle[61]. Certains la maintiennent en la rendant *active* et *contingente* [McCallum, 1989]. Une stratégie mixte (règle partiellement contingente et discrétion) est aussi proposée car la règle totalement contingente serait impossible en incertitude [Flood et Isard, 1989]. Cependant, ces règles restent de base monétaire, en dissonance avec la relégation par la RBNZ des agrégats monétaires au rang d'indicateur.

La règle de taux d'intérêt de Taylor [1993] arrive postérieurement à la création de l'IT, par les néo-keynésiens, et s'applique à la Fed et son mandat dual, et non à la RBNZ et son mandat hiérarchique donnant la

61. Barro et Gordon [1983].

priorité à la stabilité des prix. Surtout, pendant la période de création de l'IT, la RBNZ n'emploie pas l'instrument de taux d'intérêt, de sorte que la règle de Taylor ne s'applique pas. La littérature de la période de formation de l'IT ne tranche donc pas le débat, règle *versus* discrétion apparaissant moins comme un clivage binaire qu'un continuum.

Cette ambiguïté de la littérature se retrouve à la RBNZ présentant l'IT comme une règle[62], comme de la discrétion ou comme un « mélange » de règle et de discrétion [Hansen et Margaritis, 1993, p. 33]. Aussi présente-t-elle parfois Flood et Isard [1989] comme une formalisation de l'IT[63]. Dans ce « mélange », elle préférerait à la règle la discrétion sous contrainte institutionnelle (figure 5). Ce positionnement sera conceptualisé, ultérieurement, par la définition de l'IT comme « discrétion-contrainte » [Bernanke et Mishkin, 1997]. Cependant, dans la pratique, avec son approche éclectique des indicateurs la RBNZ se classe nettement du côté de la discrétion. Fin 1986, le gouvernement néo-zélandais préfère aussi la discrétion, la règle étant jugée infaisable. Il souhaite, en accord avec la position de la RBNZ, encadrer la discrétion par des structures d'incitation inspirées de l'École de Harvard [Singleton *et al.*, 2006, p. 144].

Au regard du manque de recommandation de la littérature et des changements de positionnement de la RBNZ dans la controverse règle *versus* discrétion, l'IT semble à l'origine de la discrétion (figure 5) ; la communication sur la règle servant des fins de crédibilisation.

2.1.8. Théories de l'inflation

La période de gestation du ciblage de l'*inflation* est aussi marquée par un « *vide* » de théorie de l'inflation. L'hypothèse de l'inflation venue de l'incohérence temporelle est nuancée par le fait que la réforme de la RBNZ émane des politiciens. L'inflation monétaire à long terme de Milton Friedman est aussi parfois présentée par la RBNZ comme fondement de l'IT[64]. Mais elle détonne avec le rôle secondaire des agrégats monétaires dans son modèle à l'époque de la création de l'IT (figure 5).

62. Archer [1997, p. 8].

63. Nicholl et Archer [1992, p. 318].

64. Sherwin [1999a, p. 73].

À l'époque de la création de l'IT, la RBNZ estime que les théories de l'inflation keynésianistes (salaires, demande) sont devenues moins pertinentes. Hodgetts et Clements [1989, p. 214] montrent qu'en 1987-1988 l'évolution des salaires, favorable à la désinflation, n'est pas le facteur le plus déterminant de la désinflation néo-zélandaise. Cependant, sur la période plus large 1985-1988, cette hypothèse de la RBNZ est à nuancer car les salaires jouent contre la désinflation avec une spirale prix-salaires[65]. Néanmoins, à l'origine de l'IT autour de 1989, il paraît établi que la théorie keynésianiste de l'inflation n'est plus dominante, mais reste cependant présente comme indiqué dans le modèle de la RBNZ (figure 5).

Dans le modèle de la RBNZ lors de l'adoption de l'IT (figure 5) l'inflation importée via le taux de change est la théorie de l'inflation principale. La nature de l'inflation néo-zélandaise aurait évolué d'un *cost push* ε interne (salaires) à un ε externe, comme le confirme l'étude empirique de la RBNZ de Hodgetts et Clements [1989] montrant que le taux de change est le principal facteur de la désinflation néo-zélandaise. Cette inflation externe est une contrainte sur l'IT, contrainte atténuée par l'inclusion dans le PTA de mars 1990 de circonstances spécifiques où $\overline{\pi}$ est renégociée. Cette évolution de la nature de l'inflation, devenant moins interne et plus externe, précéderait l'IT car elle résulterait des réformes menées à partir de 1984 brisant les spirales prix-salaires, et justifierait la fin des politiques de contrôle des salaires. La rupture avec les théories de l'inflation keynésianistes est nette.

Cette prédominance de la théorie de l'inflation externe importée implique que l'inflation par les anticipations n'est pas la théorie standard des débuts de l'IT. Néanmoins, sur la période 1985-1988 les anticipations d'inflation ont pu induire des rigidités dans la formation des prix et salaires par les firmes [Hodgetts et Clements, 1989, p. 214]. Persistantes et ancrées à des niveaux relativement élevés, elles freinent la désinflation voulue par la RBNZ et le gouvernement. C'est pourquoi en 1987 la RBNZ entame des sondages des anticipations. Mais sur la période proche de l'adoption de l'IT, en 1987-1988, les anticipations d'inflation favorisent au contraire la désinflation et n'ont qu'un rôle mineur [Hodgetts et Clements, 1989, p. 214]. En conclusion, bien que la théorie de l'inflation par les

65. Singleton *et al.* [2006, p. 114].

anticipations soit prise en considérationpar la RBNZ lors de la création de l'IT, elle est perçue comme secondaire.

La théorie de l'inflation dominante des débuts de l'IT à la RBNZ, basée sur le taux de change, contraste avec l'hypothèse de la littérature selon laquelle l'IT est fondé sur la courbe de Phillips augmentée des anticipations, expliquant pourquoi la courbe de Phillips n'apparaît pas un fondement central de l'IT néo-zélandais (figure 2). La théorie de l'inflation dominante des débuts de l'IT tranche aussi avec la théorie de l'inflation des néo-keynésiens prétendant modéliser l'IT : leur courbe de Phillips canonique exclut ε et fait de l'inflation un phénomène anticipationnel et interne, généré par les anticipations d'inflation des agents et la demande. La conception des NK de l'IT comme *un management des anticipations* n'apparaît donc pas à l'origine de l'IT ; sauf peut-être chez Douglas et son annonce télévisuelle de $\bar{\pi}$ visant à réduire les anticipations d'inflation et donc peser sur la formation des salaires.

À l'époque de la création de l'IT, la RBNZ a une vision relativement claire des déterminants *empiriques* de l'inflation : elle est principalement externe (taux de change), même si les facteurs internes prennent de plus en plus d'importance. Cependant, la *théorie* de l'inflation de la RBNZ est moins nette. Comme le souligne l'approche éclectique par les indicateurs, la RBNZ analyse de multiples sources de l'inflation. Ainsi plusieurs théories de l'inflation paraissent cohabiter à l'origine de l'IT, traduisant l'absence de théorie dominante face au questionnement du monétarisme. Elles s'articuleraient dans le temps : inflation externe à court terme et monétaire à long terme. Ces multiplicité et cohérence imparfaite des théories de l'inflation signalent une fondation autant théorique que pragmatique de l'IT.

2.2. Origine de l'IT : un art ?

À la fin des années 1980, la RBNZ doit trouver d'urgence une solution face au retour de l'inflation. Mais l'histoire suggère qu'elle était alors orpheline de théorie pour guider ses choix : keynésianisme et monétarisme étaient en crise.

2.2.1. Une solution d'urgence ?

En 1987, l'inflation néo-zélandaise dépasse 13 % : un ancrage monétaire est urgemment requis pour éviter la *Grande Inflation* des années 1970 et la récession l'accompagnant (figure 3). Cependant, les ancrages précédents sont en crise et la littérature n'en propose pas de nouveaux. Un scénario probable est donc l'IT comme solution de secours : « [U]ne cible monétaire a des difficultés pour servir d'ancrage nominal robuste [...]. Les déceptions du ciblage monétaire conduisirent à la recherche d'un meilleur ancrage nominal et débouchèrent sur le développement du ciblage de l'inflation dans les années 1990. » [Mishkin, 2007, p. 608]

Ainsi à partir de 1987-1988, il apparaît que l'approche par les indicateurs perturbe l'économie en s'accompagnant d'une volatilité significative de la politique monétaire, du taux de change et du taux d'intérêt. Elle génère des « bruits » et de l'incertitude, et ses défauts de signalement de la politique monétaire deviennent problématiques pour la RBNZ. En conséquence, elle peut amener les agents à douter de l'engagement de la RBNZ sur la stabilité des prix, de sorte que les anticipations d'inflation restent élevées. Au final, en ne maximisant pas la crédibilité de la RBNZ, elle ne semble pas la stratégie optimale pour achever la désinflation [Fischer, 1993, p. 3]. C'est pourquoi la RBNZ s'écarte de l'approche des indicateurs fin 1988.

La création de l'IT procéderait donc de la nécessité de sortir d'urgence de l'approche par les indicateurs pour la remplacer par une stratégie plus claire et transparente. Une solution d'urgence était d'autant plus pressante que la crédibilité de l'engagement anti-inflationniste était aussi questionnée par la démission en décembre 1988 de Roger Douglas, ministre emblématique des réformes. En avril 1989, la RBNZ informe le nouveau ministre des finances Caygill qu'une cible explicite devient nécessaire comme solution d'urgence pour réduire l'incertitude grandissante [Singleton *et al.*, 2006, p. 130].

Cette naissance de l'IT dans l'urgence suggère une de ses originalités majeures : la quasi-absence de fondement théorique.

2.2.2. Une création sans théorie ?

Cette seconde thèse est étayée par la RBNZ soulignant que les réformes de l'Acte de 1989 sont « uniques et ont suscité de forts intérêts internationalement parmi les autorités et les communautés bancaires et universitaires » [Dawe, 1990, p. 36]. La RBNZ admet aussi que certains aspects de l'IT ne s'harmonisent pas avec la théorie [Nicholl et Archer, 1992, p. 318]. Plus encore, elle démarrerait l'IT sans compréhension claire de ses canaux de transmission et de son modèle [Brash, 2002, p. 62]. Enfin, elle reconnaît que « la littérature sur le ciblage de l'inflation n'était pas une des influences : elle a suivi et non gouverné l'innovation néo-zélandaise » [Reddell, 1999, p. 71]. Sa conclusion est que le choix de l'IT émergerait donc « plus par défaut que par haut design » [Archer, 2000, p. 2].

Les banquiers centraux d'autres pays en IT corroborent cette thèse : « Il est frappant que cette tendance, à la différence des cibles monétaires dans les années 1970, n'a pas vraiment été influencée par les discussions universitaires sur les composantes opérationnelles de la politique monétaire. En effet, […] on observe une relative pénurie de la littérature académique sur la politique monétaire opérant avec des cibles d'inflation. » [Stevens et Debelle, 1995, p. 81] Freedman [1999, p. 118][66], instigateur de l'IT à la Banque du Canada, indique qu'« un des aspects intéressants de l'expérience du ciblage de l'inflation est que l'analyse a été développée initialement dans les banques centrales, et c'est seulement après qu'il est devenu un sujet pour la recherche académique ». Freedman [2002, p. 319] reconnaît même avoir pris connaissance de la formalisation de l'IT en termes de fonction de perte des néo-keynésiens près de 7 ans après la naissance de ce régime : « [C]'est seulement en 1996 ou 1997, quand j'ai lu le premier article de Lars [Svensson] sur cette question que j'ai réalisé que nous avions minimisé la fonction de perte pendant tout ce temps. » Svensson [1997] serait donc un des premiers à modéliser l'IT en équations. Par la suite, un membre de la Riksbank soutient cette même thèse :

66. Freedman [2006, p. 4] ajoute que « les banques centrales ayant commencé le ciblage de l'inflation ne bénéficiaient pas des recherches universitaires à l'époque où elles installèrent ce nouveau cadre de politique monétaire. Ainsi par intuition économique elles sont parvenues à une forme d'arrangement compatible avec la modélisation qui est arrivée des années plus tard ».

> « [I]l n'y avait pas de recherche académique sur laquelle s'appuyer. À la place, il y avait les autorités de Nouvelle-Zélande qui avaient lancé un nouveau régime plus ou moins comme une expérimentation, et qui tout simplement regardaient si cela marchait bien en pratique. Ainsi le concept d'une cible d'inflation explicite pour la politique monétaire ne peut pas – au moins dans sa version moderne – voir son origine attribuée au champ universitaire[67]. » [Heikensten, 2005b, p. 3]

Pour Paulin [2006, p. 18], « au début des années 1990 la théorie économique ne permettait pas d'établir de façon certaine les caractéristiques appropriées de ce genre de régime ». L'IT était un nouvel « art » des banquiers centraux, à l'avant-garde de la théorie et jugé « tout à fait révolutionnaire » [Paulin, 2006, p. 6]. Cette thèse est ainsi avancée, des débuts de l'IT jusqu'à aujourd'hui, par plusieurs banquiers centraux.

La littérature académique accrédite aussi la thèse de l'origine pragmatique de l'IT : « [L]e passage croissant à ce régime reflète dans une large mesure des considérations pratiques. » [Leiderman et Svensson, 1995, p. 4] Pour Evans *et al.* [1996, p. 1866] face à l'absence de théorie solide, la RBNZ mène l'IT en naviguant à vue ; tandis que, selon Svensson [2002, p. 772], « le ciblage de l'inflation a été introduit sans avoir été précédé d'une recherche académique spécifique[68] ». Svensson [2010] confirme : l'IT « est le résultat des efforts de décideurs et de fonctionnaires néo-zélandais de la Banque de Réserve et du Trésor doués d'une perspective de long terme, plutôt que de la recherche académique ». Ainsi « les académiques suivaient les praticiens et non l'inverse » [Singleton *et al.*, 2006, p. 276]. Nombre d'universitaires étaient sceptiques à l'époque sur la capacité de la banque centrale à contrôler directement l'inflation[69], de sorte que l'IT

---

67. Heikensten [2005a, p. 2] déclare aussi que « le ciblage de l'inflation n'existait nulle part à cette époque, même pas dans la littérature académique ».

68. Voir aussi Sims [2005, p. 283] : « [U]ne perception cynique serait que le ciblage de l'inflation est devenu attractif moins du fait des avancées dans notre discipline que de la demande de remplacement de l'étalon-or, du monétarisme, et des ancrages de taux de change. » Kuttner [2004, p. 89] insiste aussi sur ce point : « [L]es difficultés à définir le ciblage de l'inflation viennent du fait qu'il trouve ses origines dans la pratique des banquiers centraux. » Woodford [2004, p. 15] estime que l'IT s'établit sur « une base d'essais et erreurs, sans apport de la littérature académique sur les règles de politique monétaire ». Woodford [2007, p. 2] reconnaît que « personne ne peut dire [...] que le ciblage prévisionnel, tel que développé par les banques centrales au début des années 1990, était une tentative de mettre en œuvre les idées de la littérature théorique sur les règles de politique monétaire ».

69. Howitt [2010, p. 65].

« n'émerge pas de la théorie académique » [Goodhart, 2010, p. 199]. La recension de la littérature (figure 6) semble confirmer la thèse d'une théorie de l'IT postérieure à sa naissance, se développant significativement à partir de 1995 seulement[70].

Figure 6 – Indications sur le nombre de publications sur l'IT

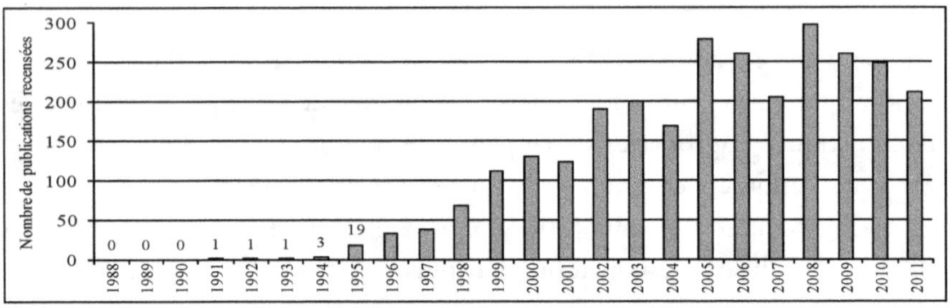

Source : auteur, d'après EBSCOhost, croisement bases de données *EconLit* et *Business Source Premier*. Le terme « *inflation targeting* » entre guillemets est cherché afin d'exclure les articles sur l'inflation ou d'autres ciblages. Aucun article trouvé par les bases de données pour la période 1970-1987. Ces bases de données ne sont pas exhaustives sur les revues scientifiques et ouvrages, ce qui limite la portée de résultats qui restent indicatifs.

Cependant, la thèse d'une naissance de l'IT quasiment sans théorie est à nuancer. Il n'émerge pas dans un vide théorique total : certaines théories, comme l'incohérence temporelle, influencent la RBNZ. Cependant, cette influence théorique est restreinte, faisant de l'IT une combinaison de théories et pratiques [Bollard et Karagedikli, 2006]. Dans ce mélange, les théories de la RBNZ ne dominent pas nécessairement celles du Trésor, et le versant pragmatique paraît dominant.

Conclusion

La thèse standard de la littérature, et de la RBNZ, fait de l'incohérence temporelle et de l'approche institutionnaliste les fondements théoriques de l'IT. L'histoire de l'IT nuance cette hypothèse standard d'un IT émergeant de la théorie macroéconomique du biais inflationniste. Cette dernière est certes une influence majeure de la création de l'IT, mais parmi de multiples autres. L'IT est aussi une initiative du gouvernement (Trésor) qui le fonde

70. Heikensten [2005b, p. 3] retient aussi cette date de 1995. Voir aussi Paulin [2006, p. 6] : « [O]n avait peu étudié les cibles d'inflation. De fait une part infime de la littérature abondante consacrée à la question remonte avant l'introduction des cibles d'inflation dans les années 1990. »

sur la microéconomie managériale de l'École de Harvard. Ainsi sa naissance relève autant de la théorie économique que de que l'économie politique : il est un compromis entre la RBNZ et le Trésor, entre des théories macro et micro-économiques. Ce *mix* est possible grâce à la convergence des deux parties sur des préférences pro-désinflation avec priorité à la stabilité des prix.

Cependant, l'histoire enseigne que l'influence de ces théories sur la naissance de l'IT fut limitée. Il apparaît après l'abandon des stratégies keynésianistes et monétaristes laissant un vide dans la littérature de politique monétaire. Sa stratégie (ciblage direct de l'inflation, cible d'inflation, responsabilisation) est une innovation au regard de la littérature : la modélisation de l'IT apparaîtrait postérieurement à sa création. *In fine*, les origines de l'IT relèvent autant d'une « science » académique que d'un « art » pragmatique. Cette origine relativement pauvre en fondations théoriques est une originalité dans l'histoire des régimes de politique monétaires récents (keynésianiste, monétariste) qui dérivaient plus significativement de la théorie.

Bibliographie

Alesina Alberto [1989], « Politics and business cycles in industrial democracies », *Economic Policy*, 4 (8), p. 57-87.

—, Summers Lawrence [1993], « Central bank independence and macroeconomic performance », *Journal of Money, Credit, and Banking*, 25 (2), p. 157-162.

Archer David [1997], « The New Zealand approach to rules and discretion in monetary policy », *Journal of Monetary Economics*, 39 (1), p. 3-15.

— [2000], « Inflation targeting in New Zealand », Discours, International Monetary Fund, Washington D.C. 20-21 mars. Disponible sur la page : https://www.imf.org/external/pubs/ft/seminar/2000/targets/archer.htm.

Barro Robert [1986], « Recent developments in the theory of rules versus discretion », *Economic Journal*, 96, p. 23-37.

—, Gordon David [1983], « A positive theory of monetary policy in a natural rate model », *Journal of Political Economy*, 91 (4), p. 589-610.

Bean Charles [1983], « Targeting nominal income: an appraisal », *Economic Journal*, 93 (372), p. 806-819.

Beaumont Craig, Reddell Michael [1992], « How monetary policy influences inflation », in Reserve Bank of New Zealand, *Monetary Policy and the New Zealand Financial System*, 3rd edition. Wellington : Reserve Bank of New Zealand, p. 41-62.

Berg Claes, Jonung Lars [1999], « Pioneering price level targeting: the Swedish experience 1931-1937 », *Journal of Monetary Economics*, 43 (3), p. 525-551.

Bernanke Ben [2005], « Panel discussion : what have we learned since October 1979 ? », *Federal Reserve Bank of St Louis Review*, 87 (2), p. 277-282.

—, Laubach Thomas, Mishkin Frederic, Posen Adam [1999], *Inflation Targeting: Lessons from the International Experience*. Princeton : Princeton University Press.

—, Mihov Ilian [1997], « What does the Bundesbank target? », *European Economic Review*, 41 (6), p. 1025-1053.

—, Mishkin Frederic [1997], « Inflation targeting: a new framework for monetary policy? », *Journal of Economic Perspectives*, 11 (2), p. 97-116.

Bollard Alan, Karagedikli Özer [2006], « Inflation targeting: the New Zealand experience », *Inflation Targeting: Performance and Challenges*, Conférence, Isbamboul, discours, 19-20 janvier.

Borio Claudio [2004], « Comments », in C. Kent, S. Guttmann (ed.), *The Future of Inflation Targeting*. Sydney : Reserve Bank of Australia, p. 277-283.

Brash Don [1991], « Reserve Bank of New Zealand 1991 Annual Report: Governor's statement », *Reserve Bank of New Zealand Bulletin*, 54 (3), p. 225-227.

— [1993a], « Reconciling central bank independence with political accountability – the New Zealand experience », Discours, European Policy Forum, Londres, 17 juin. Disponible sur la page http://www.rbnz.govt.nz.

— [1993b], « Interview with Dr Don Brash », *Reserve Bank of New Zealand Bulletin*, 56 (3), p. 284-290.

— [1994a], « The role of monetary policy: where does unemployment fit in? », *Proceedings of the Jackson Hole Symposium*, p. 169-183.

— [1994b], « Financial reforms in New Zealand and their relevance to the central bank», *Reserve Bank of New Zealand Bulletin*, 57 (3), p. 228-233.

— [1998], « Inflation targeting in New Zealand: experience and practice », *Reserve Bank of New Zealand Bulletin*, 61 (3), p. 221-227.

— [1999], « Inflation targeting: an alternative way of achieving price stability », *Reserve Bank of New Zealand Bulletin*, 62 (1), p. 36-45.

— [2002], « Inflation targeting 14 years on », *Reserve Bank of New Zealand Bulletin*, 65 (1), p. 58-70.

— [2008], « Practical experience in reducing inflation: the case of New Zealand », Discours, 25 septembre.

Brooks Ray, Gibbs Darren [1994], « A model of the New Zealand economy », *Economic Modelling*, 11 (1), p. 5-86.

Citu Florin [2002], « Review of the literature on the comparison of price level targeting and inflation targeting », in *The Policy Targets Agreement:*

Reserve Bank Briefing Note and Related Papers, Reserve Bank of New Zealand Bulletin September, p. 67-71.

Clements Robin, Hansen Carl, Hames Martin [1988], « The Reserve Bank econometric model of the New Zealand economy », *Economic Modelling*, 5 (2), p. 83-132.

Creel Jérôme et Henri Sterdyniak [1998], « À propos de la volatilité de l'euro », *Revue de l'OFCE*, 65, p. 199-226.

Dawe Stephen [1990], « Reserve Bank of New Zealand Act 1989 », *Reserve Bank of New Zealand Bulletin*, 53 (1), p. 29-36.

Debelle Guy [1996], « The ends of three small inflations: Australia, New Zealand and Canada », *Canadian Public Policy*, 22 (1), p. 56-78.

—, Fischer Stanley [1994], « How independent should a central bank be? », in J. Fuhrer (ed.) *Goals, Guidelines and Constraints Facing Monetary Policymakers*. Federal Reserve Bank of Boston, *Conference series*, n° 38, p. 195-221.

Evans Lewis *et al.* [1996], « Economic reform in New Zealand 1984-95: The pursuit of efficiency », *Journal of Economic Literature*, 34 (4), p. 1856-1902.

Fischer Andreas [1993], « Inflation targeting: the New-Zealand and Canadian cases », *Cato Journal*, 13 (1), p. 1-27.

Flood Robert, Isard Peter [1989], « Monetary policy strategies », *IMF Staff Papers*, 36 (3), p. 612-632.

Fonds monétaire international [2006], « Inflation Targeting and the IMF », 16 mai.

Freedman Charles [1999], « Discussion », *Bank of England Quarterly Bulletin*, 39 (1), p. 117-121.

— [2002], « Comment », in symposium *Rethinking Stabilization Policy*, Kansas City : Federal Reserve Bank, p. 319-320.

Freedman Charles [2006], « A brief history of the conceptual and practical development of inflation targeting », conférence *Inflation targeting: performance and challenges*, Central Bank of Turkey, 19-20 janvier.

Friedman Benjamin [1988], « Lessons on monetary policy from the 1980s », *Journal of Economic Perspectives*, 2 (3), p. 51-72.

— [1990], « Targets and instruments of monetary policy without quantity variables », in B. Friedman Benjamin, F. Hahn Frank (ed.) *Handbook of Monetary Economics.* Amsterdam : North Holland, p. 1185-1230.

—, Hahn Frank (ed.) [1990], *Handbook of Monetary Economics.* Amsterdam : North Holland.

Friedman Milton [1968], « The role of monetary policy », *American Economic Review,* 58 (1), p. 1-17.

Friedman Milton [1975], « Perspectives on inflation », *Newsweek,* 24 juin.

Goodhart Charles [1992], « The objectives for, and conduct of, monetary policy in the 1990s », in A. Blundell-Wignall (ed.) *Inflation, Disinflation and Monetary Policy,* Sydney : Reserve Bank of Australia, p. 314-333.

— [2010], « The political economy of inflation targets: New Zealand and the UK », in R. Leeson (ed.) *Canadian Policy Debates and Case Studies in Honour of David Laidler.* Basingstoke : Palgrave, p. 171-208.

Greville Roger, Michael Reddell [1990], « The costs of inflation », *Reserve Bank of New Zealand Bulletin,* 53 (1), p. 37-51.

Grilli Vittorio, Masciandaro Donato, Tabellini Guido [1991], « Political and monetary institutions and public financial policies in the industrial countries », *Economic Policy,* 6 (2), p. 341-392.

Grimes Arthur [1992], « The theoretical basis for monetary policy », in *Reserve Bank of New Zealand Bulletin,* 53 (1), p. 7-30.

— [2005], « Acceptance Speech », New Zealand Institute of Economics Research Award 2005.

Haldane Andrew (ed.) [1995], *Targeting Inflation.* Londres : Bank of England.

Hansen Eric, Margaritis Dimitri [1993], « Financial liberalisation and monetary policy in New Zealand », *Australian Economic Review,* 104, p. 28-36.

Heikensten Lars [2005a], « Monetary policy in Sweden and the United States », discours, Riksbank, 14 octobre.

Heikensten Lars [2005b], « Monetary policy and the academics », discours, Riksbank, 28 octobre.

Hodgetts Bernard, Clements Robin [1989], « Causes of the fall of inflation: 1985-88 », *Reserve Bank of New Zealand Bulletin*, 52(3), p. 210-215.

Howitt Peter [2010], « Inflation targeting in Canada: Optimal policy or just being there? », in Leeson Robert (ed.) *Canadian Policy Debates and Case Studies in Honour of David Laidler*. Basingstoke : Palgrave, p. 41-72.

Hutchison Michael, Walsh Carl (1998), « The output-inflation tradeoff and central bank reform: evidence from New Zealand », *Economic Journal*, 108 (448), p. 703-725.

Johnson Samantha [1993], « The costs of inflation revisited », *Reserve Bank of New Zealand Bulletin*, 56 (1), p. 3-31.

Kuttner Kenneth [2004], « The role of policy rules in inflation targeting », *Federal Reserve Bank of St Louis Review*, 86 (4), p. 89-111.

Ledingham Peter [1986], « The role of the Reserve Bank », mimeo, Wellington : Reserve Bank of New Zealand, mars.

Leeson Robert (ed.) [2010], *Canadian Policy Debates and Case Studies in Honour of David Laidler*. Basingstoke : Palgrave.

Leiderman Leonardo, Svensson Lars (ed.) [1995], *Inflation Targets*. Londres : Centre for Economic Policy Research.

Lloyd Keith [1992a], « Exchange rate regimes and monetary policy », in Reserve Bank of New Zealand, *Monetary Policy and the New Zealand Financial System*, 3rd edition. Wellington : Reserve Bank of New Zealand, p. 91-104.

— [1992b], « The changing monetary transmission mechanism in New Zealand since 1960 », in Reserve Bank of New Zealand, *Monetary Policy and the New Zealand Financial System*, 3rd edition. Wellington : Reserve Bank of New Zealand, p. 133-51.

Lloyd Michele [1992], « The New Zealand approach to central bank autonomy », *Reserve Bank of New Zealand Bulletin*, 55(3), p. 203-220.

McCallum Bennett [1989], « Targets, indicators, and instruments of monetary policy », *NBER Working Paper*, n° 3047.

Mishkin Frederic [1999], « International experience with different monetary policy regimes », *Journal of Monetary Economics,* 43 (3), p. 579-605.

— [2007], « Inflation targeting: true progress or repackaging of an old idea? », in Swiss National Bank (ed.) *The Swiss National Bank, 1997-2007*. Zurich : Neue Zurcher Zeitung Publishing, p. 599-623.

Nicholl Peter, Archer David [1992], « An announced downward path for inflation », *Reserve Bank of New Zealand Bulletin*, 55 (4), p. 315-323.

Paulin Graydon [2006], « Credibility with flexibility: the evolution of inflation targeting regimes », *Bank of Canada Review*, Summer, p. 5-18.

Persson Torsten, Tabellini Guido [1993], « Designing institutions for monetary stability », *Carnegie-Rochester Conference Series on Public Policy*, 39, p. 58-84.

Phelps Edmund [1967], « Inflation expectations and optimal unemployment over time », *Economica*, 34 (135), p. 254-281.

— [2006], « Macroeconomics for a modern economy », Lecture du Prix Nobel, 8 décembre.

Reddell Michael [1999], « Origins and early development of the inflation target », *Reserve Bank of New Zealand Bulletin*, 62 (3), p. 63-72.

Reserve Bank of New Zealand [1987], « Review of monetary conditions and policy », *Reserve Bank of New Zealand Bulletin*, 50 (4), p. 297-305.

— [1990], « Monetary policy statement », *Reserve Bank of New Zealand Bulletin*, 53 (1), p. 4-25.

— [1992], *Monetary Policy and the New Zealand Financial System*, 3rd edition. Wellington : Reserve Bank of New Zealand.

— [1998], *The Reserve Bank of New Zealand Act 1989: Our Accountability to New Zealanders*. Wellington : Reserve Bank of New Zealand.

Rogoff Kenneth [1985], « The optimal degree of commitment to an intermediate monetary target », *Quarterly Journal of Economics*, 100 (4), p. 1169-1189.

Rose Andrew [2007], « A stable international monetary system emerges: inflation targeting is Bretton Woods, reversed », *Journal of International Money and Finance*, 26 (5), p. 663-681.

Russell Spencer [1984], « Monetary policy since the change of government », *Reserve Bank of New Zealand Bulletin*, 47 (9), p. 467-468.

Sargent Thomas [1983], « The ends of four big inflations », in R. Hall (ed.) *Inflation: Causes and Effects*. Chicago : University of Chicago Press, p. 41-98.

Sherwin Murray [1999a], « Strategic choices in inflation targeting: the New Zealand experience », *Reserve Bank of New Zealand Bulletin*, 62 (2), p. 73-88.

— [1999b], « Inflation targeting: 10 years on », *Reserve Bank of New Zealand Bulletin*, 62 (3), p. 72-80.

— [2000a], « Institutional framework for inflation targeting », *Reserve Bank of new Zealand Bulletin*, 63 (4), p. 28-34.

— [2000b], « Comments », Reserve Bank of New Zealand, 26 août.

Simons Henry [1936], « Rules versus authorities in monetary policy », *Journal of Political Economy*, 44 (1), p. 1-30.

Sims Christopher [2005], « Limits to inflation targeting », in B. Bernanke, M. Woodford (ed.) *The Inflation Targeting Debate*. Chicago : University of Chicago Press, p. 283-299.

Singleton John [2006], « Central banking in the British dominions, 1930-2000 », *Asia-Pacific Economic and Business History Conference*, 16-18 février.

Singleton John*et al.* [2005], « Twenty years of modernisation: the Reserve Bank of New Zealand », in N. Courtis and P. Nicholl (ed.) *Central Bank Modernisation*. Londres : Central Bank Publications, p. 167-182.

— *et al.* [2006], *Innovation and Independence. The Reserve Bank of New Zealand 1973-2002*. Auckland : Auckland University Press.

Spencer Grant [1990], « Monetary policy: the New Zealand experience 1985-90 », *Reserve Bank of New Zealand Bulletin*, 53 (3), p. 252-269.

Stevens Glenn, Debelle Guy [1995], « Monetary policy goals for inflation in Australia », in A. Haldane (ed.) *Targeting Inflation*. Londres : Bank of England, p. 81-100.

Svensson Lars [1997], « Inflation forecast targeting: implementing and monitoring inflation targets », *European Economic Review*, 41(6), p. 1111-1146.

— [2002], « Inflation targeting: should it be modeled as an instrument rule or a targeting rule », *European Economic Review*, 46 (4-5), p. 771-780.

— [2010], « Inflation Targeting », in B. Friedman, M. Woodford (ed.) *Handbook of Monetary Economics*, vol. 3B. Amsterdam : North-Holland, p. 1237-1302.

Tait John [1989], « The use of monetary aggregates as monetary policy indicators », *Reserve Bank of New Zealand Bulletin*, 52 (4), p. 278-282.

Taylor John [1993], « Discretion versus policy rules in practice », *Carnegie-Rochester Series on Public Policy*, 39, p. 195–214.

Walsh Carl [1995], « Is New Zealand's Reserve Bank Act of 1989 an optimal central bank contract? », *Journal of Money, Credit and Banking*, 27 (4), p. 1179-1191.

— [2007], « Inflation targeting and the role of real objectives », *Revista de Economía*, Banco Central del Uruguay, 14 (2), p. 5-36.

Woodford Michael [2003], *Interest and Prices: Foundations of a Theory of Monetary Policy*, Princeton : Princeton University Press.

— [2004], « Inflation targeting and optimal monetary policy », *Federal Reserve Bank of St. Louis Review*, 86 (4), p. 15-41.

— [2007], « Forecast targeting as a monetary policy strategy: policy rules in practice », *NBER Working Paper*, n° 13716.

Yates Anthony [1995], « On the design of inflation targets », in L. Leiderman Leonardo, L. Svensson Lars (ed.) *Inflation Targets*. Londres : Centre for Economic Policy Research, p. 135-167.

LES CYCLES D'ACCUMULATION DU CAPITAL DANS LA THÉORIE MARXISTE

Bernard Dupont[1]

Cet article revisite la question des cycles dans la théorie marxiste à partir des indications méthodologiques de Marx dans le livre 1 du *Capital*. Il expose les propriétés d'un modèle dynamique non linéaire d'accumulation du capital analysant les interactions du taux d'emploi, du taux de plus-value et de la composition du capital. Un régime d'accumulation extensive génère des fluctuations endogènes. Un régime mixte d'accumulation extensive et intensive est marqué par des cycles longs de l'emploi, de la plus-value et du taux de profit alors que l'intensité capitalistique connaît des phases de stagnation et de hausse.

Capital accumulation cycles in the Marxist theory

This paper reviews the question of cycles in the Marxist theory from the methodological indications given by Marx in the first book of the Capital. *It expounds on the properties of a nonlinear dynamic model of accumulation of capital which analyses the interactions between the rate of employment, the rate of surplus value and the composition of capital. An extensive accumulation regime generates endogenous fluctuations. A mixed regime of extensive and intensive accumulation is marked by long waves of employment, surplus value and the rate of profit while capital intensity goes through phases of stagnation and rising.*

Mots clefs : Cycles, économie marxiste, systèmes dynamiques non linéaires.
Keywords: Cycles, Marxian macroeconomics, nonlinear dynamical systems.
JEL classification: B51, C61, E11, E32

1. PRES Université Lille Nord de France, Université Lille 1, Laboratoire EQUIPPE EA 4018, Villeneuve d'Ascq, France. Courriel : bernard.dupont@univ-lille1.fr.
L'auteur remercie les économistes et mathématiciens du groupe d'Histoire de la Pensée économique et du Séminaire des dynamiques économiques complexes de Lille 1 ainsi que les deux rapporteurs anonymes de l'article pour leurs remarques et critiques utiles et stimulantes.

Introduction

L'œuvre économique de Marx est parsemée de considérations sur le cycle capitaliste, mais elle n'en livre pas une théorie aboutie. Les économistes marxistes ont surtout voulu dégager une explication mono-causale des crises économiques à partir des matériaux disséminés dans *Le Capital* sans parvenir à une synthèse qui fasse l'unanimité. Outre que les partisans des crises de réalisation et les tenants de la baisse du taux de profit s'opposent radicalement sur les causes structurelles de celles-ci, ces deux écoles ont échoué à situer le moment nécessaire de la crise dans la séquence du cycle complet. Les raisons qui expliquent cette lacune sont de nature différente : épistémologique et méthodologique.

L'erreur épistémologique tient à un mauvais positionnement théorique. En s'appuyant de préférence sur les livres 2 et 3 du *Capital*, les racines essentielles des cycles sont ignorées. C'est en effet dans le livre 1, après avoir exposé la théorie de la valeur-travail et la théorie de la plus-value, que Marx les relie explicitement à l'accumulation du capital. Les cycles prennent ainsi place en amont du système théorique, dès l'exposition des fondements du mode de production capitaliste. À ce niveau d'abstraction, ils sont rendus nécessaires par le déploiement d'une dialectique conceptuelle. En conséquence, toute tentative de déchiffrement des oscillations économiques par simple induction empirique à partir de données statistiques est un contresens.

L'erreur méthodologique provient d'une méconnaissance des indications données par Marx lui-même dans le livre 1, et celle-ci tout particulièrement :

> « Comme les corps célestes une fois lancés dans leurs orbes les décrivent pour un temps indéfini, de même la production sociale une fois jetée dans ce mouvement alternatif d'expansion et de contraction le répète par une nécessité mécanique. Les effets deviennent causes à leur tour, et des péripéties, d'abord irrégulières et en apparence accidentelles, affectent de plus en plus la forme d'une périodicité normale [...] » [Marx, 1969, p. 462]

En dépit de ses manifestations concrètes erratiques, le cycle économique est dans son essence un processus endogène déterministe. Plus encore, le fait qu'il présente un profil temporel analogue à ceux qu'étudie la mécanique céleste justifie son analyse au moyen d'un modèle dynamique. Marx emprunte cette piste quand il aborde l'articulation du cycle et de l'accumulation du capital. À défaut d'aboutir à une formalisation appropriée et complète, il pose le problème sur un mode discursif. Ses développements sont toujours des commentaires sur les interactions entre des grandeurs appréhendées à travers leurs variations temporelles et non leurs niveaux. Reste que les dialectiques en jeu s'avèrent très difficiles à cerner et requièrent à l'évidence des techniques formelles puissantes qui seront d'ailleurs mises au point ultérieurement par les mathématiciens pour répondre aux besoins de l'astrophysique. L'arsenal des mathématiques des dynamiques complexes est le langage approprié pour améliorer la compréhension des dynamiques cycliques capitalistes [Eagly, 1972].

Cet article expose un modèle dynamique du cycle d'accumulation du capital inspiré par la trame conceptuelle du livre 1 du *Capital*, surtout sa section VII et tout particulièrement le chapitre XXV intitulé « Loi générale de l'accumulation capitaliste ». Trois grandeurs jouent un rôle majeur : la composition du capital, le taux de plus-value et l'armée de réserve industrielle, soit, en termes modernes : l'intensité capitalistique, le taux de partage et le taux de chômage. Leurs rapports dialectiques expliquent que l'accumulation du capital est cyclique dans son essence, ce qui se traduit nécessairement par des évolutions phénoménologiques oscillatoires pour le taux de profit, l'emploi, la production et les revenus.

La section 1 de cet article jette les bases d'une théorie macrodynamique marxiste du cycle long à partir d'une lecture méthodologique serrée du livre 1 du *Capital*. Cette manière de procéder conduit à mettre en évidence les lois d'évolution des trois variables-clés précitées qu'on regroupe dans un système différentiel non linéaire afin d'en analyser les interactions. Le modèle dynamique ainsi dégagé permet d'étudier dans les sections 2 et 3 les particularités des régimes d'accumulation extensive puis intensive conformément au plan suivi par Marx dans le chapitre XXV. La propriété de cyclicité endogène de l'accumulation du capital est bien mise en évidence dans chaque cas, mais les profils obtenus manquent de crédibilité sur le plan économique. Cette limitation disparaît dans la section 4 qui examine un régime très général d'accumulation du capital dans lequel l'intensité capitalistique stagne ou augmente au cours d'un cycle selon le degré d'exploitation des travailleurs. L'intérêt de cette construction théorique est double : non seulement elle affine l'analyse marxiste du cycle long par séquençage en cinq phases caractéristiques, mais elle permet aussi de jeter un regard neuf sur la question de l'évolution tendancielle du taux de profit.

1. Théorie macroéconomique marxiste du cycle

Dans ce qui suit, la valeur exprime du temps de travail et le temps est continu. La valeur du capital constant utilisé dans les processus de production, K, est du temps de travail passé ou mort. La valeur nette créée correspond au travail vivant, L, qui se partage entre la masse salariale, w, et la plus-value, pl : $L = w + pl$. Le temps de travail potentiel ou socialement disponible, N, est le produit de la population active totale par la durée moyenne de travail et se répartit entre le travail vivant effectué par les salariés et le travail qu'auraient fourni les chômeurs s'ils avaient eu un emploi. Toutes ces grandeurs sont des fonctions C^1 du temps continu et prennent des valeurs positives. Leur dérivée première sera notée par un point et leur dérivée logarithmique, rapport de la dérivée sur la grandeur, s'interprète comme leur taux de variation relatif.

À toute date, le taux d'emploi ε est le rapport du travail vivant sur le travail disponible : $\varepsilon = \frac{L}{N}$, le taux de plus-value – ou taux d'exploitation – τ le rapport de la plus-value sur le salaire : $\tau = \frac{pl}{w}$; la composition technique du capital k est le rapport du travail passé sur le travail vivant : $k = \frac{K}{L}$. Marx distingue cette dernière de la composition organique du capital, définie comme le rapport entre le travail passé et les salaires, soit $\frac{K}{w}$, mais on passe facilement de l'une à l'autre par la transformation

$$\frac{K}{w} = \frac{K}{L}\frac{L}{w} = \frac{K}{L}\frac{w+pl}{w} = k(1+\tau).$$

Pour éviter toute origine des cycles dans un mécanisme autre que celui spontanément généré par les interférences dynamiques entre le taux d'emploi, le taux de plus-value et la composition du capital, on pose que toute la valeur créée est toujours socialement validée, en d'autres termes que les marchandises trouvent toujours le débit correspondant, ce qui exclut les crises conjoncturelles de surproduction et de sous-consommation. Pour la même raison, on fait également l'hypothèse que le même taux de profit s'impose aux sections productives, de sorte que les crises dites de disproportionnalité ne se présentent jamais. Au reste, ce choix est conforme à la volonté de Marx de considérer dans le livre 1 la production sociale « comme un tout » sans distinction d'usage des produits.

Accumulation du capital et dynamique du taux d'emploi

Processus au cœur de la reproduction du système économique capitaliste, l'accumulation du capital constant fixe est nourrie par l'extraction, la réalisation et la destination de la plus-value. Entre deux dates, le stock de capital initial augmente par transformation de tout ou partie de la plus-value en achat de biens d'investissement. Quand le fonds de consommation des capitalistes reste inchangé, toute la plus-value est réinvestie, mais le texte de Marx prête à confusion sur les modalités de sa répartition entre capital constant et capital variable. Parfois cette masse de valeur alimente les acquisitions nouvelles de moyens de production ainsi que les salaires des producteurs supplémentaires embauchés ; parfois elle finance seulement l'accumulation du capital fixe conformément au principe de rémunération des travailleurs à la fin du cycle de production, impliquant une autocréation permanente du revenu salarial. On retiendra d'autant plus cette seconde occurrence que le travail au temps payé à terme est devenu la norme de rémunération salariale. Il en résulte que l'évolution du stock de capital est donnée par l'équation comptable :

$$\dot{K} = pl \tag{1}$$

L'accumulation du capital fixe exige conjointement un surcroît de travail vivant dans une proportion qui est fixée par les conditions techniques courantes, c'est-à-dire par la composition technique du capital. Le rythme de croissance de la demande de travail est la différence entre le rythme de croissance du capital fixe et celui de l'intensité capitalistique : $\frac{\dot{L}}{L} = \frac{\dot{K}}{K} - \frac{\dot{k}}{k}$. En tenant compte de (1), on tire $\frac{\dot{L}}{L} = \frac{pl}{K} - \frac{\dot{k}}{k}$.

Comme $\frac{pl}{K} = \frac{pl}{L}\frac{L}{K} = \frac{pl}{w+pl}\frac{L}{K} = \frac{pl/w}{1+pl/w}\frac{L}{K} = \frac{1}{k}\frac{\tau}{1+\tau}$, on a $\frac{\dot{L}}{L} = \frac{1}{k}\frac{\tau}{1+\tau} - \frac{\dot{k}}{k}$. Les variations de la demande de travail dépendent de la composition du capital en niveau et en variations relatives et du niveau courant du taux d'exploitation.

La définition du taux d'emploi amène la relation $\frac{\dot{\varepsilon}}{\varepsilon} = \frac{\dot{L}}{L} - \frac{\dot{N}}{N}$. Le taux de croissance du travail potentiellement disponible étant supposé constant comme il est d'usage en macroéconomie : $\frac{\dot{N}}{N} = n$, la loi d'évolution du taux d'emploi est alors donnée par l'équation différentielle :

$$\frac{\dot{\varepsilon}}{\varepsilon} = \frac{1}{k}\frac{\tau}{1+\tau} - \frac{\dot{k}}{k} - n \qquad (2)$$

Loi d'évolution du taux de plus-value

Marx traite à fond la question du taux de plus-value dans le livre 1 et en rappelle sans cesse les caractéristiques ; par exemple, dans l'introduction du chapitre 17 : « Nous avons vu que le rapport de grandeur entre la plus-value et le prix de la force de travail est déterminé par trois facteurs : 1° la durée du travail ou sa grandeur extensive ; 2° son degré d'intensité, suivant lequel différentes quantités de travail sont dépensées dans le même temps ; 3° son degré de productivité, suivant lequel la même quantité de travail rend dans le même temps différentes quantités de produits. » [Marx, 1969, p. 372]

Les deux premières modalités se réfèrent à l'extraction de la plus-value absolue (par allongement de la durée du travail à taux de salaire constant) et de la plus-value relative (par diminution du taux de salaire à durée de travail constante). La question de leur fixation est rien moins que politique. Ainsi, dans le chapitre 10 : « [...] la nature même de l'échange des marchandises n'impose aucune limitation à la journée de travail et au travail extra. Le capitaliste soutient son droit comme acheteur quand il cherche à prolonger cette journée aussi longtemps que possible... Et le travailleur soutient son droit comme vendeur quand il veut restreindre la journée de travail à une durée normalement déterminée. Il y a donc une antinomie, droit contre droit [...] Entre deux droits égaux, qui décide ? La Force. »[Marx, 1969, p. 180]

Les économistes marxiens[2] ont reconnu le rôle des rapports de forces sur les évolutions salariales en les médiatisant par la situation sur le marché du travail. Le déterminant de la position relative de négociation des travailleurs est le taux de chômage : un taux d'emploi élevé stimule les revendications des travailleurs alors qu'un taux de chômage important place les capitalistes en position de force dans les négociations. La célèbre relation de Phillips relie négativement les variations de salaires au taux de chômage. Son champ est restreint à la sphère de la répartition mais, eu égard à l'histoire des mouvements de travailleurs, on est en droit de la généraliser à la sphère de la production car elle concerne toutes les clauses du contrat de travail, spécialement la durée et les conditions de travail [Bron, 1974]. C'est pourquoi on retient ici l'idée que les variations de la plus-value absolue et de la plus-value relative obéissent à une relation de Phillips généralisée $H(\varepsilon)$ où la fonction H vérifie

$$H' < 0, \qquad H(0) > 0 \text{ et } H(1) < 0$$

puisque l'accroissement du taux d'emploi dégrade le taux de plus-value, un taux de chômage très élevé profite aux capitalistes, un taux d'emploi très élevé est favorable aux salariés.

La troisième modalité alimente la plus-value extra. Elle se réfère aux gains de productivité du travail dont le partage entre salariés et capitalistes est également un enjeu de luttes. Historiquement, les travailleurs ont progressivement affirmé leurs droits sur « la croissance du gâteau » alors que celle-ci devrait *a priori* être captée par les capitalistes [Bron, 1974]. Si le paramètre μ désigne la fraction des gains de productivité du travail revenant aux salaires, la variation de la plus-value extra est donnée par $(1-\mu)\frac{\dot{a}}{a}$ où $0 \leq \mu \leq 1$ où a exprime la productivité du travail.

En rassemblant ces deux catégories de causes, l'évolution du taux de la plus-value est retracée par l'équation différentielle :

2. Les économistes marxiens tels que Goodwin [1967], Desai et Shah [1981], van der Ploeg [1983a, 1983b], Glombowski et Krueger [1989] ou encore l'école de la régulation [Basle *et al.*, 1976 ; Benassy *et al.*, 1976 ; Boyer et Mistral, 1983] évacuent la valeur-travail de leur champ théorique, mais attribuent un rôle majeur aux conflits de répartition pour expliquer les cycles. Quant à eux, les marxistes, fidèles à la valeur-travail, rechignent à formaliser l'influence des luttes de classe sur la dynamique macroéconomique [Menchikov, 1976 ; Mandel, 1982].

$$\frac{\dot{\tau}}{\tau} = H(\varepsilon) + (1-\mu)\frac{\dot{a}}{a} \qquad (3)$$

Liaison entre la productivité du travail et la composition du capital

Dans le vocabulaire de Marx, les gains de productivité du travail mesurent le « développement des forces productives du travail social ». Ils sont provoqués en accumulation extensive « par une série de changements dans le mode de produire qui mettent une somme donnée de force ouvrière à même de mouvoir une masse toujours plus grande de moyens de production » [Marx, 1969, p. 449] et en accumulation intensive « par des changements qualitatifs, par des changements graduels, dans la composition technique du capital, dont le facteur objectif gagne progressivement en grandeur proportionnelle par rapport au facteur subjectif » [Marx, 1969, p. 450]. La relation directe entre gains de productivité et variation relative de la composition technique du capital a été formulée comme suit par Kaldor [Kaldor, 1957] :

$$\frac{\dot{a}}{a} = F\left(\frac{\dot{k}}{k}\right) \qquad (4)$$

Cette fonction de progrès technique a trois propriétés. D'une part, la relation est croissante et concave :

$$F' > 0 \text{ et } F'' \leq 0.$$

D'autre part, une intensité capitalistique stationnaire n'annule pas les gains de productivité du travail pour tenir compte des effets d'apprentissage dus à l'extension de l'échelle de la production en accumulation extensive : $F(0) > 0$.

Loi d'évolution de la composition du capital

Dans la théorie marxiste, les variations de la composition technique du capital ne peuvent pas répondre à de purs critères technologiques car le développement des forces productives est un processus socialement déterminé. En système capitaliste, elles sont contrôlées par les décideurs en fonction d'impératifs économiques sur le niveau du taux d'exploitation. Tant que le taux de plus-value excède un taux normal $\overline{\tau}$ – un niveau

« conforme au besoin de la mise en valeur du capital » dit Marx, l'accumulation du capital reste extensive. Mais sitôt qu'il glisse sous ce niveau normal, l'accumulation devient intensive et le phénomène de substitution du capital au travail s'enclenche et perdure jusqu'au rétablissement d'un partage profits-salaires satisfaisant les capitalistes. En d'autres termes, l'accroissement de l'intensité capitalistique est une arme à la disposition des propriétaires du capital[3] pour contrecarrer les atteintes au taux d'exploitation quand les travailleurs sont en situation de force dans les négociations sur les termes du contrat de travail.

Formellement, l'évolution de la composition du capital est retracée par une équation différentielle faisant intervenir une fonction G continue par morceaux du taux de plus-value :

$$\frac{\dot{k}}{k} = G(\tau) = \begin{cases} g(\tau) \text{ avec } g(0) > 0, g' < 0, g(\bar{\tau}) = 0 & \text{si } 0 \leq \tau \leq \bar{\tau} \\ 0 & \text{si } \tau > \bar{\tau} \end{cases} \quad (5)$$

La composition du capital est stationnaire si le taux de plus-value est supérieur au taux normal. Dans les périodes où le taux de plus-value est insuffisant, sa croissance est directement liée au niveau du taux de plus-value par une fonction g positive, décroissante, qui s'annule quand le taux normal d'exploitation a été restauré.

Forme structurelle du modèle général d'accumulation cyclique

Le système formé par les équations différentielles $\{(2), (3), (4), (5)\}$ résume les interactions dynamiques existant entre le taux d'emploi, le taux de plus-value, la productivité du travail et la composition du capital dans un mode de production capitaliste en croissance. En introduisant (4) dans les autres équations puis en les réaménageant, on obtient le système différentiel en (ε, τ, k) suivant :

$$\text{(SDG)} \qquad \begin{cases} \dot{\varepsilon} = \varepsilon \left(\frac{1}{k} \frac{\tau}{1+\tau} - G(\tau) - n \right) \\ \dot{\tau} = \tau \Big(H(\varepsilon) + (1 - \mu)(F \circ G)(\tau) \Big) \\ \dot{k} = k\, G(\tau) \end{cases}$$

3. Cette formulation est due à Desai et Shah [1981].

Ce système général permet d'explorer les propriétés dynamiques des principaux régimes d'accumulation du capital selon la formulation retenue pour la fonction G.

2. Les cycles endogènes d'accumulation extensive du capital

Le chapitre XXV du livre 1 démarre par l'examen du régime pur d'accumulation extensive où la composition du capital « reste la même ». A toute date $t \geq 0$, on a donc $k(t) = k(0) = k_0$. Le système général (SDG) se réduit à la dynamique (SDE) suivante en (ε, τ) en posant $A = \frac{1}{k_0}$, $B = n$ et $D = (1-\mu)F(0)$ avec $A > B$.

(SDE) $$\begin{cases} \dot{\varepsilon} = \varepsilon\left(A\frac{\tau}{1+\tau} - B\right) \\ \dot{\tau} = \tau\big(H(\varepsilon) + D\big) \end{cases}$$

(SDE) admet un équilibre non trivial (ε^e, τ^e) avec $\varepsilon^e = H^{-1}(-D)$ solution unique de l'équation $H(\varepsilon) + (1-\mu)F(0) = 0$ sur le fermé $[0; 1]$ et $\tau^e = \frac{B}{A-B}$, qui est strictement positif pour des valeurs de paramètres plausibles. Évaluée en ce point, la matrice jacobienne associée à (SDE) vaut :

$$\begin{pmatrix} 0 & A\dfrac{\varepsilon^e}{(1+\tau^e)^2} \\ \tau^e H'(\varepsilon^e) & 0 \end{pmatrix}$$

Ses valeurs propres sont des imaginaires purs conjugués :

$$\lambda_1, \lambda_2 = \pm i\sqrt{A\frac{\varepsilon^e\,\tau^e}{(1+\tau^e)^2}|H'(\varepsilon^e)|}$$

L'équilibre dynamique du linéarisé de (SDE) est un centre, donc toute orbite démarrant au voisinage de ce point dans le plan des phases décrit une courbe fermée elliptique. L'interprétation immédiate de ce résultat est que l'accumulation extensive génère des cycles endogènes du taux d'emploi et du taux de plus-value autour de valeurs d'équilibre qui ne sont jamais simultanément atteintes. Ceci étant, cette propriété qualifie le linéarisé de (SDE) et ne saurait être étendue sans précaution au système lui-même puisque le théorème de Hartman-Grossman ne s'applique pas dans ce cas. On peut cependant montrer qu'elle est globale, du moins sous des hypothèses techniques supplémentaires qui restent acceptables sur le plan économique. Le système différentiel (SDE) offre une parenté formelle évidente avec les modèles prédateur-proie puisque la croissance d'une variable d'état dépend du niveau de l'autre, positivement pour le prédateur et négativement pour la proie. Plus substantiellement, il place au cœur de la dynamique un conflit de nature sociale entre le taux d'emploi et une variable de répartition comme chez Goodwin [1967]. Il semble alors logique que, à l'instar du couple part des salaires/taux d'emploi dans le modèle de Goodwin, le couple taux d'emploi/taux de plus-value gravite indéfiniment autour de l'équilibre du système dynamique. Mais des singularités ne sont pas à exclure et on évite ces occurrences sous des conditions techniques qui sont vérifiées par le système (SDE) quand la fonction de Phillips généralisée H est par exemple affine ou polynomiale[4].

La figure 1 illustre les particularités de la dynamique d'accumulation extensive. Le champ directionnel et deux orbites sont tracés dans le plan des phases ainsi que les isoclines nulles et l'équilibre dynamique non trivial E[5]. Un cycle se décompose en quatre phases que Marx avait correctement perçues. La phase (I) est marquée par la hausse du taux d'emploi et du taux de plus-value. Cette « lune de miel » – selon l'expression d'Ernest Mandel [Mandel, 1982] – est la période où la croissance de la plus-value est plus forte que celle des salaires et finance une vive accumulation du capital qui exige un rythme élevé d'embauches. Elle vient buter sur la remise en cause du rapport capital-travail : « De tout cela il résulte que chaque année fournira de l'emploi pour un nombre de salariés supérieur à celui de l'année précédente, et qu'à un moment donné les besoins de l'accumulation commenceront à dépasser l'offre ordinaire de travail. Dès lors le taux des salaires doit suivre un mouvement ascendant. » [Marx,

4. En toute généralité, le système (SDE) est cyclique quand la fonction H vérifie $-\int_{\varepsilon^e}^{0} \frac{H(\varepsilon)+D}{\varepsilon} d\varepsilon = -\int_{\varepsilon^e}^{+\infty} \frac{H(\varepsilon)+D}{\varepsilon} d\varepsilon = +\infty$

La démonstration est disponible à la demande.

5. Toutes les simulations de cet article ont été réalisées avec la bibliothèque principale et les packages Plots et DEtools du logiciel de calcul symbolique Maple. La méthode d'approximation retenue est rkf45.

1969, p. 444] La phase (*II*) démarre et dure tant que le taux d'emploi continue d'augmenter et que la croissance des revenus en faveur des salaires ne remet pas en cause le fait que le taux de plus-value reste supérieur à son niveau normal. Cependant « cette diminution relative (de la plus-value) ne peut jamais aller aussi loin pour porter préjudice au système capitaliste [...] Émoussant l'aiguillon du gain, la hausse progressive des salaires commence à retarder la marche de l'accumulation qui va en diminuant, mais cette diminution même en fait disparaître la cause première, à savoir l'excès en capital par rapport à l'offre de travail. Dès lors le taux du salaire retombe à un niveau qui peut être supérieur, égal ou inférieur à ce qu'il était au moment où la hausse des salaires eut lieu. De cette manière le mécanisme de la production capitaliste écarte spontanément les obstacles qu'il lui arrive parfois de créer » [Marx, 1969, p. 447]. En réalité, le retour vers la viabilité procède en deux temps. Au cours de la phase (*III*) le taux de chômage augmente bien, mais le niveau d'emploi reste suffisamment élevé pour que les travailleurs continuent de rester en situation de force dans les négociations salariales et que le taux de plus-value continue de reculer. Ce n'est que dans la phase (*IV*), lorsque le déclin du taux d'emploi renverse les rapports de forces au profit des capitalistes, que le taux de plus-value augmente. Tant que ce dernier est sous son niveau normal, les licenciements continuent, réduisant de plus en plus la combativité des salariés. Le cycle se clôt au moment où le taux de plus-value est restauré. Le suivant s'enclenche avec les mêmes conditions initiales que le précédent.

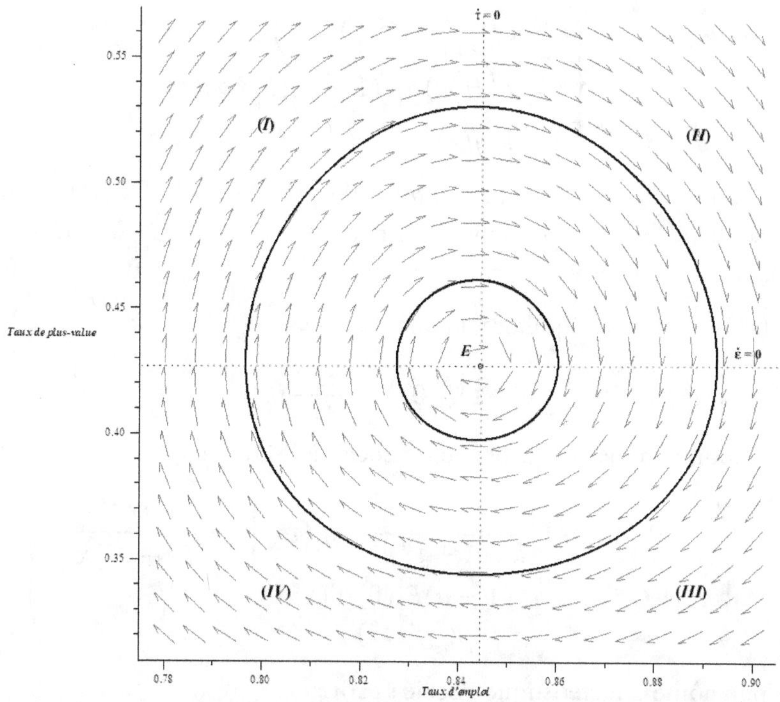

Figure 1. Dynamique conjointe du taux d'emploi et du taux de plus-value en accumulation extensive (paramètres : $A = 0.3333, B = 0.100, C = 1.2, D = 1.025$)

3. Les cycles endogènes d'accumulation intensive du capital

L'accumulation du capital est intensive quand la hausse de la composition du capital devient un phénomène régulier dans le mode de production capitaliste, provoqué par la concurrence que se livrent les capitalistes entre eux pour bénéficier à titre individuel de la plus-value extra et l'adoption par tous des nouvelles méthodes de production. La section 2 du chapitre XXV évoque un régime pur dans lequel le taux de croissance de l'intensité capitalistique dépend du taux de plus-value. La dynamique correspondante issue de (SDG) est le système différentiel tridimensionnel non linéaire suivant :

$$\text{(SDI)} \qquad \begin{cases} \dot{\varepsilon} = \varepsilon\left(\frac{1}{k}\frac{\tau}{1+\tau} - g(\tau) - n\right) \\ \dot{\tau} = \tau\Big(H(\varepsilon) + (1-\mu)(F \circ g)(\tau)\Big) \\ \dot{k} = k\, g(\tau) \end{cases}$$

où, pour mémoire, la fonction g vérifie $g(0) > 0, g' < 0, g(\overline{\tau}) = 0$, la fonction de Phillips généralisée vérifie$H'(\varepsilon) < 0, H(0) > 0$ et $H(1) < 0$ et la fonction de progrès technique vérifie $F(0) > 0, F' > 0$ et $F'' \leq 0$.

(SDI) admet un équilibre unique

$(\varepsilon^e, \tau^e, k^e) = (H^{-1}\big((\mu - 1)F(0)\big), \overline{\tau}, \frac{\overline{\tau}}{1+\overline{\tau}}\frac{1}{n})$.

En ce point, la matrice jacobienne associée à (SDI) vaut :

$$\begin{pmatrix} 0 & \varepsilon^e\left[\frac{1}{k^e}\frac{1}{(1+\tau^e)^2} - g'(\tau^e)\right] & -\frac{\varepsilon^e\tau^e}{(1+\tau^e){k^e}^2} \\ \tau^e H'(\varepsilon^e) & \tau^e(1-\mu)F'(0)g'(\tau^e) & 0 \\ 0 & k^e g'(\tau^e) & 0 \end{pmatrix}$$

Le polynôme caractéristique associé s'écrit :

$P(\lambda) = \lambda^3 + A_2\lambda^2 + A_1\lambda + A_0$,

en posant

$A_2 = -\tau^e(1-\mu)F'(0)g'(\tau^e)$,

$A_1 = -\varepsilon^e\tau^e H'(\varepsilon^e)\left[\frac{1}{k^e}\frac{1}{(1+\tau^e)^2} - g'(\tau^e)\right]$

et $A_0 = \frac{\varepsilon^e{\tau^e}^2 g\prime(\tau^e)H'(\varepsilon^e)}{(1+\tau^e)k^e}$.

D'après le théorème de Routh-Hurwicz, les trois valeurs propres de la jacobienne sont de partie réelle strictement négative si $A_0 > 0, A_1 > 0$ et $A_1A_2 - A_0 > 0$. Les propriétés sur les fonctions F, H et g garantissent que les deux premières inégalités sont toujours vérifiées. La troisième condition est satisfaite quand on a $\mu < 1 - \frac{1}{F'(0)\left[\frac{1}{1+\tau^e} - k^e(1+\tau^e)g'(\tau^e)\right]} < 1$.

Si, à l'équilibre, les capitalistes captent la plupart voire la totalité des gains de productivité du travail, le système dynamique converge vers un état stationnaire stable. *A contrario* une indexation notable des salaires sur les gains de productivité rend l'équilibre localement instable. On pressent une bifurcation de Hopf et l'apparition de cycles-limites.

Une bifurcation super critique peut être mise en évidence en retenant des fonctions comportementales affines, soit : $H(\varepsilon) = -h_1\varepsilon + h_2$, $F\left(\frac{\dot{k}}{k}\right) = f_1\frac{\dot{k}}{k} + f_2$ et $g(\tau) = -g_1\tau + g_2$ et en choisissant μ comme paramètre de bifurcation. Tous calculs faits, la valeur de bifurcation est $\bar{\mu} = 1 - \frac{(g_1+g_2)n}{f_1[g_1n+g_2(g_1+g_2)]}$. Avec le jeu de paramètres $n = 0.1$, $f_1 = 0.6$, $f_2 = 0.025$, $g_1 = 0.6$, $g_2 = 0{,}3$, $h_1 = 1{,}2$, $h_2 = 1$, cette valeur est approximativement égale à $\bar{\mu}$ =0,545.

La figure 2 illustre le phénomène de bifurcation suivant l'intensité de l'indexation des salaires. La colonne de gauche (a) correspond à une forte indexation de la plus-value sur les gains de productivité ; dans l'espace des phases, l'orbite du graphique (a.1) converge cycliquement vers l'équilibre car l'arme que représente la substitution du capital au travail joue à plein comme régulateur des tensions sur le taux d'exploitation. *A contrario*, la colonne de droite (b) retient l'hypothèse d'une indexation significative des salaires. L'orbite du graphique (b.1) converge vers un cycle-limite, c'est-à-dire une courbe fermée de l'espace des phases. Le taux d'emploi et le taux de plus-value gravitent perpétuellement autour de leur valeur d'équilibre selon une logique somme toute proche de l'accumulation extensive, à ceci près que les variations de la composition du capital impactent le taux d'emploi et les salaires par le canal de l'indexation. Pour ces deux variables, les quatre phases mises en évidence en accumulation extensive se transposent en régime d'accumulation intensive pure.

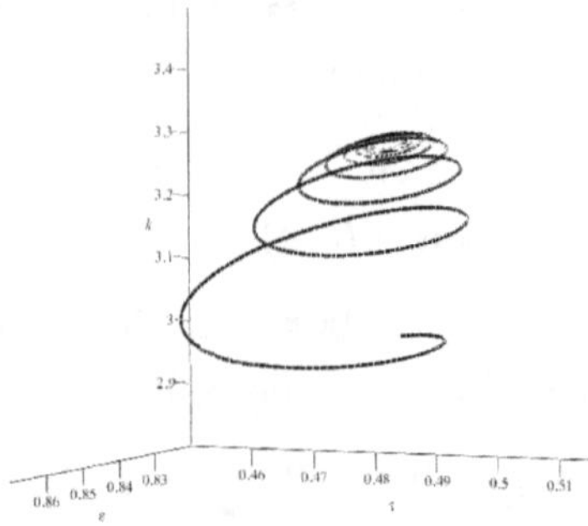

(a.1) Orbite dans l'espace des phases

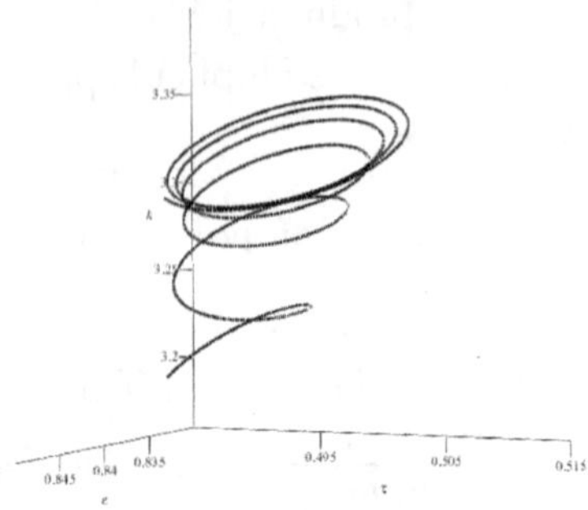

(b.1) Orbite dans l'espace des phases

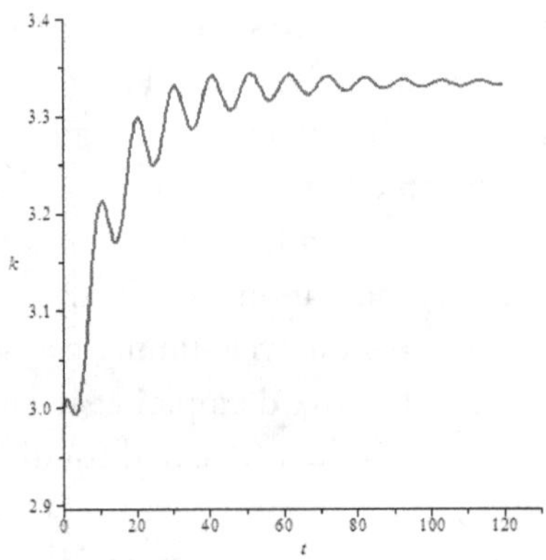

(a.2) Trajectoire de la composition du capital

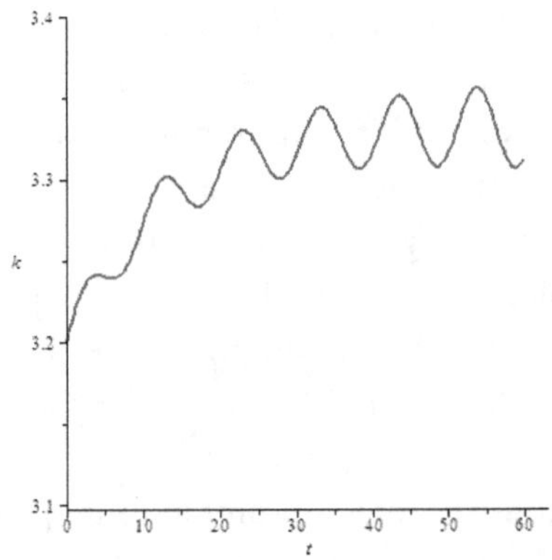

(b.2) Trajectoire de la composition du capital

(a) indexation faible ($\mu = 0.2 < \overline{\mu}$)

(b) indexation élevée ($\mu = 0.65 > \overline{\mu}$)

Figure 2. Comportement de (SDI) en fonction de l'intensité de l'indexation des salaires

Mais la trajectoire de l'intensité capitalistique présente un profil singulier. En effet, dans les graphiques (a.2) et (b.2) de la figure 2, on distingue nettement des phases de hausse, consécutives à la mise en place de technologies *labour-saving* pour contrarier les revendications des salariés en position de force dans les rapports sociaux, et des phases de recul, provoquées par le retour mécanique vers des technologies antérieures dès que le taux de chômage a atteint des niveaux qui remettent en cause le pouvoir de négociation des travailleurs. Un tel phénomène est totalement exclu, d'une part parce qu'il est historiquement invraisemblable, d'autre part parce qu'il s'oppose à la logique marxiste de la concurrence entre les capitalistes. La recherche de la plus-value extra par un capitaliste consiste à changer le mode technique de production pour augmenter la productivité dans son entreprise de sorte qu'elle dépasse la productivité moyenne et qu'en conséquence la valeur individuelle de la marchandise devienne plus faible que sa valeur sociale. Les autres entreprises sont condamnées à adopter les nouvelles normes de production faute de quoi elles perdent leur compétitivité. Dans ces conditions, on voit mal pourquoi des technologies avancées devraient être écartées puisque leur maintien par une seule firme lui assurerait le leadership.

Le régime pur d'accumulation intensive décrit par le système (SDI) permet sans doute de comprendre que le phénomène historique d'indexation des salaires sur les gains de productivité permet d'enrayer la mécanique de convergence cyclique du système de production capitaliste vers un équilibre stable, quitte à rendre structurellement stables les fluctuations endogènes issues des rapports sociaux conflictuels. Mais il tolère des phases de recul de la composition du capital, qui s'opposent au principe d'alourdissement continu des processus productifs. L'accumulation du capital ne peut être qu'hybride au sens où un effet de cliquet doit empêcher la composition du capital de reculer sitôt que les conditions d'exploitation des travailleurs satisfont les capitalistes.

4. Les cycles d'accumulation du capital

Que l'accumulation intensive soit entrecoupée de phases d'accumulation extensive est bien perçu par Marx dans le chapitre XXV du *Capital* : « Il y a des intervalles où les bouleversements techniques se font moins sentir, où l'accumulation se présente davantage comme un mouvement d'extension quantitative sur la nouvelle base technique une fois acquise. » [Marx, 1969, p. 458] Un cycle d'accumulation réaliste enchaîne deux régimes. L'accumulation reste extensive tant que le taux de plus-value dépasse son niveau normal. Elle devient intensive en deçà de ce niveau : « Dès que cette diminution du taux de la plus-value touche au point où le surtravail qui nourrit le capital ne paraît plus offert en quantité normale, une réaction survient...» [Marx, 1969, p. 448] La bascule d'un régime d'accumulation extensive dans un régime d'accumulation intensive est donc provoquée par l'insuffisance du taux de plus-value, autrement dit quand les négociations sur le contrat de travail sont si favorables aux travailleurs que les modalités d'extraction de la plus-value absolue et relative sont gravement remises en cause et que les capitalistes vont enclencher des transformations dans les modes techniques de production pour atténuer le poids du travail vivant. On est donc conduit à étudier le système dynamique (SDG) dans lequel chaque morceau de la fonction G correspond à un régime d'accumulation et où la borne $\bar{\tau}$ sera identifiée au taux normal de plus-value du cycle en cours.

Chaque cycle admet un équilibre non trivial unique. Le taux d'emploi d'équilibre est le même pour les deux régimes en tant que solution non triviale de l'isocline $\dot{\tau} = 0$. Dans la phase d'accumulation extensive, la composition initiale du capital k_0 reste invariable et le taux de plus-value d'équilibre vaut $\tau^e = \frac{k_0(F(0)+n)}{1-k_0(F(0)+n)}$. On interprète cette valeur comme le taux de plus-value normal du cycle : $\bar{\tau} = \tau^e$ au sens où c'est le niveau autour duquel gravite le taux de plus-value dans la phase d'accumulation extensive et celui que voudraient retrouver les capitalistes dans la phase d'accumulation intensive quand ils ont pris la décision de s'engager dans une politique massive de substitution du capital au travail. Après le switch, ce taux normal reste donc le taux de plus-value d'équilibre et la composition du capital d'équilibre vaut alors $k^e = \frac{\bar{\tau}}{1+\bar{\tau}}\frac{1}{F(0)+n} = k_0$. Les variables d'état gravitent autour des mêmes valeurs d'équilibre au cours des deux phases d'un cycle.

La figure 3-a présente le déroulement du premier cycle complet par simulation effectuée avec les données de la section 3. Le régime d'accumulation extensive démarre par la période de « lune de miel » pendant laquelle le taux d'emploi et le taux de plus-value évoluent en phase et se poursuit par une période de diminution du chômage et de hausse relative des salaires par rapport à la plus-value. Dès que le taux de plus-value glisse sous son niveau normal, l'accumulation devient intensive et alourdit la composition technique du capital. Les licenciements provoqués par la substitution du capital au travail ont peu à peu raison des capacités revendicatives des travailleurs et le taux de plus-value tend à retrouver son niveau normal.

La figure 3-b montre l'enchaînement de quatre cycles. Il est immédiat que le système différentiel (SDG) n'admet pas d'équilibre dynamique puisque la composition du capital n'est jamais durablement stationnaire. Chaque cycle, pris isolément, gravite autour d'un point d'équilibre marqué par des valeurs « normales » pour le taux d'emploi et le taux de plus-value, mais la valeur « normale » du taux de plus-value est redéfinie à chaque démarrage d'un nouveau cycle, qui intervient au moment où la composition du capital a suffisamment augmenté dans la phase d'accumulation intensive pour permettre de restaurer des conditions « normales » d'exploitation du cycle précédent. Cette caractéristique entraîne deux conséquences.

La première peut être qualifiée de hausse tendancielle du taux de plus-value « normal ». Formellement, on a en effet

$$\frac{d\tau^e}{dk_0} = \frac{d\bar{\tau}}{dk_0} = \frac{F(0)+n}{[1-k_0(F(0)+n)]^2} > 0.$$

L'intensification du capital par travailleur associée à une proportion de travailleurs actifs identique en début de cycle accroît sans cesse la productivité du travail et ces gains sont principalement captés par les capitalistes quand l'accumulation intensive s'arrête et que le taux de chômage est à son niveau maximum.

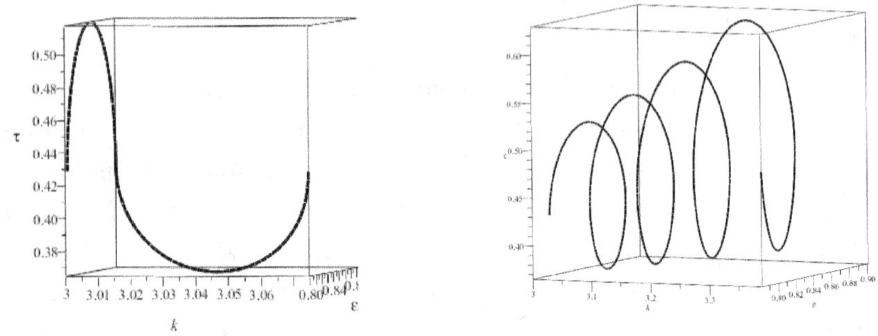

(a) Un cycle

(b) Enchaînement de 4 cycles

Figure 3. Dynamique de (SDG) dans l'espace des phases

La seconde conséquence du réajustement séquentiel du taux d'exploitation normal est qu'un cycle complet parcourt non pas quatre mais cinq phases bien typées. Un cycle se clôt par la restauration du taux de plus-value à son niveau normal pour ce cycle et l'arrêt de l'accumulation intensive. Le cycle suivant commence par se caler sur la nouvelle norme d'exploitation, qui est plus élevée pour un taux d'emploi normal identique, ce qui nécessite un temps supplémentaire de licenciements pour contraindre les travailleurs à accepter la redéfinition du rapport capital/travail. Cette première phase d'adaptation a les mêmes caractéristiques que la dernière phase du cycle antérieur : baisse continue du taux d'emploi et hausse du taux de plus-value, mais elle n'a pas la même logique économique puisqu'elle sert de transition entre les anciennes et les nouvelles normes productives et que l'accroissement du chômage n'a pas d'autre cause que cet ajustement. Quand les nouveaux critères de mise en valeur du capital sont atteints, le cycle « traditionnel » se met en place et peut déployer ses quatre phases au cours des régimes d'accumulation extensive et intensive.

L'existence d'une relation précise entre la composition du capital et le taux de plus-value normal invite naturellement à réexaminer la question disputée de l'évolution tendancielle du taux de profit. Dans le livre 3 du *Capital*, le taux de profit ρ est le quotient de la plus-value à l'ensemble des capitaux engagés, capital constant, K et capital variable, w. Il dépend du taux de plus-value et de la composition technique du capital, puisque $\rho = \frac{pl}{K+w} = \frac{\tau}{1+k(1+\tau)}$. Au cours d'un même cycle, le taux de profit normal est donné par $\rho^e = \frac{\tau^e}{1+k^e(1+\tau^e)}$. Dans un régime pur d'accumulation extensive ou intensive, les valeurs d'équilibre du taux de plus-value et de la composition du capital sont fixes et le taux de profit n'accuse aucune tendance à la hausse ou à la baisse : il oscille perpétuellement autour d'un niveau déterminé par les paramètres de l'économie. En revanche, dans un régime mixte d'accumulation du capital, les valeurs prises par k^e et τ^e obéissent à un double mouvement de hausses tendancielles de la composition du capital et du taux de plus-value. En tenant compte de la relation existant entre ces deux grandeurs, le taux de profit normal s'exprime comme une fonction de la composition du capital : $\rho^e = \frac{(F(0)+n)k^e}{1+k^e(1-F(0)-n)}$, de dérivée première strictement positive $\frac{d\rho^e}{dk^e} = \frac{F(0)+n}{(1+k^e(1-F(0)-n))^2} > 0$. Ainsi, l'augmentation par paliers de l'intensité capitalistique augmente tendanciellement le taux de profit. Ce résultat contredit évidemment les conclusions auxquelles Marx était parvenu à partir de la double hypothèse d'une composition organique croissant sans limite et d'un taux de plus-value borné. En réalité, une interprétation dynamicienne du livre 1 suggère au contraire que le taux de plus-value normal est une fonction croissante de la composition du capital et qu'il n'est nullement borné par une contrainte physique, morale ou technique puisque le propre de l'intensification du capital par travailleur est d'arracher des gains de productivité. Les hausses de la composition du capital, qui pèsent sur le taux de profit, sont plus que compensées en moyenne par les hausses du taux de plus-value, qui traduisent le fait que les travailleurs doivent créer de plus en plus de produit social dans le même temps.

Le *trend* de hausse du taux de profit normal s'obtient nécessairement au prix de fluctuations puisque la trajectoire réelle de τ est cyclique et celle de k positive et croissante. La figure 4 superpose les quatre trajectoires du taux de profit calculées à partir des trajectoires du taux de plus-value et de la composition du capital donnant les quatre cycles de la figure 3-b.

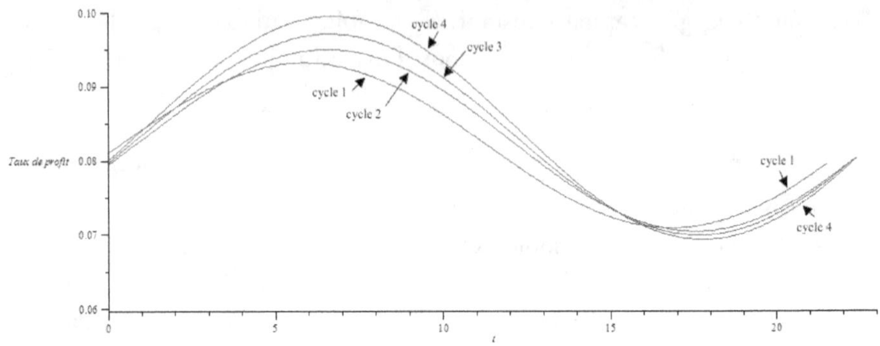

Figure 4. Trajectoire du taux de profit

Les fluctuations masquent le *trend* de hausse et cette caractéristique théorique du modèle (SDG) est aussi celle des données statistiques sur le taux de profit, alimentant d'ailleurs des débats vifs sur son allure dans le long terme. L'autre caractéristique est ici que leur durée et leur amplitude s'élèvent, retraçant des phénomènes d'expansion et de récession de plus en plus longs et accusés à travers le temps. Faute de pouvoir expliciter les trajectoires-solutions du modèle, il est difficile de la généraliser et d'en faire une loi de fonctionnement du système capitaliste. On peut cependant remarquer intuitivement que la mise en service graduelle de technologies *labour-saving* exige des taux de plus-value de plus en plus élevés et doit rendre de plus en plus longue les périodes menant du sous-emploi au plein-emploi.

Conclusion

Le modèle (SDG) explore une nouvelle piste dans le champ des modèles de croissance endogène cyclique. Son hétérodoxie ne fait pas de doute. On peut le placer aux côtés des modèles de croissance kaldoriens et goodwiniens puisqu'il ne fait jouer aucun rôle à la fonction de production usuelle en choisissant de mettre l'accent sur la relation directe entre les évolutions de l'intensité capitalistique et de la productivité du travail et qu'il place les luttes de classe au cœur des dynamiques économiques de long terme. Son originalité provient d'une part de l'extension des rapports conflictuels entre salariés et capitalistes à tous les aspects du statut salarial – niveau de rémunération et conditions de travail, et d'autre part d'une conception particulière du progrès technique, dont les pulsations sont commandées par les décideurs pour des impératifs d'exploitation du travail.

Mais la vertu heuristique du système différentiel (SDG) n'est pas réduite à un formalisme probant explorant un nouveau jeu d'hypothèses. Le modèle sous-jacent élucide la question restée pendante des cycles longs dans la théorie marxiste. Il répond au cahier des charges fixé par Marx lui-même : fidélité à la valeur-travail dans un contexte de rapports sociaux antagonistes dans les sphères de la production et de la répartition; accumulation du capital nécessairement cyclique ; étude des rapports dialectiques complexes entre le taux d'emploi, le taux de plus-value et la composition du capital ; recours à une méthodologie appropriée, à savoir les systèmes dynamiques non linéaires. Les évolutions obtenues sont des cycles endogènes tant en accumulation extensive pure qu'en accumulation intensive pour peu que cette dernière soit redéfinie comme une succession de régimes de stationnarité puis de hausse de la composition technique du capital.

On pourra reprocher à ce modèle de se situer à un niveau excessivement théorique et d'ignorer indûment la diversité des situations géographiques et historiques concrètes. Il est vrai que sa validation empirique est hors de propos puisque les données statistiques disponibles sont inappropriées [Delaunay, 1977]. Mais le problème de fond est ailleurs. Marx soutient que l'analyse de l'essence du système capitaliste précède toujours l'étude des situations concrètes qui sont autant de formes de manifestation de lois générales résolvant des contradictions circonstancielles. Le capitalisme est avant tout un système cohérent dans ses fondements et les modalités historiques des régimes d'accumulation du capital peuvent bien modifier les formes de régulation du système économique, mais les variations morphologiques ne remettent pas fondamentalement en cause son code génétique. C'est dans cette perspective épistémologique que le modèle (SDG) est utile.

Au niveau le plus abstrait, l'accumulation du capital est nécessairement cyclique. Il faut en tenir compte pour commenter, interpréter et comprendre les évolutions concrètes, y compris et surtout les plus contemporaines. Depuis la fin de la Deuxième Guerre mondiale, le cycle long des pays développés s'est déployé en cinq phases dont la perception par les agents économiques est forcément relative à leur position sociale. La hausse simultanée du taux d'emploi, des salaires et du taux de plus-value s'interprète comme un temps d'expansion et de compromis, voire de consensus social. La hausse du taux d'emploi et des salaires accompagnée d'une baisse du taux de plus-value est une période d'expansion favorable aux travailleurs mais elle est aussi l'indice d'une récession de la rentabilité du capital annonciatrice de remises en question du mode de production. La hausse du taux de chômage dans un contexte de recul du taux de plus-value est sans conteste le signe d'une crise générale du mode de production. Mais que penser du moment, mécaniquement vital pour pérenniser l'accumulation capitaliste, où le chômage massif que provoque la transformation des modes techniques de production est contemporain d'une exploitation accrue et d'une élévation du taux de profit ? Le paradoxe contemporain d'une crise des économies développées avec des niveaux record de profits et un creusement marqué des inégalités sociales n'existe que si on attribue au terme de crise une acception sociale universelle qu'il n'a pas et ne peut essentiellement pas avoir.

Bibliographie

Aglietta Michel [1976], *Régulation et crises du capitalisme. L'expérience des États-Unis*. Paris : Calmann-Lévy.

Basle Maurice, Mazier Jacques, Vidal Jean-François [1976], *Quand les crises durent...* Paris : Economica.

Bénassy Jean-Pascal *et al.* [1976], *Approches de l'inflation : l'exemple français*. Paris : CEPREMAP. Écrit avec Robert Boyer, Rosa Maria Gelpi, Alain Lipietz, Jacques Mistral, Juan Munoz et Carlos Ominami.

Boyer Robert, Mistral Jacques [1983], *Accumulation, inflation, crises*. Paris : PUF.

Bron Jean [1974], *Histoire du mouvement ouvrier français*, 3 tomes. Paris : Les Éditions ouvrières.

Delaunay Jean-Claude [1977], « Le taux de la plus-value en France (1949-1974) », *Cahiers du Centre d'études et de recherches marxistes*, n° 143.

Desai Meghnad et Shah Anup [1981], « Growth cycles with induced technical change », *The Economic Journal*, vol. 91, n° 364, p. 1006-1010.

Eagly Robert V. [1972], « A macro model of the endogeneous business cycle in Marxist analysis», *Journal of Political Economy*, vol. 80, n° 3, p. 523-539.

Glombowski Joerg, Kruger Michael [1989], « Changes of labour productivity growth in a model of cyclical growth », *Économies et Sociétés*, série F, n° 31, p. 201-218.

Goodwin Richard Murphey [1967], « A growth cycle », in C.H. Feinstein (ed.) *Socialism, Capitalism and Economic Growth*. Cambridge Uuniversity Press, p. 54-58.

Kaldor Nicholas [1957], « A model of economic growth», *The Economic Journal*, vol. 67, n° 268, p. 591-624.

Mandel Ernest [1982], *La crise 1974-1982. Les faits. Leur interprétation marxiste*. Paris : Flammarion, coll. « Champs ».

Marx Karl [1969], *Le Capital. Livre 1*, Traduction de J. Roy, Chronologie et avertissement par Louis Althusser. Paris : Garnier-Flammarion. 1re édition, p. 1872-1875.

Menchikov Stanislas [1976], *Le cycle économique*. Moscou : Éditions du progrès.

Van der Ploeg Frederick [1983], « Predator prey and neo-classical models of cyclical growth », *Journal of Economics/Zeitschrift für Nationalökonomie*, vol. 43, n° 3, p. 235-256.

— [1987], « Growth cycles, induced technical change, and perpetual conflict over the distribution of income », *Journal of Macroeconomics*, vol. 9, p. 1-12.

ESPRITS ANIMAUX ET HABITUS : CONVERGENCES ET APPROFONDISSEMENTS

Michaël Lainé[1]

Économie et sociologie explorent toutes deux rationalité et prise de décision avec leurs outils propres. Cet article interroge les liens entre les approches keynésiennes et bourdieusiennes dans ce domaine suivant trois axes : 1) une conception corporelle spontanée, quasi-réflexe, de l'action ; 2) le caractère analogique des anticipations ; 3) la question du holisme ou celle de l'articulation micro/macro. La convergence de vues entre esprits animaux et habitus semble grande. Au-delà des différences d'objet, il apparaît que le dialogue entre les deux théories peut être fécond, et qu'elles gagneraient à se compléter l'une l'autre. Sur six points en particulier le recours à l'habitus permettrait d'enrichir le concept d'esprits animaux : l'endogénéisation des préférences, l'extension de la notion de capital (aux dimensions culturelle et symbolique, notamment), le sens pratique, les effets de structure, les relations de pouvoir et une articulation fine des fondements micro de la macro aux fondements macro de la micro.

Animal spirits and habitus: convergence and deepening

For long, economics and sociology have been exploring rationality and decision-making with analytical tools of their own. This paper aims at comparing Keynes's theories with Bourdieu's in this regard. It hinges around three headings, namely: 1) a spontaneous, embodied view on action; 2) the analogical nature of expectations; 3) the organicism or the micro/macro connection issue. Animal spirits and habitus appear to be very much in tune with each other. Beyond the differences in the research topics, it seems that both theories are consistent and should benefit from cross-fertilization. In particular, the very concept of animal spirits could benefit from the habitus on six points: endogenizing of preferences, extension of the notion of capital (not the least to other dimensions such as culture and symbol), practical sense, structural effects, power relationships and a refined articulation of the microeconomic foundations of macroeconomics to the macroeconomic foundations of microeconomics.

Mots clefs : Esprits animaux, habitus, rationalité, théorie de l'action, décision, holisme, individualisme.

Keywords: Animal spirits, habitus, rationality, decision making, action theory, organicism, atomism.

JEL classification: A14, D01, D21, D80

1. Université de Bordeaux ; mél : Michael.laine7@libertysurf.fr

Les sciences sociales souffrent d'insularité. Plus elles se développent et plus elles risquent de se couper les unes des autres. Par l'attention qu'elle prête à l'étude du fonctionnement réel des sociétés, l'économie hétérodoxe[2] est depuis longtemps tentée d'opérer une sorte de synthèse héroïque entre les apports de la sociologie et ceux de l'économie. Ce n'est donc pas un hasard si deux de ses courants, l'école de la régulation, en la personne de Robert Boyer notamment [Boyer, 2003a ; Boyer, 2003b], et celle des conventions, en celle d'Olivier Favereau en particulier [Favereau, 2001], se sont essayés sinon à examiner la convergence ou la compatibilité entre les approches keynésiennes et bourdieusiennes, du moins à les faire dialoguer entre elles. Avec des avis contrastés, « La théorie des champs [...] p[ouvan]t », pour l'un (Robert Boyer), « servir d'inspiration à une recherche économique alternative[3] », là où, aux yeux de l'autre (Olivier Favereau), elle est le produit d'une double impossibilité, « ne pas rencontrer l'œuvre immense de Pierre Bourdieu [...] ne pas sortir déçu de cette rencontre[4] ».

Penseur iconoclaste aux multiples talents et centres d'intérêts variés, Keynes avait de l'homme une vision trop riche pour faire de lui une machine à transformer des inputs informationnels en outputs rationnels *via* des équations mathématiques [Dostaler, 2005]. De fait, les principales novations introduites par sa *Théorie générale* tiennent à l'importance accordée à ce qu'il a lui-même appelé « les variables psychologiques fondamentales », le fonctionnement de l'économie ne résultant pas de l'action mécanique de rouages bien huilés. La principale cause de l'instabilité de l'économie résidant dans les fluctuations de l'investissement, on comprend sans mal combien cruciaux sont les déterminants de ce dernier. Or, des deux variables de la confrontation desquelles naît la décision d'investir, l'efficacité marginale du capital prime. Cette dernière, qui désigne les anticipations des entrepreneurs quant à la rentabilité future de l'investissement, dépend étroitement des « esprits animaux », et non d'un calcul probabiliste pondéré. Par là, Keynes plaçait les mouvements de la psyché au cœur du cycle économique. Et ce, d'autant plus que l'autre déterminant de l'investissement, le taux d'intérêt,

2. Il n'est pas de notre propos, ici, de détailler ce qu'il convient d'entendre par « hétérodoxie » ou « orthodoxie ». Ce point épineux fait toujours l'objet de débats. Pour notre part, nous nous rangeons à la typologie établie par Marc Lavoie, notamment dans [Lavoie, 2004] et [Lavoie, 1992]. Dans un souci de simplification, disons que l'orthodoxie dépeint une économie réelle d'échange là où l'hétérodoxie décrit une économie monétaire de production. Au niveau épistémologique, la première est essentiellement positiviste, la seconde réaliste (« critique » selon Lawson [Lawson, 2006] et Lee [Lee, 2002], ou « babylonienne », c'est-à-dire syncrétique, à suivre Dow [Dow, 2001]).

3. Boyer [2003, p. 77].

4. Favereau [2001, p. 255].

mettait en jeu une variable psychologique clé, la préférence pour la liquidité. Las ! Force est de constater que la notion d'esprits animaux, évoquée dans le chapitre 12 de la *Théorie générale*, n'a guère été développée par ailleurs. D'où la tentation consistant à l'approfondir. La théorie de l'action et de la prise de décision, telle qu'elle se dessine dans l'œuvre de Keynes, fait la part belle à sa dimension spontanée, que d'aucuns jugent irrationnelle [Akerlof & Shiller, 2009 ; Shackle, 1972]. Mais n'anticipons pas. Une même méfiance vis-à-vis du poids démesuré accordé au calcul maximisateur sous contraintes[5] l'unit à première vue aux analyses de Pierre Bourdieu, qui n'a eu de cesse, sa carrière académique durant, de fustiger l'indigence conceptuelle des modèles de « l'action rationnelle », répandus dans l'ensemble des sciences sociales à partir de la matrice de l'*homo œconomicus*.

De fait, il s'agira, ici, de se demander si les notions d'esprits animaux et d'habitus relèvent d'une démarche analytique similaire et, le cas échéant, si le second est susceptible de conférer aux premiers une épaisseur sociologique. Pour cela, il convient de comparer les théories keynésiennes et bourdieusiennes sous plusieurs angles : le rejet (relatif) du calcul probabiliste et, partant, le primat accordé à la dimension corporelle de l'action (1), le caractère raisonnable ou rationnel des anticipations (2), ainsi que l'articulation des décisions microéconomiques aux phénomènes macroéconomiques, avec en ligne de mire le dépassement de l'opposition (stérile ?) entre holisme et individualisme méthodologique (3). Notre thèse principale, et à notre connaissance nous sommes le premier à l'avancer, est la suivante : esprits animaux et habitus développent de profondes affinités et se complètent admirablement.

5. La question est ici de savoir ce que l'on peut désigner par « contraintes ». À en croire Lawson [Lawson, 2006], l'économie dominante (*mainstream*) se serait éloignée des délices mathématiques de la maximisation. Il est vrai que les branches comportementaliste et expérimentale se sont considérablement étoffées au cours des deux dernières décennies, avec comme conséquence une complexification croissante des théories de la prise de décision et l'abandon tout relatif des probabilités bayésiennes (voir notamment [Kahneman, 2003 ; Camerer et Loewenstein, 2004 ; Thaler, 2004 ; Harvey, 1998 ; Rabin, 1998]). Pour autant, nombre de théoriciens orthodoxes traitent ces façons de s'écarter des lois bayésiennes comme une « contrainte cognitive » supplémentaire, les individus faisant toujours « au mieux » de leurs moyens ; un peu à la manière des marchés qui, compte tenu des rigidités réellement existantes, n'en ont pas moins tendance à converger vers l'optimum (et le feraient effectivement si les conditions idéales de la théorie abstraite étaient réunies). En fait, comme le soulignait Earl [1999], la ligne de démarcation entre orthodoxie et hétérodoxie, en ce qui concerne l'étude du comportement humain, tient à l'acception du caractère limité de la rationalité : soit on ajoute une contrainte de computation humaine aux fonctions maximisatrices usuelles, soit on prend acte de ce que l'optimum idéal ne peut ni ne doit être atteint.

1. La dimension corporelle de l'action

Pour aborder cet aspect, il convient d'abord de s'interroger sur l'ontologie keynésienne, qui fait dériver de l'incertitude radicale l'essentiel des phénomènes économiques (1). De là découle la nécessité de s'appuyer sur les esprits animaux en vue de l'action (2). Par où ils rejoignent l'habitus, principe générateur de pratiques spontanées (3).

1.1. Incertitude radicale et calcul

Toutes nos décisions, l'ensemble de nos actions, se dénouent sur fond d'incertitude radicale. Voilà le point de départ pour Keynes. L'incertitude radicale diffère du risque sur deux points [Shackle, 1972 ; Lavoie, 1985 ; Lavoie, 1992 ; Dostaler, 2005 ; Guerrien, 1997] : l'impossibilité de dresser la liste d'états de la nature (autrement dit la possibilité de la surprise), et celle d'affecter une probabilité, même non numérique, à la survenue d'un événement. Dès son *Treatise on Probability* [Keynes, 1973], il insiste sur le fait que, dans la très grande majorité des cas, il est tout bonnement chimérique de vouloir comparer deux probabilités, taxant de « charlatanisme mathématique » ceux qui prétendent le contraire. Sa typologie, qu'il ne reniera pas, est alors la suivante :

	L'événement est incommensurable	L'événement est commensurable (i.e. quantifiable)
L'évaluation peut être connue	Incertitude radicale (évaluation qualitative)	Probabilité (au sens orthodoxe)
L'évaluation est impossible	Incertitude radicale (futur insaisissable)	Probabilité (au sens orthodoxe)

Tableau 1. Typologie keynésienne des probabilités

Les probabilités sont pour lui épistémiques (elles sont une forme de connaissance) et non ontologiques (un objet de connaissance) [voir Lawson, 1988 ; Hacking, 2002]. Elles mesurent un degré de certitude, objective (ou « logique ») dans le *Treatise on Probability*, puis subjective dans *La Théorie générale*. La continuité de la pensée keynésienne a fait l'objet de bien des débats, dont les cendres ne sont pas éteintes [O'Donnell, 1990 ; Carabelli, 1988 ; Davis, 1994 ; Bateman, 1991]. À notre sens, l'évolution théorique est mineure : qu'elles soient logiques ou subjectives, les probabilités épistémiques se rapportent toujours à l'extrême précarité des bases de nos raisonnements, et non à un état du monde [Hacking, 2002 ; 2004].

Nos connaissances sont frappées du sceau de l'incomplétude et de l'imperfection. Notre évaluation des événements futurs est sujette à ce que Keynes baptisa d'abord « pondération des raisonnements » (*weight of argument*), dans le *Treatise*, puis « confiance » dans la *Théorie générale*, à savoir le crédit que nous accordons à nos propres estimations. En d'autres termes, il s'agit d'une évaluation de la qualité de l'évaluation, « une nouvelle donnée pouvant parfois décroître la probabilité d'un événement, mais venant toujours augmenter la pondération » des raisonnements[6]. Pareille estimation ne constitue en rien une probabilité ; où l'on déduit que « les jugements manquent en effet des racines profondes qui leur permettraient de résister solidement[7] » aux bourrasques du réel. « Les contingences possibles sont trop nombreuses pour être couvertes par un nombre fini d'expériences, et il n'est en conséquence pas question d'effectuer des calculs exacts. Quoique la nature ait ses habitudes, dues à la récurrence des causes, elles sont générales, et non invariables[8] ». C'est là une position fondamentale, réaffirmée tout au long de sa vie par Keynes, non sans une certaine ambiguïté[9]. « Il n'y a aucun lien entre la vérité d'une proposition et sa probabilité. Les probabilités commencent et finissent par les probabilités[10]. »

1.2. Face à l'incertitude radicale, les esprits animaux

Du fait de l'incertitude radicale, l'économie ne peut être ramenée à un agencement de rouages ou à une quelconque variante « hydraulique » de modèles dont les variables s'enchaînent les unes aux autres, en dépit d'une relative hégémonie de la synthèse IS-LM dans les années d'après-guerre [Dostaler & Beaud, 1993]. Il s'ensuit que les lois de l'économie sont moins à découvrir, après essais et erreurs, qu'à façonner, par les anticipations auto-réalisatrices. En tant qu'elle supplée aux irréductibles incomplétude et

6. Keynes [1973, p. 77].

7. Keynes [1998, p. 169].

8. Keynes [1973, p. 402].

9. Au cours de la fameuse controverse avec Tinbergen, Keynes flétrit l'économètre en écrivant qu'il se livre à de « l'alchimie ». Un rien condescendant, il concédera : « Mais Newton, Boyle et Locke ont tous joué avec l'alchimie. Alors laissons-le poursuivre sur cette voie. » [Keynes, 1987, p. 320] De fait, il soutiendra la création de la société d'économétrie. Voir également [Le Héron, 2006].

10. *Ibid.*, p. 356.

imperfection des connaissances, la psychologie est au cœur du système (voir schéma). Remarquons la position en surplomb de l'état de confiance, qui vient alimenter toutes les autres variables.

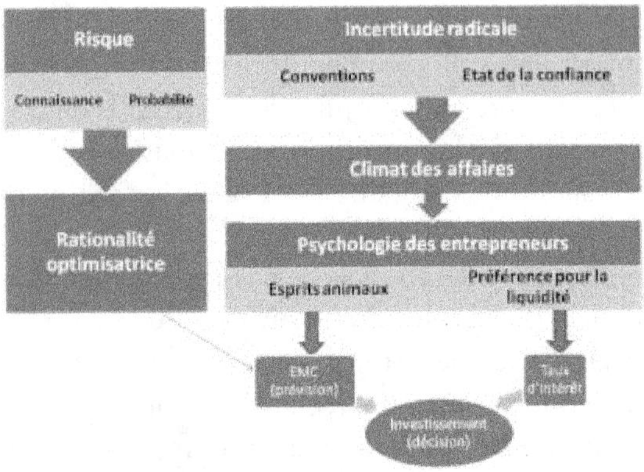

Schéma 2. Psychologie keynésienne de l'investissement

« Dans le chapitre 12, Keynes semble apercevoir soudainement toute la puissance de ce qu'il était en train d'élaborer[11]. » Il est indéniable que l'un de ses apports les plus originaux a trait au concept d'esprits animaux, introduit de la façon suivante :

> « [U]ne grande partie de nos activités positives dans l'ordre du bien, de l'agréable ou de l'utile procèdent plus d'un optimisme spontané que d'une prévision mathématique. Il est probable que nos décisions de faire quelque chose de positif dont les conséquences s'échelonneront sur de nombreux jours ne peuvent pour la plupart être prises que sous la poussée des esprits animaux – d'un besoin spontané d'agir plutôt que de ne rien faire – et non en conséquence d'une moyenne pondérée de bénéfices quantitatifs multipliés par des probabilités quantitatives[12]. »

Déjà, dans le *Treatise on Probability*, il était question de décisions prises « en vertu d'un jugement intuitif à propos de la situation globale, et non en vertu d'une déduction arithmétique[13] ». Il y a donc prolongement de la réflexion d'un livre à l'autre, le même sillon continuant de se creuser [O'Donnell, 1990].

11. Shackle [1988, p. 42].

12. Keynes [1998, p. 176]. Un choix de traduction malencontreux avait conduit Jean de Largentaye à rendre « animal spirits » par « dynamisme naturel ». Nous nous sommes permis, ici, de rétablir la notion.

13. Keynes [1973, p. 345].

Tout au long du chapitre 12, Keynes usera alternativement des termes : « besoin spontané d'agir », « optimisme naturel », « dynamisme », « activité spontanée », « caprice », « sentiment »... En effet, notre état d'ignorance relative ne nous empêche pas d'arrêter des décisions. Plus loin, Keynes évoque le « délicat équilibre de l'optimisme naturel ». De fait, agir, c'est « triompher des forces secrètes du temps », percer un futur d'autant plus insaisissable que l'incertitude l'entourant est radicale. D'où le caractère chancelant de l'optimisme de l'entrepreneur, pour qui diriger sa société s'apparente à un numéro de funambulisme. Décision après décision, il doit se maintenir en équilibre, le précipice de la faillite ne demandant qu'à l'engloutir.

« Lorsqu'on évalue les perspectives de l'investissement, il faut donc tenir compte des nerfs et des humeurs, des digestions même et des réactions au climat des personnes dont l'activité spontanée les gouverne en grande partie[14] », ajoute-t-il dans un passage déterminant.

Où l'on voit que les esprits animaux relèvent de la météo des sentiments (« réactions au climat [politique et social] »), sur laquelle les individus ont peu de prise (« dont l'activité spontanée les gouverne en grande partie »). Arrêtons-nous un instant sur le choix de ce verbe. « Gouverne » s'emploie pour désigner un pouvoir souverain. L'idée de passivité est impliquée par son usage, puisque ce ne sont pas les « personnes » qui agissent mais l'activité qui les « gouverne ». Par là, Keynes nous donne l'impression que les entrepreneurs sont en quelque sorte victimes de leurs esprits animaux, à la traîne de leurs impulsions. On est loin du choix rationnel effectué au préalable parmi un ensemble d'options possibles !

L'expression « nerfs, humeurs, digestions et réactions au climat » renvoie à un champ lexical précis, celui du corps. Par où Keynes souligne combien décision et action ont un caractère quasi réflexe. Ce serait finalement le corps qui parlerait, bien plus que la raison. Le corps, c'est-à-dire les passions les plus viscérales, les émotions les plus profondes.

Serait-on pour autant fondés à y voir la marque de l'irrationnel ?

Non, nous prévient-il. « Ne nous hâtons pas de conclure que toute chose dépend de fluctuations psychologiques irraisonnées », évoquant les « *effets compensateurs* » des conventions dont le rôle est de réduire l'incertitude. Ainsi ces dernières constituent-elles, en quelque sorte, un substitut à une impossible connaissance parfaite. « En tant qu'êtres humains, nous sommes

14. Keynes [1998, p. 176].

contraints d'agir. La paix et le confort de l'esprit nécessitent que nous nous cachions à nous-mêmes l'étendue de notre ignorance. Pourtant, nous avons besoin d'être guidés par quelque hypothèse. Nous tendons de fait à substituer au savoir hors de portée certaines conventions » [Keynes, 1987, p. 124]. Le rôle des conventions chez Keynes, bien connu, a été analysé en profondeur depuis des décennies [Orléan, 1994 ; 2009 ; Barrère, 1990 ; Favereau, 1988]. « Il est préférable pour la réputation d'échouer avec les conventions que de réussir contre elles » ironise-t-il. Ces conventions, qui émergent à un niveau macro, forment la base de la psychologie individuelle. Elles sont des réducteurs d'incertitude, qui permettent de substituer la confiance à l'ignorance relative [Shackle, 1972]. Aussi les esprits animaux ne surgissent-ils pas nus ; ils viennent habillés de conventions. En première approximation, ces dernières peuvent se voir comme des raisonnements déjà là, plus à faire, largement partagés au sein d'une communauté. De façon plus générale, le choix rationnel de maximisation de l'utilité sous contraintes peut être vu, dans une optique keynésienne, comme l'exception d'une règle dessinée par les esprits animaux. « Notre besoin inné d'activité constitue le véritable moteur des affaires, nos moi rationnels [*rational selves*] choisissant de leur mieux entre les solutions possibles, calculant chaque fois qu'ils le peuvent, mais s'effaçant souvent devant les impulsions dues au caprice, au sentiment ou à la chance[15]. » (Nous rétablissons le terme d'origine, remplacé dans la traduction de Largentaye par le très imprécis « notre cerveau ».) Il y a ainsi, pour Keynes, dualité des anticipations de long terme : le mode par défaut est celui, ancré dans les émotions, des esprits animaux, mais cela n'empêche pas, quand on le peut, d'avoir recours au calcul.

Mais si les esprits animaux ne calculent pas, comment prévoient-ils le rendement des investissements envisagés ? Un indice crucial a été glissé en note de bas de page au début du chapitre 12 de la *Théorie générale*, où Keynes renvoie à son *Treatise on Probability*. Or, dans cet ouvrage, le raisonnement en incertitude fait appel à des jugements analogiques, c'est-à-dire des évaluations essentiellement qualitatives de la ressemblance entre événements ou/et propositions. La situation future, dans toute sa complexité, sera-t-elle *similaire* à un agencement de caractéristiques connues ? est ainsi la question implicite que se poseraient les esprits animaux et à laquelle ils répondent de manière simple.

15. *Ibid.*, p. 177.

Pour résumer sur ce point : les esprits animaux ne s'appuient pas sur le calcul probabiliste mais sur un jugement analogique charnel, ancré dans les émotions, les bases duquel sont fournies en partie par les conventions.

1.3. L'habitus ou la connaissance par corps

Cet aspect charnel de l'action constitue également le point saillant de l'analyse menée par Bourdieu.

> « Le monde est compréhensible, immédiatement doté de sens, parce que le corps, qui, grâce à ses sens et à son cerveau, a la capacité d'être présent à l'extérieur de lui-même, dans le monde, et d'être impressionné et durablement modifié par lui, a été longuement (dès l'origine) exposé à ses régularités. Ayant acquis de ce fait un système de dispositions accordé à ces régularités, il se trouve incliné et apte à les anticiper pratiquement dans des conduites qui engagent une connaissance par corps assurant une compréhension pratique du monde tout à fait différente de l'acte intentionnel de déchiffrement conscient que l'on met d'ordinaire sous l'idée de compréhension. Autrement dit, si l'agent a une compréhension immédiate du monde familier, c'est que les structures cognitives qu'il met en œuvre sont le produit de l'incorporation des structures du monde dans lequel il agit, que les instruments de construction qu'il emploie pour connaître le monde sont construits par le monde. Ces principes pratiques d'organisation du donné sont construits à partir de l'expérience de situations fréquemment rencontrées et sont susceptibles d'être révisés et rejetés en cas d'échec répété[16]. »

Ce « savoir », intuitif, quasi réflexe, fonctionne à la manière d'une potentialité ; il vient d'une exposition aux régularités sociales de ce monde. Ce sens pratique a pour nom « habitus ». Pourquoi « sociales » ? Parce que les individus ne naissent pas dans un monde vierge ; les individus qui les ont précédés leur lèguent une société, caractérisée par ses règles et ses interdits, ses conventions et ses non-dits. Or, sur ce passé, ils ne peuvent avoir de prise. Il fait partie d'eux, sous la forme incorporée des habitus, traduisant par des « dispositions, une position différentielle dans l'espace social, [et] qui fonctionne dans la pratique sans accéder nécessairement à la représentation explicite[17] ». Les habitus sont à la fois schèmes de perception, d'évaluation et de pratiques qui permettent aux individus de s'orienter d'instinct et d'agir spontanément. Si les dispositions s'attachent aux positions, c'est qu'elles sont dues au volume et à la structure des différentes sortes de capitaux détenus

16. Bourdieu [1997b, p. 163].

17. Bourdieu [1989, p. 9].

(économique, culturel, social, symbolique) que les agents cherchent à accumuler, à la fois mobilisables, dans une visée stratégique, et poussant à l'action, dans une optique structurale. La notion d'habitus est inséparable de celle de champ (voir plus loin, section 2.2). Les anticipations des habitus sont de nature analogique [Bourdieu, 1979] et, par là, qualitative. L'habitus, comme « sens du jeu », est une « sorte d'induction pratique fondée sur l'expérience antérieure » [Bourdieu, 1994, p. 155]. De fait, il consiste en une « généralisation pratique » [Bourdieu, 1997b, p. 71] de l'expérience quotidienne permettant de « maîtriser les problèmes de *même forme* » [*id.*, p. 71 : nous soulignons].

À première vue, on a là une conception très proche de celle des esprits animaux, en ce que les deux mettent en avant l'aspect corporel, non calculateur, de l'action, et qu'ils insistent sur les pouvoirs de l'analogie. L'habitus est bien sûr de nature sociologique mais, justement, tout individu s'insère dans une société, même les entrepreneurs, et l'auteur de la *Théorie générale* ne s'est pas fait faute d'analyser la place, cruciale, dévolue aux conventions, si bien que, en première approximation, on peut y voir un prolongement de l'analyse keynésienne.

Notons que la conception probabiliste de Bourdieu diffère quelque peu de celle de Keynes, sans que les conclusions théoriques divergent. À ses yeux, les probabilités sont à la fois d'ordre ontologique et épistémique. Elles existent en tant que telles (elles sont « objectives ») au niveau macro, et font l'objet d'une appréhension imparfaite, non calculée, de celles-ci, au niveau micro, rebaptisée « espérance subjective » [Bourdieu, 1980]. La filiation est clairement établie : « L'on tient, avec Popper, les valeurs prises par les fonctions de probabilité comme des mesures de la force de propension à se produire des événements correspondants[18] ». Dès 1957 [Popper, 1980, 1992], Popper se ralliait à une théorie des probabilités originale et relativement en avance sur son époque. Jusqu'alors, elles étaient vues, dans leur version ontologique, comme rapports de fréquences d'événements (par exemple sur cent cygnes, tant sont noirs) dues aux perturbations de causes accidentelles par rapport à l'action d'une cause constante. La causalité était conçue comme succession d'événements (si A, alors nous avons tant de chances « d'obtenir » B) ; Popper change la perspective en succès d'événements (il y a causalité si A augmente les chances d'obtention de B). La probabilité est affaire de forces ou propensions matérielles.

18. Bourdieu [1997b, p. 256].

Le plus clair du temps, les individus – Bourdieu parle plus volontiers « d'agents » – ont recours, au quotidien, à leur habitus, faisant l'économie du calcul maximisateur de la théorie néo-classique. Ce dernier reste possible, mais il n'est guère fréquent en regard du gros de nos actions. Là aussi, il constitue une exception d'une règle plus générale faisant la part belle à la mise en œuvre spontanée d'un sens pratique incorporé. « Ils peuvent se conduire de telle manière que, à partir d'une évaluation rationnelle des chances de réussite, il apparaît qu'ils ont eu raison de faire ce qu'ils ont fait, sans qu'on soit fondé à dire que le calcul rationnel des chances ait été au principe du choix qu'ils ont accompli[19]. »

C'est justement là que le bât blesse Olivier Favereau. Comme dans l'orthodoxie économique, « les agents sont supposés disposer d'une représentation correcte du monde et de ses lois de fonctionnement, celle-là même qu'utilise le théoricien ».[20] » Il convient, dès lors, de s'interroger sur la rationalité des conduites et d'aller au-delà de ces premières impressions quant à la convergence entre esprits animaux et habitus.

2. Anticipations rationnelles, anticipations raisonnables : nos actions sont-elles ajustées au monde ?

Pour comprendre le trouble de Favereau, il faudra s'autoriser un léger détour par la théorie dominante (*mainstream*) de la rationalité (1). Il sera temps, alors, de la mettre en parallèle aux analyses bourdieusiennes générales (2). La question centrale de l'ajustement de nos actes au monde, à quoi l'on peut ramener celle de rationalité, doit être également posée aux esprits animaux (3). À cette condition seulement pourrons-nous établir si les deux concepts se recoupent, divergent ou se prolongent.

2.1. La théorie du choix rationnel

Afin d'obvier à toute ambiguïté terminologique, commençons par définir ce qu'est la rationalité. La distinction opérée par Walliser [Walliser, 2000] nous semble la plus judicieuse. Celle-ci se subdivise en deux. Sa composante cognitive est orientée vers la vérité, tandis que sa composante instrumentale, tournée vers l'action, vise l'adéquation des moyens aux fins. Il est bien évident que les deux s'articulent étroitement. Pour ce qui est de la première,

19. Bourdieu [1994, p. 150].

20. Favereau [2001, p. 271].

Elster [Elster, 2010] a proposé de disjoindre la recherche d'informations de leur traitement en vue de produire une connaissance[21]. Seulement, la dichotomie opérée ne paraît ni claire ni opérante. Toute recherche obéit à un principe directeur, fût-il inconscient, principe en lui-même fruit d'une certaine connaissance, fût-elle imparfaite et incomplète. Le cerveau n'est pas une machine à broyer des données pour en tirer de l'intelligence ; il ne va pas à la pêche aux informations indépendamment du produit de sa pêche. Autrement dit, recherche et traitement d'informations participent d'un même élan vers la vérité. Quant à la seconde, sa forme instrumentale, il lui a souvent été adjoint une rationalité axiologique [Steiner, 2007 ; Boudon, 2003 ; Boudon, 2005]. Celle-ci viserait l'adéquation des actions à des valeurs. Que l'on nous permette d'exprimer un certain scepticisme. Une valeur constitue tout simplement un autre type de fin, si bien que c'est toujours l'adéquation aux fins qui est poursuivie, quelle que soit la nature de ces dernières. Rappelons que la grande force du programme néoclassique de la rationalité consiste justement en ce que les objectifs des individus ne leur sont jamais attribués par le modélisateur (voir par exemple [Arrow, 1983]).

Arpentons le versant « cognitif » de la rationalité orthodoxe. Trois grandes familles de modèles se détachent. Dans la première, une liste d'états de la nature se présente au décideur, lequel peut attribuer à chacun d'entre eux une probabilité et lui associer une conséquence, appelée « préférence », chiffrable, stochastique ou non. Nous obtenons ainsi le cadre général du modèle d'utilité espérée. Les développements de l'économie comportementaliste sont, dans leur grande masse, à rattacher à cette famille, vu qu'ils se « contentent » d'introduire une variable de déformation des probabilités ou des préférences pour rendre compte des anomalies détectées (aversion pour le risque dans le domaine des gains, préférence pour le risque dans le domaine des pertes, aversion pour les pertes, effet de dotation, etc.) [Kahneman & Tversky, 1992 ; Fox & Poldrack, 2009]. Comme l'admettent certains de ses représentants les plus éminents : « La plupart des articles de [l'économie comportementaliste] modifient une ou deux hypothèses de la théorie standard dans le sens d'un plus grand réalisme » [Camerer & Loewenstein, 2004, p. 2]. Même avec des probabilités non additives [Einhorn & Hogarth, 1987 ; Gilboa, 1987 ; Schmeidler, 1989], non linéaires [Quiggin, 1982 ; Yaari, 1987], non uniques [Gärdenfors & Sahlin, 1982 ; Gilboa, Postlewaite, Schmeidler, 2008], et

21. Au vrai, Elster en a rajouté deux autres : la rationalité adaptative (les croyances s'ajustant aux désirs, et inversement) et la rationalité émotionnelle. Quoique ces deux notions renvoient à de vrais phénomènes, ils viennent plutôt brouiller l'intelligibilité de l'analyse : dans toute action, il s'agit de savoir si on est dans le vrai, et si nos moyens sont adaptés.

même avec des préférences stochastiques [MacFadden, 2000], la démarche demeure la même : maximiser une fonction mathématique. En dépit de la vigueur des critiques adressées à la première [Simon, 1978], la deuxième est d'inspiration très similaire puisqu'il s'agit des modèles de rationalité limitée, proposés originellement par Simon [Simon, 1979 ; Simon, 1982]. Il s'agit également de multiplier probabilités et utilité ; seulement, au lieu de chercher à maximiser, l'individu opte pour la première solution qui dépasse un certain seuil ou critère défini à l'avance [par exemple, Gigerenzer, 2001] ou, si plusieurs sont satisfaisantes, celle qui l'est le plus : « Selon cette théorie du comportement "satisfaisante", l'individu examine les alternatives ouvertes à lui, et si un sous-ensemble de ces dernières est perçue comme satisfaisante, il choisit l'une d'elle (vraisemblablement la meilleure du sous-ensemble). » [Simon & Stedry, 1969, p. 279] D'où l'importance de l'histoire, puisque la première solution satisfaisante (*satisficing*) rencontrée peut ne pas être optimale. Il en découle des phénomènes de dépendance au sentier (*path-dependency*) largement étudiés. La troisième famille de modèles est issue de la théorie des jeux [Von Neumann & Morgenstern, 1944 ; Binmore, 1990]. Comme les deux autres, elle fait aussi appel aux probabilités et à l'utilité. La différence principale réside dans le centre d'analyse : l'interaction. Il s'agit de prendre en compte, de façon paramétrique, des actions possibles de l'individu avec lequel on est en relation. Les deux autres familles, elles, n'hébergeaient le cocontractant que dans la chambre non éclairée de préférences exogènes. De ce point de vue, la théorie des jeux est plus proche du réel puisqu'elle essaie d'endogénéiser, dans des limites chiffrées par l'expérimentateur, ces mêmes préférences [Yildizoglu, 2004]. D'une façon ou d'une autre, ces trois familles visent la maximisation sous contraintes. Dans la théorie des jeux, il s'agit de choisir, compte tenu de la réaction prévisible de l'individu avec lequel on interagit, la solution qui offre la récompense la plus élevée, dût-on aboutir à une solution sous-optimale du point de vue de la collectivité. La rationalité limitée, quant à elle, peut être considérée comme une variante des modèles classiques étendus aux situations où l'on ne peut dresser à l'avance la liste des états de la nature : il nous faut alors nous contenter, en quelque sorte, de la première circonstance qui nous paraît « la meilleure », même si l'on réalise, après coup, qu'il en existait d'autres, plus optimales[22].

22. La ligne de partage entre orthodoxie et hétérodoxie traverse le courant de la rationalité, voilà notre hypothèse. Dès lors que l'on quitte les délices des fonctions mathématiques pour leur préférer ceux des algorithmes simples ou des règles décisionnelles qualitatives, on penche du côté hétérodoxe. Certains modèles d'un Reinhart Selten, insistant sur l'aspect qualitatif des décisions et se méfiant des probabilités [Selten, 2001] ou d'un Gigerenzer avec ses heuristiques fastes et frugales [Gigerenzer & Goldstein, 1996] nous semblent se tenir à la frontière.

Reste à répondre à l'objection de bon sens : pourquoi une telle orgie mathématique alors que, à l'évidence, les individus n'ont pas la tête farcie de chiffres précis ? L'analogie astucieuse et séduisante mise en avant pour dévier les coups de la critique, celle d'une parenté entre raisonnement probabiliste et utilisation du langage, ce dernier requérant des opérations très complexes réalisées de manière totalement inconsciente et automatique, ne résiste pas à l'examen empirique [Kahneman, 2011].

L'orthodoxie microéconomique s'est longtemps distinguée par l'acception subjectiviste de son approche des probabilités, suivant en cela les brisées de Ramsey [Ramsey, 2003] et Savage [Savage, 1954]. La démarche, considérablement raffinée depuis, consiste à poser que le degré de croyance peut s'évaluer par « la propension à agir sur la base de cette croyance[23] ». D'où l'idée d'examiner l'action que l'on serait prêt à réaliser pour en déduire la croyance. Ramsey illustre sa méthode par le choix de deux chemins à un embranchement. « Je propose par conséquent d'utiliser la distance que je serais disposé à franchir comme mesure de la confiance en mon opinion[24] ». La méthode est généralisée *via* le pari : l'on pourrait mesurer le degré de croyance d'un individu aux sommes qu'il serait enclin à miser sur son action. Ce subjectivisme n'a de chances de correspondre au monde que si celui-ci est de nature ergodique, c'est-à-dire homogène et répétitif [Davidson, 1991 ; 1996]. C'est seulement sur la base de cette supposition que probabilités subjectives et probabilités objectives peuvent coïncider, comme dans la variante forte des « anticipations rationnelles » [Mishkin, 2007] ou les théories du capital humain à la Becker [Becker, 1992]. Sans doute s'agit-il là d'une déviation par rapport à l'approche originelle relevant du subjectivisme, quoique l'on puisse tout aussi bien soutenir qu'il existe également un tropisme objectiviste dans le programme orthodoxe, symbolisé notamment par les modèles d'équilibre général walrassiens [Walras, 1988 ; Debreu, 1984 ; Hahn, 1978 ; Guerrien, 1989 ; Cartelier & Frydman, 2001]. Cette oscillation, ou cette contradiction, permet de jouer sur les deux tableaux : accorder une place de choix à la psyché humaine au plan micro, ne pas l'égarer trop loin des sentiers balisés de la rationalité et de l'équilibre au plan macro. De fait, même si les décisions peuvent n'être pas optimales à court terme, elles tendent à l'être sur le long terme. La rationalité se situe au niveau ex-ante, au moment de la prise de décision, et ex-post, par l'apprentissage. Toute erreur finit redressée dans une maison de correction

23. Ramsey [2003, p. 164].

24. *Ibid.*, p. 168.

bayesienne. Tôt ou tard, l'individu finit par partager la vision du monde du modélisateur.

Pour Bourdieu, nous l'avons vu, les individus « peuvent se conduire de telle manière que, à partir d'une évaluation rationnelle des chances de réussite, il apparaît qu'ils ont eu raison de faire ce qu'ils ont fait ». Peu importe, alors, qu'ils ne l'aient pas fait intentionnellement, ex-ante, si, ex-post, on s'aperçoit que tout se passe *comme si* ils l'avaient fait. Troublante méthode qui a des accents friedmaniens [Friedman, 1995]. En première analyse, Favereau semble avoir raison en pointant la convergence de vues entre orthodoxie économique et orthodoxie bourdieusienne : là où la première promeut une rationalité ex-ante, au moment de la prise de décision, la seconde se traduit par une rationalité ex-post, après application du sens pratique. Dans un cas comme dans l'autre, il semble y avoir adéquation de l'action individuelle aux structures de l'économie. Voilà qui reste à examiner plus en détail.

2.2. Champ et habitus : accords et désaccords

Une communauté humaine ne saurait fonctionner sans règles, fussent-elles implicites ou tacites. Au sein de toute société coexistent une pluralité de logiques. L'espace social est divisé en champs. Ces divers univers s'emboîtent les uns dans les autres, un peu à la manière d'une collection de poupées gigogne. Un champ général, englobant, résume les diverses positions et représente la place occupée dans la hiérarchie sociale, c'est-à-dire le pouvoir détenu. Le social est, par essence, conflictuel. Chaque champ fonctionne selon sa logique propre, ou *nomos*, irréductible à celui d'un autre, quoiqu'il soit possible de dégager des lois générales, abstraites, de fonctionnement. L'enjeu de chaque champ est mouvant ; la définition des enjeux légitimes fait partie des enjeux du champ, « à la fois champ de force et champ de luttes pour transformer ces rapports de forces[25] ». Les ressources (ou capitaux de diverses natures : économique, culturel, social, symbolique) qui y signent la consécration sont à la fois rares et inégalement distribuées. Autrement dit, le volume et la structure des capitaux détenus définissent la position sociale à travers le prisme du *nomos*. D'où une hiérarchie qui s'établit, selon que les agents se situent plutôt vers le pôle dominant ou dominé du champ. La loi du capital est universelle : il s'échange, se dilapide, s'accumule, si bien que les positions auxquelles il permet l'accès ne sont pas figées, les agents mettant en œuvre des stratégies de reproduction ou de mobilité.

25. Bourdieu [2000b, p. 61].

La déclinaison de la notion rend des services éminents. Mais elle a toute l'opacité des évidences naturelles. De fait, Bourdieu s'est bien gardé d'entrer trop en profondeur dans la mélasse gluante des détails ingrats. L'analogie présente des limites, notamment pour ses variantes symbolique et sociale. Certains auteurs en ont déduit qu'il s'agissait de formes de « méta-capitaux », dépourvus de contenu propre, démultipliant les effets de leurs homologues économiques et culturels [Godechot & Mariot, 2004]. Ils ont raison dans leur malaise, mais non dans les réponses qu'ils y apportent. En effet, les capitaux symbolique et social n'ont pas moins de contenu propre que le capital économique, puisque ce dernier peut prendre toute forme : il n'est pas de marchandise qui ne puisse en tenir lieu, dès lors qu'elle est reconnue par tous les cocontractants comme légitime pour l'échange [Polanyi, 1983 ; Aglietta & Orléan, 2002]. On peut même soutenir que, à la base du capital économique, la monnaie, il y a le symbole le plus puissant qui soit, celui de la souveraineté [Aglietta & Orléan, 1998]. On n'en est pas pour autant fondé à parler de méta-capital car la possession de capital économique influe sur la structure du capital symbolique détenu. Reste que, comme nous l'avons signalé, l'analogie ne fonctionne pas entièrement. Au vrai, au contraire de l'économique, le capital social se dilapide par l'inaction, presque naturellement. Il n'y a pas vraiment de rente possible. De même, il n'y a pas toujours de conversion : faire appel à son réseau (c'est-à-dire « dépenser son capital social ») en vue d'obtenir des avantages symboliques ou économiques n'en diminue pas nécessairement la taille ou l'efficacité, hors les cas d'abus ou de sur-sollicitation. Bien sûr, la personne de qui l'on obtient un service peut s'attendre à ce qu'on lui retourne, un jour ou l'autre, la faveur ; le capital ne diminuera alors que si l'on s'abstient de le faire. Si l'on cherche à regarder plus attentivement une pièce de capital social, ce que nous avons déjà commencé à faire, on aperçoit, côté pile, une ressource immatérielle (informations transmises ou obtenues), côté face, une ressource matérielle (mobiliser les énergies des uns et des autres).

Le champ n'existe pas en dehors des agents qui le composent. Mieux : ce sont ces derniers qui le constituent. La structure ne leur préexiste pas, elle épouse les contours mouvants de leurs luttes. « C'est dans la relation aux différentes sources de champ, c'est-à-dire entre les différentes entreprises de production, que s'engendrent le champ et les rapports de force qui le caractérisent[26]. » Mais, un peu à la manière des hommes selon Marx, qui font l'histoire sans savoir l'histoire qu'ils font, il est des lois de fonctionnement des champs qui échappent à la conscience de ceux qui s'y engagent. De fait,

26. Bourdieu [2000a, p. 235].

l'apport de l'analyse bourdieusienne tient en la dissection d'un inconscient social incorporé dans les habitus et en la description fine de la dimension quasi-réflexe (conditionnée et conditionnelle) de l'action. La position au sein du champ est au principe des prises de position. Toute action est relationnelle et dispositionnelle. Elle découle de la confrontation de l'habitus au champ et explique qu'elle peut être couronnée de succès sans viser une fin explicite.

L'habitus est tout à la fois structure de préférences, principe de perception et sens pratique, c'est-à-dire fondement corporel, non délibératif, de l'action. Il ne tombe pas du ciel mais résulte de l'exposition aux régularités de la vie en société et de l'imprégnation insensible qui en résulte. Il s'ajuste plus ou moins aux nécessités du jeu social, à savoir des champs. « L'agent n'est jamais complètement le sujet de ses pratiques : à travers les dispositions et la croyance qui sont au principe de l'engagement dans le jeu, tous les présupposés constitutifs de l'axiomatique pratique du champ [...] s'introduisent jusque dans les intentions en apparence les plus lucides[27]. » Histoire faite corps, l'habitus rencontre au quotidien l'histoire faite chose, les champs. Bourdieu aime à résumer sa théorie de l'action par l'équation : habitus + champ = action.

Ici surgit la pomme de discorde. L'équation précédente peut se lire de manière mécanique, et nombreux sont les théoriciens à avoir intenté à Bourdieu un procès en déterminisme. Force est de reconnaître le caractère péremptoire de certaines formulations, qui ont pu laisser penser que cela était le cas : « orchestration sans chef d'orchestre », « pratiques immédiatement ajustées aux structures », « accord entre le sens pratique et le sens objectivé[28] »... Il n'est, dès lors, pas étonnant que Favereau ait cru déceler une « circularité habitus/champ » ou une « configuration de complète reproduction, avec des agents individuels dont la rationalité s'accorde parfaitement (donc exclusivement) avec cette configuration de complète reproduction[29] ». De même, aux yeux de Richard Sobel et Nicolas Postel, entre habitus et champ, il n'y aurait qu'un monologue du social [Postel & Sobel, 2006]... Pareilles interprétations sont sans doute excessives. En effet, à la différence des sciences naturelles, où la très large majorité des phénomènes étudiés n'ont pas de point de vue sur eux-mêmes, tout individu est inclus dans les divers univers sociaux, et y est mu par des intérêts propres, et il porte en conséquence un jugement sur lui-même et la société, source *potentielle* de

27. Bourdieu [1997b, p. 166].

28. Ces citations sont toutes extraites de [Bourdieu, 1980, p. 97-100].

29. Favereau [2001, p. 284].

résistance face aux dévoilements de l'analyse sociologique. C'est pourquoi Bourdieu a souvent forcé le trait pour inciter à la prise de conscience : parlant d'« outrances inutiles », évoquant « la tentation de "tordre le bâton dans l'autre sens", pour surmonter les résistances[30] ». Plus fondamentalement, les critiques oublient de signaler que l'habitus est propension, tendance et non pas ordre impérieux. Certainement ces « outrances inutiles » sont-elles à l'origine de la lecture peu vigilante des textes mêmes cités par Favereau à l'appui de sa thèse : « les agents forment, *dans la grande majorité des cas* [...] des espérances raisonnables, c'est-à-dire ajustées aux chances objectives » ; « l'habitus *contribue* à déterminer ce qui le détermine » ; « les habitus [...] *peuvent* être objectivement adaptés à leur but »[31]... Les lois dégagées par Bourdieu sont des corrélations statistiques : « S'il est exclu que tous les membres de la même classe (ou même deux d'entre eux) aient fait *les mêmes expériences et dans le même ordre*, il est certain que tout membre de la même classe *a des chances plus grandes* que n'importe quel membre d'une autre classe de s'être trouvé affronté aux situations les plus fréquentes pour les membres de cette classe[32]. » Interprète perspicace, Lordon voit en elles non seulement des « lois d'agrégation qui, comme telles, n'excluent nullement la divergence de quelques destins individuels », mais aussi des régularités nées d'habitus « générateurs sous-déterminant de comportements[33] ». Ceux-ci ne relèvent pas de « la logique de la vertu dormitive » chère aux médecins du temps de Molière[34] car les dispositions dont il est question doivent s'entendre « au double sens de capacités et de propensions[35] ». L'habitus est aiguillon et non aiguille (d'horloge). La nuance est très importante. Nous avons vu plus haut que le principe causal de Bourdieu est celui de Popper ; ce n'est pas un monde de conditions nécessaires et suffisantes, mais de propensions physiques. Pour en donner un exemple à prendre au sens métaphorique, car il n'y a pas de précision chiffrée possible : je prends telle décision si je fais trois ou plus avec un dé. Dans certains cas, le dé tombera sur un ou deux ; je m'abstiendrai. Dans d'autres cas rigoureusement identiques, le dé tombera sur un chiffre supérieur ; j'agirai. Mais il n'y aura pas plus rationalité dans un cas qu'irrationalité dans l'autre. Il serait aussi absurde de prétendre y voir

30. Bourdieu [1992a, p. 304].

31. Favereau [2001], souligné par nous.

32. Bourdieu [1994, p. 100], souligné par Bourdieu et par nous.

33. Lordon [2003, p. 6].

34. Bourdieu [2000a, p. 263].

35. Bourdieu [2000a, p. 261].

une forme classique de déterminisme ou de circularité habitus-champ que d'affirmer, une fois que le dé a fait « six », qu'il ne pouvait que tomber sur ce chiffre.

Par ailleurs, quatre phénomènes empêchent de lire la théorie bourdieusienne dans un sens mécanique. En premier lieu, toute action ne résulte pas de la mise en œuvre des habitus. Il est des actes accomplis en réponse à une visée intentionnelle, délibérée, voire calculée, ceux-là même sur lesquels se focalise la théorie néoclassique avec la figure tutélaire de l'*homo œconomicus*. Au deuxième chef, une prise de conscience individuelle est possible en dehors même du recours à la sociologie. Bourdieu a suffisamment loué l'acuité sociologique du regard d'un Coluche pour qu'il nous soit permis de ne pas nous appesantir sur ce point. Par ailleurs, les habitus peuvent porter la marque d'une socialité contradictoire, et être ainsi clivés, fragmentés. Enfin, si l'habitus n'est pas l'habitude, mais puissance de renouvellement, structure génératrice de nouvelles préférences, perceptions et pratiques, il peut être sujet à hystérèse. « L'écran que l'habitus introduit entre le stimulus et la réaction est un écran de temps, dans la mesure où, issu d'une histoire, il est relativement constant et durable, donc relativement affranchi de l'histoire[36]. » L'habitus traduit l'inertie des comportements, la pesanteur de l'identité. Pour autant, il n'est pas immuable et fixe. Produit de l'histoire, il est appelé à évoluer au gré des expériences individuelles. Seulement, pareille accommodation ou actualisation ne se fait pas sans résistance, le passé tendant à se survivre en réinterprétant les événements dans le sens le moins coûteux en termes psychiques pour l'agent ou en cherchant des occasions ou des contextes où il peut se renforcer et ainsi contrebalancer les écarts éventuels entre attentes et réalisations. Aussi est-il tout simplement inexact d'affirmer : « [S]oit l'habitus se structure fondamentalement et initialement autour de la satisfaction de certaines anticipations [...], soit il se restructure continuellement autour des erreurs d'anticipations, inévitablement enregistrées tout au long de l'existence – il faut choisir[37]. » Que les expériences premières soient surpondérées n'implique pas qu'aucune ne soit possible...

On le voit, la rationalité des habitus, loin d'être parfaite, ne verse pas pour autant du côté obscur de l'incohérence, pas plus qu'elle ne peut être assimilée à la démarche de l'orthodoxie économique. Bourdieu préfère parler d'anticipations raisonnables. Nous le suivrons sur ce point. Quand rationalité il y a, elle se joue au niveau macro, autant que micro : à l'échelle

36. Bourdieu [2000a, p. 260].

37. Favereau [2001, p. 263].

sociale, il s'agit d'une constatation statistique, générale ; au plan individuel, l'habitus est propension, aiguillon, tendance au lieu d'être ordre impérieux.

2.3. Esprits animaux, conventions et anticipations auto-réalisatrices

La littérature sur les esprits animaux est, c'est le moins que l'on puisse écrire, loin d'être pléthorique. Quelques économistes néokeynésiens et comportementalistes s'y sont essayés. Les esprits animaux sont-ils rationnels ? Dans un essai retentissant, Akerlof et Shiller [2009] les plongent dans une marmite où bouillonnent « motivations non économiques », « confiance, tentations, envie, ressentiments, illusions[38] »... Pour eux, pas de doute, les « préoccupations d'équité », la « vulnérabilité aux tentatives de corruption » et la « répulsion envers les actes immoraux des autres », l'« illusion monétaire » et, enfin, un « mode de pensée plus influencé par des histoires vides que par un raisonnement économique[39] » constituent autant de manifestations de ces « esprits égarés[40] », « irrationnels ». Alors que le champ d'application du concept, selon Keynes, englobait les « seules » décisions d'investissement et de spéculation, malgré une formulation très générale qui laissait à penser qu'il s'agissait en fait d'un mode de pensée très répandu dans la vie quotidienne, Akerlof et Shiller l'étendent notamment à la consommation et au marché du travail.

Un peu dans la même veine, Farmer voit dans les esprits animaux l'incarnation de « l'exubérance irrationnelle » [Farmer, 2009]. Ou bien, tout en reconnaissant qu'ils « importent », il en fait une équation de formation de croyances autoréalisatrices suivant une marche aléatoire (*random walk*) [Farmer, 2010]. Il n'en donne à aucun moment de définition précise. Pour ce qui est de De Grauwe, il les rend responsables de « vagues stochastiques d'optimisme et de pessimisme » dans le cadre d'équilibre général walrassien moderne de la DSGE [De Grauwe, 2011], car les agents ne seront jamais à même de saisir pleinement le vrai modèle sous-jacent. Rappelons que ce cadre fait nécessairement appel aux probabilités ou à « l'apprentissage statistique », alors même que Keynes qualifiait « d'esprits animaux » les prévisions *non* probabilistes. Ecueil dans lequel les autres néokeynésiens critiques du concept d'anticipations rationnelles tombent eux aussi, malgré qu'ils en aient. Ainsi,

38. Akerlof & Shiller [2009, p. 4].

39. Chacune de ces déclinaisons des esprits animaux fait l'objet d'un chapitre à part entière. Pour la dernière citation, *ibid.* [p. 73].

40. *Ibid.*, p. 3.

par exemple de Peter Howitt, qui explique : les « anticipations de ventes de la firme [sont] formées initialement sur la base des esprits animaux, puis suivant une règle d'anticipations adaptatives » [Howitt, 2007, p. 72]. En d'autres termes, les esprits animaux forment la base des probabilités *a priori* d'un apprentissage bayesien. Le paramètre *xMax* de son modèle, censé en être une traduction, est ainsi une variable aléatoire. Ce faisant, non seulement il opacifie plus qu'il n'éclaire la complexité, mais il lui donne une forme qu'elle n'a sans doute pas. En outre, il se situe toujours dans la dichotomie rationnel/ irrationnel. Pour rendre justice à ces économistes néokeynésiens, il est vrai que les esprits animaux semblent se prêter difficilement à la modélisation, surtout si l'on prend au sérieux les mises en garde de Keynes contre l'usage intempestif des probabilités.

Quant à Loewenstein et O'Donoghue, économistes comportementalistes en vue, ils proposent un modèle intéressant de dualité cognitive : aux côtés du système délibératif rationnel agirait un système affectif, siège des esprits animaux [Loewenstein & O'Donoghue, 2004]. Le second se mettrait en branle avant le premier ; de là le sentiment, parfois, d'être double ou écartelé par les contradictions. Toutefois, le premier peut contrôler ou réfréner les impulsions du second. Il est le cavalier quand l'autre est la monture : par moments celle-ci s'emballe et n'écoute rien, ou alors avec beaucoup de réticences et de retard. À partir de là, les auteurs élaborent un modèle ingénieux d'équilibre entre systèmes cognitifs, le délibératif cherchant à égaliser les coûts d'exercice de la volonté nécessaire pour surmonter les élans affectifs déraisonnables et les bénéfices, reflétés par sa fonction d'utilité, de l'action rationnelle. Si l'analyse s'éloigne de la théorie canonique de l'utilité espérée, elle demeure au large des rivages keynésiens, puisque les esprits animaux sont encore vus comme irrationnels.

Se voulant les fidèles exégètes de la pensée du maître, les post-keynésiens se sont lancés dans le jeu des définitions avec un peu plus de bonheur. Bien qu'ils renvoient à des « facteurs non rationnels », Marchionatti soutient que les esprits animaux ne « sont pas complètement irrationnels » [Marchionatti, 1999]. Pour sa part, Gerrard les voit comme la manifestation « d'une motivation non calculée à agir [...] Pareille propension à agir reflète les aspects non optimisateurs du comportement humain, ce qui n'implique pas nécessairement qu'ils ne peuvent être sujets à analyse systématique » [Gerrard, 1994]. Lorsqu'elle évoque le concept, Carabelli ne se fait pas faute de souligner le rejet, par Keynes, « d'une dichotomie entre rationalité et irrationalité[41] ». En outre, les esprits animaux se situeraient « entre le corps et l'âme [en tant que] principes non délibératifs d'action raisonnable[42] ». En peu de mots, la chose est dite. Toutefois, cette appréciation plus nuancée et juste du concept ne s'est pas traduite par un effort d'approfondissement ou une tentative de modélisation aboutie. En particulier, les émotions et le jugement analogique, éléments-clés des esprits animaux, n'ont guère été étudiés par les post-keynésiens. Il est vrai, ces aspects de nos décisions et prévisions sont d'une complexité redoutable.

À première vue, Keynes donne raison aux néokeynésiens, en soulignant, par exemple, l'« état d'esprit capricieux et déréglé des milieux d'affaires[43] ». Seulement, les choses sont sans doute plus compliquées et ne tombent pas dans la dichotomie rationnel/irrationnel.

Tout d'abord, l'auteur de la *Théorie générale* ne se fait pas faute d'observer que les bases d'un calcul mathématique « n'existent pas ». Dès lors, on ne saurait confondre mathématiques et rationalité. En outre, nous l'avons vu, Keynes précise explicitement que les esprits animaux ne sont pas irrationnels, car ce sont bien nos « moi rationnels » qui « choisissent » de faire appel à eux quand l'information nécessaire au calcul manque. Certes, le fait de s'en remettre aux esprits animaux entraîne celui du « degré exagéré » des dépressions et périodes d'euphorie économiques. Seulement, « c'est une caractéristique marquante du système économique où nous vivons qu'il n'est pas violemment instable, tout en étant sujet en ce qui concerne la production et l'emploi à des fluctuations sévères. À la vérité, ce système paraît capable de se maintenir pendant un temps considérable dans un état chronique d'activité inférieure à la normale[44] ». Il y a à cela plusieurs raisons.

« L'état des anticipations de long terme est souvent stable », nous prévient Keynes. D'abord en raison des prophéties autoréalisatrices. L'économie n'étant pas le jeu de lois naturelles contre lesquelles les actions des hommes ne pourraient que buter, mais bien plutôt un songe d'entrepreneurs bercés par les allusions au réel, dans lequel les lois sont pour partie de l'argile molle entre leurs mains, il n'est pas de meilleure justification à l'optimisme… que l'optimisme lui-même ! Bien sûr, il existe des forces de rappel, si bien que

41. Carabelli [1988, p. 219].

42. Carabelli [1988, p. 298].

43 Keynes [1998, p. 318].

44. *Ibid.*, p. 255. Notons ici combien la rédaction peut sembler maladroite : dans l'optique de Keynes, il aurait été plus logique d'écrire « non optimale » au lieu de « normale ».

l'euphorie finit toujours par se dissiper [Galbraith, 1992], mais celles-ci ne sont ni immuables ni régulières.

D'autre part, et cela rejoint le point précédent, les conventions des milieux d'affaires (c'est-à-dire l'accord portant sur les modalités de perception et d'action face à l'incertitude), le climat ou l'atmosphère qui y règne, ne sont pas sans exercer des effets stabilisateurs. Les esprits animaux se dopent à la confiance. Or, celle-ci s'entretient d'elle-même, à tel point qu'Akerlof et Shiller ont décelé un « multiplicateur de confiance ». Ils sont donc tout sauf déraisonnables.

Cependant, le manque peut avoir des conséquences terribles. Plus dure est la chute. Drogue hallucinogène d'un genre un peu spécial, la confiance fait tendanciellement de chaque entrepreneur un Pygmalion. Keynes releva, dans le chapitre 12 de la *Théorie générale*, qu'il valait mieux avoir tort avec le marché que raison contre lui. C'est plus l'action qui tire le réel que l'inverse. Celui-ci est tellement plastique qu'il offre prise aux rêveries collectives. Ainsi faut-il comprendre la remarque de Keynes selon laquelle « si les esprits animaux faiblissent et l'optimisme naturel chancelle, et si par suite on est abandonné au seul ressort de la prévision mathématique, l'entreprise s'évanouit et meurt, bien que les craintes de perte puissent être aussi peu fondées que ne l'étaient auparavant les espoirs de profits[45] ». Le plus important n'est pas le calcul rationnel, mais l'action d'après des normes partagées (la convention). Dès lors, l'économie a tendance à suivre et à emboîter le pas.

Comme pour les habitus, les anticipations des esprits animaux peuvent être dites raisonnables. Ni complètement ajustées au monde, ni vraiment déconnectées de la réalité, elles tirent l'économie de sa tendance à s'engloutir en elle-même, la laissant dans un état le plus souvent ni catastrophique ni satisfaisant. L'éventuelle rationalité est, le cas échéant, de nature macro ; elle renvoie à des corrélations statistiques globales. L'écart des anticipations individuelles à l'opinion du marché s'inscrit dans la dynamique des prophéties autoréalisatrices. Le marché vit de ces dissensions, tant il est vrai que, en l'absence de désaccord, il ne saurait y avoir d'échange, personne n'étant prêt, sauf cas de force majeure, à céder aujourd'hui contre 100 $ un bien dont *tout le monde* pense qu'il vaudra 110 demain. Les prophéties autoréalisatrices, phénomène macro par excellence, se nourrissent des défaillances individuelles.

45. *Ibid.*, p. 176.

3. Fondements micro de la macro et/ou macro de la micro ? Au-delà de la dualité holisme/individualisme

Il nous faut ici nous livrer au jeu des définitions liminaires. Avant de poursuivre notre comparaison des théories de la décision et de l'action de Keynes et Bourdieu, il convient d'être au clair sur le sens du terme « holisme ». Celui-ci, rarement délimité dans ses contours sémantiques, recoupe usuellement deux sens. Variante « faible », il s'énonce clairement : le tout est plus que la somme des parties. (*A contrario*, nous obtenons la signification de l'individualisme, pour qui le niveau macro ne résulte que de l'agrégation de toutes les parties micro.) Variante « forte », cela donne : il est des forces, des motivations ou des schèmes de pensée sociaux sur lesquels l'individu ne peut avoir la moindre prise, comme si la société, dotée d'une sorte de volonté propre, se servait de lui à la façon d'une marionnette. Holisme comme individualisme font du cerveau l'initiateur de l'action, le tout étant de savoir si les influences qu'il subit peuvent être maîtrisées ou non. Ainsi que l'analyse finement Pascal Ughetto, le holisme considère que l'individualité est le fruit d'un travail sur soi [Ughetto, 2006]. Suivant la variante, la focale n'est pas la même. Dans un cas (« faible »), elle est centrée sur la société ; dans l'autre (« forte »), elle se rive à l'individu. Il s'agira d'interroger nos deux auteurs avec pour objectifs ces deux variantes.

3.1. Holisme faible

Dès le *Treatise on Probability*, Keynes se fait partisan du holisme.

> « Il se pourrait très bien, soutient-il, qu'il y ait des lois tout à fait différentes pour des ensembles de divers degrés de complexité, et les lois reliant ces ensembles pourraient ne pas s'énoncer en termes d'agrégation des parties individuelles. Dans ce cas, les lois naturelles seraient holistes (*organic*) et non pas, comme on le suppose d'ordinaire, individualistes (*atomic*)[46]. »

Dans la *Théorie générale*, la plupart des concepts macroéconomiques ne semblent pas résulter d'une simple agrégation des différentes décisions micro. Cela est clair pour ce qui est de la production et, partant, de la demande effective : du fait que les processus économiques sont à double face, la charge de l'un (l'entrepreneur) étant le produit de l'autre (le salarié), on ne peut raisonner à partir de l'échelle de production individuelle, car une hausse de la production provoquée par une baisse des frais, par exemple, pourrait

46. Keynes [1973, p. 277].

alors se traduire par une chute parallèle du chiffre d'affaires. De même, pour la liquidité. Keynes met en garde contre le « fétichisme de la liquidité » soulignant à plusieurs reprises que ce concept purement micro n'a aucun sens au niveau macro. Concernant les esprits animaux, en revanche, le brouillard s'épaissit considérablement. Concepts microéconomiques, ils semblent relever d'une pure logique d'agrégation. Pourtant, ils dépendent étroitement de l'état de confiance qui, lui, a des résonances plutôt macroéconomiques.

Quant aux analyses bourdieusiennes, il fait peu de doute qu'un champ obéit à des lois de fonctionnement générales ne résultant pas simplement de l'addition des divers habitus qui le constituent. La théorie du célèbre sociologue doit quelque chose au structuralisme triomphant de ses débuts [Pinto, 2002]. Aussi est-ce la structure entière, celle des différents champs entre eux aussi bien que celle des diverses positions individuelles à l'intérieur d'un champ spécifique, qui fait sens. L'action d'un agent n'acquiert sa consistance que rapportée à la structure. Produit de l'histoire (holisme), l'habitus peut changer l'histoire (individualisme). « La relation de l'habitus au champ, dans laquelle l'habitus se détermine en déterminant ce qui le détermine, est un calcul sans calculateur, une action intentionnelle sans intention[47] » : si nous n'avons prise sur le passé, l'avenir s'offre à nos efforts, sous l'influence du passé. « La notion d'habitus permet [...] de rendre compte de processus sociaux collectifs et dotés d'une finalité objective [...] sans faire appel ni à des collectifs personnifiés posant leurs propres fins, ni à l'agrégation mécanique des actions rationnelles des agents individuels, ni à une conscience ou à une volonté centrale[48]. »

3.2. Holisme fort

De fait, Bourdieu s'est toujours fait le chantre d'un dépassement de « la fausse alternative » entre individualisme et holisme, ou finalisme (détermination par des fins) et mécanisme (détermination par des causes). « Les agents, pour si strictes que soient les nécessités inscrites dans leur position, disposent toujours d'une marge objective de liberté [...] ces libertés s'additionn[ant] dans le jeu de billard des interactions structurées[49]. » Si « Les structures mêmes du monde sont présentes dans les structures (ou, mieux, les schèmes cognitifs)

47. Bourdieu [2000a, p. 262].

48. Bourdieu [1997b, p. 186].

49. Bourdieu [1992a, p. 392].

que les agents mettent en œuvre pour le comprendre[50] », nous pouvons contribuer, non seulement à les transformer, mais à maîtriser tant soit peu nos dispositions. S'agit-il là de propos (presque) entièrement rhétoriques, comme certains ont pu le prétendre [Alexander, 2000 ; Lahire, 1998 ; Corcuff, 2001] ? Rappelons que l'habitus n'est pas déterminisme strict ; « cette notion [est] en un sens très banale (tout le monde accordera que les êtres sociaux sont au moins pour une part le produit des conditionnements sociaux)[51] ». Une prise de conscience, fût-elle partielle et limitée, est possible. Toutefois, on aurait tort de conclure que celle-ci suffit à se libérer de la pesanteur du sens pratique incorporé. Il s'agit clairement d'une condition nécessaire mais non suffisante. De même, les calculs et stratégies conscients ne sont pas exclus. Nous avons vu également que les habitus peuvent être clivés, déchirés, ou faire l'objet d'hystérèse. Il s'ensuit que nos marges de liberté sont loin d'être nulles, même si elles sont moins étendues que celles que l'on souhaiterait s'attribuer spontanément : quoique « [t]oute socialisation réussie tend[e] à obtenir des agents qu'ils se fassent les complices de leur destin[52] », toute « structure comporte toujours une part d'indétermination[53] ».

Les détracteurs ont à la fois raison et tort de souligner l'aspect incantatoire, tournant à vide, de cette articulation de l'individuel au collectif. Raison car, souvent, Bourdieu en est resté au stade de la profession de foi intellectuelle. Rien ne le manifeste mieux, selon ses contempteurs, que la dynamique des champs. Sans doute la théorie bourdieusienne est-elle encore trop à l'état embryonnaire en ce qui concerne l'analyse des changements. Un certain nombre d'entre eux, il est vrai, sont exogènes : accroissement de la population, décalage entre offre et demande de positions dominantes, mutations technologiques, évolutions proprement économiques, etc. Tort car, pour autant, les transformations des champs sont très souvent reliées aux modifications concomitantes des stratégies des agents. Elles sont également endogènes. Aussi, Bourdieu consacre-t-il une vingtaine de pages de *La Noblesse d'État* à l'analyse fine et riche des stratégies mises en œuvre par HEC, l'ENA et l'ENS pour expliquer les changements structurels constatés par ailleurs, de même qu'un chapitre entier au « champ du pouvoir et ses transformations ». Dans *Les Règles de l'art*, il analyse dans le détail les postures de Flaubert, Baudelaire et Zola, à l'origine de bouleversements macro. Sur un plan plus

50. Bourdieu [1997b, p. 180].

51. Bourdieu [1992b, p. 108].

52. Bourdieu [1989, p. 69].

53. Bourdieu [1992a, p. 392].

spécifiquement économique, dans *Les Structures sociales de l'économie*, il rend compte de l'obstination quasi-suicidaire des Maisons Phénix à suivre des stratégies peu adaptées au marché, par la conjonction d'un choc de demande, d'une crise de succession, et des structures et volume de capital détenus par chacun des acteurs en interne, explication sociologique par excellence. Sont endogènes en totalité ou en partie les différentes stratégies des agents, l'intensification de la concurrence au sein des champs, les modifications dans la structure et le volume des diverses sortes de capitaux, la redéfinition des frontières entre champs, l'évolution des relations entre eux... Comme le signale un de ses contempteurs, « ceux qui affirment que son système ne parvient pas à expliquer le changement ont certainement tort[54] ».

Pour sa part, Keynes ne manque pas de mettre en exergue, dans le fameux chapitre 12, le rôle crucial joué par les conventions, véritable nourriture première des esprits animaux. Aux yeux de certains commentateurs [Davis, 1994 ; Bateman, 1987 ; Bateman, 1991], le plus célèbre des élèves de Marshall aurait changé son fusil d'épaule en cours de carrière, visant d'abord l'intuition avant de prendre pour cible prioritaire la convention. Or cette dernière est éminemment collective ; elle est le raisonnement déjà là, plus à faire, partagé par un grand nombre. Elle oriente la perception et guide l'action. L'influence des individus sur la formation d'une convention est extrêmement limitée, pour ne pas écrire « nulle ». Par là, elle participe du fondement macro de la microéconomie des esprits animaux. Ainsi, également, de la confiance, concept qui peut se définir comme l'optimisme envers l'avenir[55]. L'individu a beau faire, il est impuissant face au climat général des affaires, climat qui ne peut qu'exercer une influence sur le délicat équilibre de l'optimisme spontané de ses esprits animaux. Où l'on voit que les esprits animaux, notion micro par excellence, ne sont pas pour autant dépourvu de fondations macroéconomiques...

Prenons un peu de champ et osons un regard à notre tableau comparatif.

Keynes et Bourdieu s'avèrent ainsi partisans d'une variante faible du holisme, tout en se démarquant d'un strict déterminisme (« holisme fort »). Mieux : si la macroéconomie a des fondements microéconomiques, il apparaît, à l'inverse, que la microéconomie s'érige sur des bases macroéconomiques.

---

54. Martuccelli [1999, p. 112].

55. Le présent est le non-temps par excellence. Sitôt qu'on essaie de le saisir par la pensée, il fuit ! Au reste, comment le définir ? Comme la plus petite unité de la conscience ? 1 seconde, 1 milliseconde, encore moins ? Toute tentative est condamnée à l'inanité et à l'arbitraire. Shackle [1979] et Bourdieu [1997] ont écrit sur le sujet de très belles pages.

La théorie de l'action orthodoxe repose sur le calcul maximisateur et le choix parmi un ensemble de possibles. À l'instar de Keynes, Bourdieu, au contraire, nous invite à y voir un quasi-langage corporel, sans délibération, habitus et esprits animaux fonctionnant le plus souvent de manière préconsciente, presque automatique. Par ailleurs, il n'y a pas choix du fait de l'homologie entre les positions sociales et les dispositions ou prises de positions, d'une part, et de l'activité spontané gouvernant les esprits animaux de l'autre.

L'un comme l'autre, les deux théoriciens, portés qu'ils sont à adopter un point de vue critique tout en nuances, ne se font pas faute de souligner « la permanence dans le changement[56] », l'économie capitaliste offrant une certaine stabilité en dépit de ses profondes imperfections. Principes spontanés d'action, esprits animaux et habitus forment des anticipations analogiques, raisonnables à défaut d'être rationnelles.

De fait, il semblerait que les habitus soient de bons prolongements sociologiques de la notion d'esprits animaux. Certes, l'analyse bourdieusienne n'est pas sans défaut et, affirmant, cela, nous sommes très loin d'avoir prononcé le fin mot de l'histoire. On admettra, avec Bernard Lahire [Lahire, 1998 ; Lahire, 2001], qu'il est des temps et des zones hors champs. Sans doute, aussi, les analyses en termes de champs et d'habitus gagneraient-elles à être empiriquement enrichies et développées. Il n'empêche : les lois générales de fonctionnement des champs semblent très pertinentes.

Conclusion

Si esprits animaux et habitus développent de profondes affinités, le second conférant au premier son épaisseur sociologique, quel enrichissement analytique permet le recours à Bourdieu ?

Pour le résumer, l'apport d'une économie des biens symboliques à la théorie économique est quintuple : le sens pratique (vs. calcul rationnel), l'endogénéisation des préférences (vs. préférences exogènes), les effets de structure qui font que l'action déborde toujours l'interaction pour inclure tous les agents d'un champ (vs. l'hypothèse substantielle individualiste), les relations de pouvoir (vs. la maximisation d'utilité étroitement économique), le dépassement de la fausse alternative holisme-individualisme (vs. les seuls fondements micro de la macro).

56. Bourdieu [1994, p. 94].

Pour les modèles d'inspiration orthodoxe, nous l'avons dit (cf. 2.1), toute décision peut s'analyser comme produit d'une fonction mathématique à maximiser. Par ailleurs, la nature sociale de l'échange ou de la production est capturée de façon paramétrique par des « préférences » ou l'induction à rebours sans surprise de la théorie des jeux. Un dialogue entre théories bourdieusienne et keynésienne peut enrichir notre compréhension économique en rompant avec ces deux points.

Sur le premier point, par exemple, l'analyse en termes de champ permet de faire éclater l'unité fictive de l'entreprise en mettant l'accent sur les relations de pouvoir se dissimulant derrière les prises de position en apparence les plus éclairées. Sur le deuxième point, les effets de structure vont bien au-delà de l'interaction : on agit, non en fonction des seules personnes directement concernées par notre décision, mais en regard de l'ensemble des protagonistes engagés dans un marché, qu'ils soient affectés ou non par le résultat de cette action. Agir, c'est se positionner. La loi de l'attraction sociale universelle : les individus, leurs psychés, pèsent les uns sur les autres, en permanence.

Du moment que les entreprises se comportent en *price-makers* et non en *price-takers*, les questions de statut et de pouvoir deviennent prééminentes [Lavoie, 1992 ; Lee, 2009 ; Éloire, 2010]. La valeur est le grand mystère de l'analyse néoclassique [Orléan, 2011]. Elle est supposée être une substance que le prix révélerait. Versant offre, le prix livre alors la clé de conversion du capital symbolique en capital économique ; versant demande, il est indice de qualité. La question de la formation des prix devient ainsi une des voies d'infiltration privilégiée de la sociologie dans l'économie, par où l'habitus se fait esprit animal. Dans son étude de cas de la restauration lilloise, à laquelle il applique théorie des prix post-keynésienne et sociologie bourdieusienne, Éloire a montré comment s'opérait la conversion du capital culinaire (le capital culturel spécifique) en capital gastronomique (le capital symbolique spécifique) *via* le capital social [Éloire, 2011]. Sont ainsi expliqués positionnement de marché et taux de rentabilité. Porter un regard sociologique sur les phénomènes économiques ne relève pas de la récréation érudite ; cela permet de pénétrer au cœur même de ce que l'analyse laisse d'ordinaire dans l'ombre de l'exogénéité.

Au reste, Bourdieu lui-même en avait donné une illustration dans l'étude de cas d'une entreprise de BTP où se confrontent trois légitimités distinctes qui ont autant à voir avec l'expression d'une logique purement économique qu'avec celle d'une logique de pouvoir interne : la production doit-elle se centrer sur le ciment, activité traditionnelle, le béton, faisant plus appel à la chimie, ou faire la part belle à des *desiderata* financiers ? Selon la position occupée dans ce champ englobé qu'est l'entreprise, la préférence ira à l'une ou l'autre des alternatives.

Sans doute tout ceci reste-t-il esquissé à trop grands traits. Dans notre souci de décloisonnement théorique, nous avons souhaité avant tout prendre date. Il s'agissait avant tout de poser les premiers jalons d'un rapprochement. Il conviendra de valider ou d'infirmer ces analyses par des études empiriques ultérieures. Les marchés financiers et les décisions d'investissement semblent s'y prêter particulièrement. Cela nous permettrait de saisir la logique dominante des opérateurs (entreprise ou spéculation) en fonction de la structure et du volume des capitaux détenus et de la position dans le champ qu'ils définissent. Une des hypothèses à tester serait la suivante : l'esprit de spéculation est positivement corrélé au capital social et culturel. Au regard des secondes, l'hypothèse la plus intuitive, mais peut-être la plus erronée, consisterait à lier impulsivité et faiblesse du capital culturel ; nous pressentons, à l'inverse, que la spontanéité de la décision est positivement corrélée à la possession de capital culturel et symbolique, selon une suggestion mise en avant par Bourdieu lui-même mais non développée ni confirmée par une enquête [Bourdieu, 1974]. Il faudrait également pouvoir observer la redéfinition des critères d'investissement en fonction des mouvements stratégiques des firmes dominantes et de l'arrivée de nouveaux entrants, en passant le tout aux filtres des diverses sortes de capitaux possédés.

Au surplus, c'est là l'intérêt du croisement fécond de Keynes et Bourdieu que de nous autoriser à saisir des comportements ne se prêtant pas, ou très peu, à la formalisation mathématique et qui n'en sont pas, pour autant, irrationnels. Cela ouvre sans doute la voie à une appréhension plus « littéraire » des phénomènes économiques qui ne serait pas moins dénuée de rigueur que les belles formules mathématiques de l'orthodoxie.

Arrimée au mât de la rationalité optimisatrice, combien de temps l'économie résistera-t-elle encore au chant des sirènes sociologiques ?

Bibliographie

Aglietta Michel & Orléan André [1998], *La Monnaie souveraine*. Paris, Odile Jacob.

— & — [2002], *La Monnaie, entre violence et confiance*. Paris, Odile Jacob.

Akerlof George & Shiller Richard [2009], *Animal Spirits*. Princeton, Princeton University Press.

Alexander Jeffrey [2000], *La Réduction : critique de Pierre Bourdieu*. Paris, Cerf.

Arrow Kenneth [1983], *Collected Papers*. Cambridge MA, Harvard University Press.

Barrère Alain [1990], *Macroéconomie keynésienne*. Paris, Dunod.

Bateman Bradley [1987], « Keynes's changing conception of probability », *Economics and Philosophy*, vol. 3, n° 1, p. 97-120.

— [1991], « Das Maynard Keynes Problem », *Cambridge Journal of Economics*, vol. 15, n° 1, p. 101-111.

Beaud Michel & Dostaler Gilles [1993], *La Pensée économique depuis Keynes*. Paris, Le Seuil.

Becker Gary [1992], « The economic way of looking at life », *Nobel Prize Lecture*.

Binmore Ken [1990], *Essays on the Foundation of Game Theory*. Oxford, Blackwell.

Boudon Raymond [2003], *Raison, Bonnes Raisons*. Paris, PUF.

— [2005], *Le Sens des valeurs*. Paris, PUF.

Bourdieu Pierre [1974], « Avenir de classe et causalité du probable », *Revue française de sociologie*, vol. 15, n° 1, p. 3-42.

— [1979], *La Distinction*. Paris, Éditions de Minuit, coll. « Le sens commun ».

— [1980], *Le Sens pratique*. Paris, Éditions de Minuit, coll. « Le sens commun ».

— [1989], *La Noblesse d'État*. Paris, Éditions de Minuit, coll. « Le sens commun ».

— [1992a], *Les Règles de l'art*. Paris, Seuil, coll. « Liber ».

— [1992b], *Réponses*. Paris, Seuil, coll. « Libre examen politique ».

— [1994], *Raisons pratiques*. Paris, Seuil, coll. « Liber ».

— [1997a], « Le champ économique », *Actes de la recherche en sciences sociales*, n° 119, p. 48-66.

— [1997b], *Méditations pascaliennes*. Paris, Seuil, coll. « Liber ».

— [2000a], *Les Structures sociales de l'économie*. Paris, Seuil, coll. « Liber ».

— [2000b], *Propos sur le champ politique*. Lyon, PUL.

Boyer Robert [2003a], « L'anthropologie économique de Pierre Bourdieu », *Actes de la recherche en sciences sociales*, n° 150, p. 65-78.

— [2003b], « L'art du judoka », in P. Encrevé, R.-M. Lagrave (dir.) *Travailler avec Bourdieu*. Paris, Flammarion, p. 267-279.

Camerer Colin & Loewenstein George [2004], « Behavioral economics: past, present, future », in C. Camerer & G. Loewenstein (ed.) *Advances in Behavioral Economics*. Princeton, Princeton University Press, p. 3-52.

Carabelli Anna [1988], *On Keynes's Method*. Londres, MacMillan.

Cartelier Jean & Frydman Roger, dir. [2001], *L'Économie hors de l'équilibre*. Paris, Economica.

Corcuff Philippe [2001], « Le collectif au défi du singulier : en partant de l'habitus », *in* B. Lahire (dir.) *La Sociologie de Pierre Bourdieu : dettes et critiques*. Paris, La Découverte, p. 95-120.

Davidson Paul [1991], « Is probability theory relevant for uncertainty? A post-Keynesian perspective », *Journal of Economic Perspectives*, vol. 5, n° 1, p. 129-143.

— [1996], « Reality and economic theory », *Journal of Post Keynesian Economics*, vol. 18, n° 4, p. 479-504.

Davis John [1994] *Keynes's Philosophical Development*. Cambridge, Cambridge University Press.

Debreu Gérard [1984], *Théorie de la valeur*. Paris, Dunod.

De Grauwe Paul [2011], « Animal spirits and monetary policy », *Economic Theory*, 47, n°s 2-3, p. 423-457.

Dostaler Gilles [2005], *Keynes et ses combats*. Paris, Albin Michel.

Dow Sheila [2001], « Post Keynesian methodology », *in* R. Holt & S. Pressman (ed.) *A New Guide to Post Keynesian Economics*. Londres, Routledge, p. 11-20.

Earl Peter [2001], « Introduction », in P. Earl (ed.) *The Legacy of Herbert Simon in Economic Analysis*. Cheltenham, Edward Elgar.

Einhorn Hillel & Hogarth Robin [1987], « Decision making under ambiguity », in R. Hogarth, M. Reder (ed.) *Rational Choice: The Contrast Between Economics and Psychology*. Chicago, University of Chicago Press, p. 41-66.

Éloire Fabien [2010], « Une approche sociologique de la concurrence sur un marché : le cas des restaurateurs lillois », *Revue française de sociologie*, vol. 51, n° 3, p. 481-517.

— [2011], « Capital social et concurrence de statut », *Revue européenne des sciences sociales*, vol. 49, n° 2, p. 7-41.

Elster Jon [2010], *L'Irrationalité*, Paris, Seuil, coll. « Les livres du Nouveau Monde ».

Farmer Roger [2009], « Confidence, crashes and the animal spirits », *NBER Working Papers*, n° 14846.

— [2010], « Animal spirits, persistent unemployment and the belief function », *NBER Working Papers*, n° 16522.

Favereau Olivier [1988], « La *Théorie générale* : de l'économie conventionnelle à l'économie des conventions », *Cahiers d'économie politique*, n°s 14-15, p. 187-220.

— [2001], « L'économie du sociologue ou : penser (l'orthodoxie) à partir de Pierre Bourdieu », *in* B. Lahire (dir.) *La Sociologie de Pierre Bourdieu : dettes et critiques*. Paris, La Découverte, p. 255-314.

Fox Craig & Poldrack Russell [2009], « Prospect theory and the brain », in P. Glimcher (ed.), *Neuroeconomics: Decision Making and the Brain*. Amsterdam, Elsevier.

Friedman Milton [1995], *Essais d'économie positive*. Paris, Litec.

Galbraith John Kenneth [1992], *Brève histoire de l'euphorie financière*. Paris, Seuil, coll. « Seuil essais ».

Gärdenfors Peter & Sahlin Peter [1982], « Unreliable probabilities, risk taking and decision making", *Synthese*, vol. 53, n° 3, p. 361-386.

Gerrard Bill [1994], « Beyond rational expectations: a constructive interpretation of Keynes's analysis », *Economic Journal*, vol. 104, n° 423, p. 327-337.

Gigerenzer Gerd [2001], « The adaptive toolbox », in R. Selten & G. Gigerenzer (ed.) *Bounded Rationality: The Adaptive Toolbox*. Cambridge, MIT Press.

— & Goldstein Daniel [1996], « Reasoning the fast and frugal way: models of bounded rationality », *Psychological Review*, vol. 103, n° 4, p. 650-669.

Gilboa Itzhak [1987], « Expected utility with purely subjective non-additive probabilities », *Journal of Mathematical Economics*, vol. 16, n° 1, p. 65-88.

Godechot Olivier & Mariot Nicolas [2004], « Les deux formes du capital social », *Revue française de sociologie*, vol. 45, n° 2, p. 243-282.

Guerrien Bernard [1989], *Concurrence, flexibilité, stabilité*. Paris, Economica.

— [1997], *Dictionnaire d'analyse économique*. Paris, La Découverte.

Hacking Ian [2002], *L'Émergence de la probabilité*. Paris, Le Seuil, coll. « Liber ».

Hacking Ian [2004], *L'Ouverture au probable*. Paris, Armand Colin.

Hahn Frank [1978], « On non-Walrasian equilibrium », *Journal of Economic Studies*, 45 (2), p. 1-18.

Harvey John [1998], « Heuristic judgment theory », *Journal of Economic Issues*, vol. 32, n° 1, p. 47-64.

Howitt Peter [2007], « Vers une macroéconomie fondée sur des agents autonomes et intelligents », *Revue de l'OFCE*, n° 102, p. 55-78.

Kahneman Daniel [2003], « Maps of bounded rationality: psychology for behavioral economics », *The American Economic Review*, vol. 93, n° 5, p. 1449-1475.

— [2011], *Thinking, Fast and Slow*. New York, Farrar, Straus & Giroux.

Keynes John Maynard [1973], *A Treatise on Probability*. Londres, Macmillan.

— [1978], *Collected Writings, X. Essays in Biography*. Londres, Macmillan.

— [1987], *Collected Writings, XIV. Defense and Development*. Londres, Macmillan.

— [1998], *La Théorie générale de l'emploi, de l'intérêt et de la monnaie*. Paris, Payot.

Lahire Bernard [1998], *L'Homme pluriel*. Paris, Nathan.

— [2001], *La Sociologie de Pierre Bourdieu : dettes et critiques*. Paris, La Découverte.

Lavoie Marc [1985], « La distinction entre l'incertitude keynésienne et le risque néoclassique », *Économie appliquée*, vol. 38, n° 2, p. 493-518.

— [1992], *Foundations of Post-Keynesian Economic Analysis*. Cheltenham, Edward Elgar.

— [2004], *L'Économie post-keynésienne*. Paris, La Découverte.

Lawson Tony [1988], « Probability and uncertainty in economic analysis », *Journal of Post Keynesian Economics*, vol. 11, n° 1, p. 38-65.

— [2006], « The nature of heterodox economics », *Cambridge Journal of Economics*, vol. 30, n° 4, p. 483-505.

Lee Frederic [2002], « Theory creation and the methodological foundation of post-Keynesian economics », *Cambridge Journal of Economics*, vol. 26, n° 6, p. 789-804.

— [2009], *A History of Heterodox Economics: Challenging the Mainstream in the Twentieth Century*. Londres, Routledge.

Le Héron Edwin [2006], « La controverse Keynes-Timbergen de 1939 sur l'économétrie », *Conférence du PHARE*, Université Paris 1.

Loewenstein George & O'Donoghue Ted [2004], « Animal spirits: affective and deliberative processes in economic behavior », *CAE Working Paper*, n° 04-14.

Lordon Frédéric [2003], « Conatus et institutions : pour un structuralisme énergétique », *L'Année de la Régulation*, n° 7, p. 111-146.

MacFadden Daniel [2000], « Economic choices », *Nobel Prize Lecture*.

Marchionatti Roberto [1999], « On Keynes's animal spirits", *Kyklos*, vol. 52, n° 3, p. 415-439.

Martuccelli Danilo [1999], *Sociologies de la modernité*. Paris, Gallimard, coll. « Folio essais ».

Menzies Peter & Price Huw [1993], « Causation as a secondary quality », *British Journal for the Philosophy of Science*, vol. 44, n° 2, p. 187-203.

O'Donnell Roderick [1990], « The epistemology of J.M. Keynes », *British Journal for the Philosophy of Science*, vol. 41, n° 3, p. 333-350.

Orléan André [2011], *L'Empire de la valeur : refonder l'économie*. Paris, Le Seuil, coll. « La couleur des idées ».

Pinto Louis [2002], *Pierre Bourdieu et la théorie du monde social*. Paris, Le Seuil, coll. « Points essais ».

Popper Karl [1992], *Un univers de propensions : deux études sur la causalité et l'évolution*. Paris, Éditions de l'éclat, coll. « Tiré à part ».

Quiggin John [1982], « A theory of anticipated utility", *Journal of Economic Behavior and Organization*, vol. 3 n°s 2-3, p. 323-343.

Polanyi Karl [1983], *La Grande Transformation*. Paris, Gallimard.

Postel Nicolas & Sobel Richard [2006], « Quelle théorie hétérodoxe de l'acteur économique ? », *in* Eymard-Duvernay François (dir.) *L'économie des conventions, méthodes et résultats. Tome 1: Débats*. La Découverte, coll. « Recherches ».

Rabin Matthew [1998], « Psychology and economics », *Journal of Economic Literature*, vol. 36, n° 1, p. 11-46.

Ramsey Frank [2003], *Logique, philosophie et probabilités*. Paris, Vrin.

Savage Leonard [1954], *The Foundations of Statistics*. New York, John Wiley & Sons.

Schmeidler David [1989], « Subjective probability and expected utility without additivity », *Econometrica*, vol. 57, n° 3, p. 571-587.

Selten Reinhart [2001], « What is bounded rationality? », in R. Selten & G. Gigerenzer (ed.) *Bounded Rationality: The Adaptive Toolbox*. Cambridge MA, MIT Press.

Shackle George Lennox [1972], *Epistemics and Economics.* Piscataway N.J., Transaction Publishers.

— [1979], *Imagination and the Nature of Choice.* Édimbourg, Edinburgh University Press.

— [1988], *Time, Business and Thought.* Londres, Routledge.

Simon Herbert [1979], « Rational decision making in business organizations », *American Economic Review*, vol. 69, n° 4, p. 493-513.

— [1982], *Models of Man.* Cambridge, MIT Press.

Steiner Philippe [2007], *La Sociologie économique.* Paris, La Découverte.

Thaler Richard [2004], « How behavioral economics differs from traditional economics », *The Concise Encyclopedia of Economics*, http://www.econlib.org/library/enc/behavioraleconomics.html.

Von Neumann John & Morgenstern Oskar [1944], *Theory of Games and Economic Behavior.* Princeton, Princeton University Press.

Ughetto Pascal [2006], « Action et interprétation, bases d'un rapprochement entre hétérodoxies ? », *in* Eymard-Duvernay François (dir.) *L'économie des conventions, méthodes et résultats. Tome 1: Débats.* Paris, La Découverte, coll. « Recherches ».

Walliser Bernard [2000], *Économie cognitive.* Paris, Odile Jacob.

— [2008], *Économie et cognition.* Paris, Ophrys/Éditions de la maison des sciences de l'homme.

Walras Léon [1988], *Éléments d'économie politique pure.* Paris, Economica.

Yaari Menahem [1987], « The dual theory of choice under risk », *Econometrica*, vol. 55, n° 1, p. 95-115.

Yildizoglu Murat [2004], *Introduction à la théorie des jeux.* Paris, Dunod.

MICHAL KALECKI: SPRUNG FULL GROWN FROM HIS OWN BROW... OR ELSE?

Rodolphe Dos Santos Ferreira[1]

Julio López G. and Michaël Assous, *Michal Kalecki.* Basingstoke, Hampshire: Palgrave Macmillan, *Great Thinkers in Economics Series*, 2010, 258 p.

The book is a quite significant contribution to our knowledge of Michał Kalecki's work. It appears long after the two major monographs devoted to the same author, Feiwell [1975] and Sawyer [1985], both written before the publication, in the 1990s, of the seven volumes of *Collected Works of Michał Kalecki* (edited by Jerzy Osiatyński). The present book accordingly covers a much larger material: its bibliography contains not less than 67 references to Kalecki. An additional valuable material consists in the notes taken by Julio López of Kalecki's Warsaw 1967–68 lectures, composing four appendices to the chapters on profits and output (ch.2), on growth and business cycles (ch.5), on fiscal and monetary policies (ch.6) and on the open economy (ch.7). Further chapters are devoted to Kalecki's life and work (ch.1), to the genesis of his theory (ch.3), to his contributions on prices and income distribution (ch.4) and on development (ch.8), to his positioning as a socialist economist (ch.9), and finally to his intellectual legacy (ch.10).

In order to assess this legacy, the authors quote Robert Solow: "Michał Kalecki . . . seems to have sprung, full-grown, from his own brow; and his important work on macroeconomics is written not in opposition to the orthodoxy of the time, but in utter independence of it." [1975: 214] This quotation may help us to understand part of the discomfort often felt when approaching Kalecki's scientific production, which one would be glad to situate in a well-identified stream or to connect to other, more familiar, economists's ideas. Of course, to be exact, one can at least easily establish the Keynes connection, but then the difficulty lies rather in the way of differentiating the two authors, who exhibit close theories in spite of almost no mutual direct influences.

1. BETA, Université de Strasbourg. Courriel : rdsf@unistra.fr

Moreover, is this connection the only significant one? It is well known that Kalecki was a self-taught economist, but did his ideas, if not their formal expression, spring fully grown from his own brow? The answer to this question, which is clearly negative, is given in the next to last chapter, devoted to the "socialist economist", where a strong link is convincingly established between Kalecki's and Marx's theories – strong enough for deserving to appear much earlier in the book. Indeed, the authors show that "there is almost a one-to-one correspondence between Kalecki's and Marx's conceptions of how outputs and profits are realized" and, perhaps still more significantly, that the topic of effective demand is directly related to Marx's "problem of *realization*."

Marx criticizes "the conception . . . adopted by Ricardo from the tedious Say . . . that *overproduction* is not possible or at least that no *general glut of the market* is possible, [a conception which] is based on the proposition that *products* are exchanged *against products*, [and which leads to the conclusion] that demand is determined only by production." [Marx, 1863, ch.17, s.6.] He writes: "At a given moment, the supply of all commodities can be greater than the demand for all commodities, since the demand for the *general commodity*, money, exchange-value, is greater than the demand for all particular commodities, in other words the motive to turn the commodity into money, to *realise* its exchange value, prevails over the motive to transform the commodity again into use-value." [Marx, 1863, ch.17, s.8; my own emphasis.] Keynes who, unlike Kalecki, was not deeply influenced by Marx could however not fail to refer to him, in particular to the *realisation problem*. He did so in his 1933 lectures, at the time the young Kalecki published in Poland his *Essay on the Theory of the Business Cycle*. Also, we read in a draft of chapter 2 of the *General Theory* written in the same year: "The distinction between a co-operative economy and an entrepreneur economy bears some relation to a pregnant observation made by Karl Marx . . . He pointed out that the nature of production in the actual world is not . . . a case of *C–M–C'*, i.e. of exchanging commodity (or effort) for money in order to obtain another commodity (or effort). That may be the standpoint of the private consumer. But it is not the attitude of *business*, which is a case of *M–C–M'*, i.e. of parting with money for commodity (or effort) in order to obtain more money." [Keynes, 1979: 81]

Recalling the Marx connection is a way to promptly reject the suggestion that Kalecki sprang full grown from his own brow, but it does not by itself explain the resemblance of his theory with the one of Keynes. It may rather give a clue for some of its specifics, such as the class distinction within consumers between workers and capitalists, the grouping of firms into two sectors of production, or the concern with questions of income distribution. However, the common origin of the theoretical elaborations of the two authors, and also partly of that of Marx, namely the *critique of Say's law*, does explain, I believe, much of their closeness. It would be an easy but tedious task to multiply quotations in order to pinpoint in the texts of Marx and, seventy years later, in those of Kalecki and Keynes, the very same features determined by the critique of Say's law: (i) the reference to the "capitalist mode of production" or to the "entrepreneur economy" in which we actually live, by contrast with the moneyless economy Say and his followers might have had in mind; (ii) the emphasis on the leading role, principally through their "capital accumulation" or "investment" decisions, of profit-seeking "capitalists" or "entrepreneurs"; (iii) the macroeconomic perspective, as a defense against fallacies of composition; (iv) the insistence on the "realisation problem", that is, on possible "effective demand" failures; (v) the importance given to the "periodic crises" or the "business cycle"; (vi) the acknowledgement of the persistent nature of unemployment.

The simultaneousness and the similarity of Kalecki's and Keynes's contributions seem undisputable. One may however want to examine the relation further, and make it more precise. In one of the most ambitious and provocative passages of the book, chapter 3 on the genesis and originality of Kalecki's theory, the authors tackle the questions of its anticipatory and distinctive traits relative to Keynes' theory. As to the first question, they argue convincingly against Patinkin in favour of an anticipation of (part of) the *General Theory*. As to the second, in addition to already mentioned elements that are directly related to Marx's influence, the authors propose as one of the distinctive traits of Kalecki's modeling an endogenous money wage, a variable which is on the contrary taken as given in chapter 18 of the *General Theory*. This is correct, but recall that the title of chapter 19 is "Changes in Money-Wages" and that the changes considered by Keynes in the *General Theory*, as well as in the *Treatise on Money*, are not all introduced as exogenous shocks. The authors characterize as follows Kalecki's position: "under the assumption that, on the one hand, the existing *level* of unemployment does not exert any pressure on the market; and on the other that *changes* in unemployment do cause changes in money wages, Kalecki obtains a functional relation between employment and money wage $N \rightarrow W$ allowing him to determine the equilibrium" [p. 58]. Now, this coincides precisely with Keynes's position, as I can see it, except that Keynes leaves implicit the functional relation $N \rightarrow W$ [see Dos Santos Ferreira & Michel, 2013, subsections 2.3 and 4.3].

A further aspect of Kalecki's modeling that one might be tempted to take as a distinctive trait is imperfect competition in the output markets, which plays a much more discreet role in the *General Theory*. However, in his response to Dunlop's and Tarshis's observations about the movement of real and money wages, Keynes [1939] is forced to give prominence to the degree of (imperfect) competition, and in particular to its variability along the cycle, as a way to reconcile his theory with the facts. In this paper, he refers abundantly to Kalecki's "brilliant article", published the previous year, on the determinants of distribution of national income.

So, we are left with what I think is the major difference between Kalecki's and Keynes's theories. In a perceptive remark quoted by the authors [p. 243: fn.2], Minsky wrote that "in the part of the *General Theory* that was lost to standard economics as it evolved into the neoclassical synthesis, Keynes put forth an investment theory of fluctuations in real demand and a financial theory of fluctuations in real investment" [1975: 57]. Julio López and Michaël Assous paraphrase this remark, writing that "Kalecki put forth an investment theory of demand and a profits theory of investment" [p. 217]. Here, the crucial point is the second one: Keynes's analysis of the changes in investment decisions proceeds from his analysis of the working of financial markets, whereas Kalecki's corresponding analysis is rooted on his view of profitability adjustments.

In this respect, the authors recall the critique formulated by Kalecki in his 1936 review of the *General Theory*. Kalecki considers Keynes's solution to the investment problem, based on the concept of "marginal efficiency of investment" (recoined by him *expected profitability*) as unsatisfactory. This is because it consists in a basically static approach to a matter which is by its nature dynamic. Investment decisions are taken by entrepreneurs on the basis of *existing* prices of investment goods, which are going to change in response to the purchases of those goods. The prices of other goods are also going to respond to the expansionary stimulus of the realised investment. As a consequence, the expected profitability should eventually be adjusted to equilibrium along a disequilibrium process which, according to Kalecki, has the nature of a cumulative Wicksellian process, and which is disregarded by Keynes. As Julio López's lecture notes in Appendix 5.1 make clear, the extrapolative response of the expected profitability to the current situation brings Kalecki close to Harrod, even if "Harrod's theory does not refer to profitability but to sales" [p. 122].

Endogenizing long term expectations, and taking into account the feedback of investment spending on expected profitability, is clearly a precious ingredient in the dynamics of the business cycle. Keynes exploits this ingredient in chapter 19 of the *General Theory* in relation to money wage expectations, but he otherwise despises it in his *kaleidic* view of investment decisions, if I may refer to the term suggested by Shackle [1974]. Or, to refer directly to Keynes, writing on the diffusion of price levels: "We must not argue . . . that an expansion of the currency influences relative prices in the same way as the translation of the earth through space affects the relative position of the objects on its surface. The effect of moving a kaleidoscope on the coloured pieces of glass within is almost a better metaphor for the influence of monetary changes on price levels." [Keynes, 1930, I, p. 81] This is clearly a quite distinct approach to the working of the economic engine from the one favoured by Kalecki, although both approaches should preferably be seen as complementary rather than rival.

It would be nice to stay for long in Kalecki's company, going through all the chapters of this exciting book. Let me however conclude with his view of the destiny of capitalism (ch.9), as expressed in what the authors rightly qualify as a "masterful piece". "Political aspects of full employment" [Kalecki, 1943] is a lecture given in 1942 to the Marshall Society in Cambridge, published the next year. Keynes found it "an exceedingly good article and very acute". Kalecki remarks that "higher output and employment benefits not only workers but *entrepreneurs* as well, because their profits rise", so that it is not easy to explain "why [they do] not gladly accept the "synthetic" boom which the government is able to offer them" [1943: 324]. He writes that "we may expect the opposition of the 'leaders of industry' on three planes: (i) the opposition on principle against Government spending based on a budget deficit; (ii) the opposition against this spending being directed either towards public investment – which may foreshadow the state's intrusion into the new spheres of economic activity – or towards subsidising mass consumption; (iii) the opposition against *maintaining* full employment and not merely preventing deep and prolonged slumps" [1943: 327–8].

It is the third kind of opposition that calls forth Kalecki's most powerful remarks: "Lasting full employment is not at all to [the] liking of ['business leaders']. The workers would 'get out of hand' and the 'captains of industry' would be anxious to 'teach them a lesson'. Moreover, the price increase in the up-swing is to the disadvantage of small and big *rentiers* and makes them 'boom-tired'." [1943: 329] As a consequence, Kalecki conjectures, thirty years before Nordhaus [1975], the emergence of a *political business cycle*, along which "full employment would be reached only at the top of the boom, but slumps would be relatively mild and short-lived" [1943: 330]. In any case, "a powerful alliance is likely to be formed between big business and the *rentier* interests, and they would probably find more than one economist to declare that the situation [of lasting full employment] was manifestly unsound" [1943: 330]. In this context, "budget deficits necessary to carry out Government intervention must be regarded as perilous. The social function of the doctrine of 'sound finance' is to make the level of employment dependent on the 'state of confidence', [rather than on Government purchases]" [1943: 325]. The whole paper sounds strikingly topical seventy years after its publication. Such examples of prescience can hardly be found in the history of our discipline.

References

Dos Santos Ferreira R. & Michel P. [2013]. Keynes' wage-price dynamics. *Metroeconomica* 64(1): 44–72.

Feiwell G. [1975]. *The Intellectual Capital of Michal Kalecki: A Study in Economic Theory and Policy*. Knoxville: University of Tennessee Press.

Kalecki M. [1943]. Political aspects of full employment. *The Political Quarterly* 14(4): 322–330.

Keynes J. M. [1930]. *A Treatise on Money*. London: Macmillan.

— [1939]. Relative movements of real wages and output. In vol. VII of *The Collected Writings of John Maynard Keynes*, edited by D. Moggridge. London: Macmillan, 1973: 394–412.

— [1979]. *The General Theory and After. A supplement*. Edited by D. Moggridge. (vol. XXIX of the *The Collected Writings of John Maynard Keynes*). London: Macmillan.

Marx K. [1863]. *Theorien über den Mehrwert (Vierter Band des „Kapitals")* II. Teil (*Marx Engels Werke*, Bd. 26.2). Berlin: Dietz Verlag, 1967. English translation by J. Cohen and S. W. Ryazanskaya. London: Lawrence & Wishart, 1969.

Minsky H. P. [1975]. *John Maynard Keynes*. New York: Columbia University Press.

Nordhaus W. D. [1975]. The political business cycle. *Review of Economic Studies* 42(2):169–190.

Sawyer M. [1985]. *The Economics of Michał Kalecki*. London: Macmillan.

Shackle G. L. S. [1974]. *Keynesian Kaleidics*. Edinburgh University Press.

Solow R. [1975]. Review of *The Intellectual Capital of Michał Kalecki: A Study in Economic Theory and Policy* by George R. Feiwell. *Journal of Economic Literature* 13(4): 1331–1335.

References

KEYNES AND FRIEDMAN ON LAISSEZ-FAIRE AND PLANNING. WHERE TO DRAW THE LINE?

Goulven Rubin[1]

Sylvie Rivot, *Keynes and Friedman on Laissez-Faire and Planning. Where to draw the line?* Londres et New York : Routledge, 2013, 208 p.

À la lecture du titre du présent ouvrage, on s'attendrait à découvrir l'analyse d'une bataille d'idées. John Maynard Keynes contre Milton Friedman. L'approche de Sylvie Rivot est plus subtile et plus originale. En comparant les œuvres de Friedman et de Keynes, Rivot a découvert une série d'idées qui uniraient ces deux économistes face à toutes les écoles qui ont dominé la macroéconomie depuis le décès de Keynes : keynésiens de la synthèse, nouveaux classiques puis tenants de la nouvelle synthèse néoclassique. De ce point de vue, ils auraient plusieurs leçons communes à nous enseigner. La thèse est provocante. Elle est aussi délicate à soutenir dans la mesure où, au-delà des points communs, de profonds désaccords séparent ces deux figures tutélaires de la macroéconomie. Après avoir passé en revue les chapitres de l'ouvrage, nous présenterons notre évaluation de l'entreprise.

Le premier chapitre entend dissocier Keynes et les keynésiens. Dans ce but, Rivot montre que les critiques que Friedman adresse aux keynésiens tout au long de sa carrière ne sont pas pertinentes dans le cas de Keynes. Elle souligne d'abord que Friedman est passé par une période keynésienne modérée au début des années 1940. Il défend alors le recours à l'analyse en termes d'écart inflationniste (*inflationary gap*) et admet la nécessité d'agir sur la demande globale pour contrer la tendance inflationniste liée à l'économie de guerre. L'offensive contre les keynésiens prend vraiment forme dans la seconde moitié des années 1940. Friedman attaque alors la finance fonctionnelle d'Abba Lerner [1944]. Ce dernier propose d'ajuster en permanence l'offre de monnaie, les dépenses publiques et les impôts en fonction de l'évolution de la demande globale afin de maintenir le plein emploi. Pour Friedman, c'est là « une exhortation à faire ce qui est bien sans dire ce qu'est la bonne chose à faire ». Il condamne l'approche de Lerner pour des raisons pratiques. Le manque d'information et les retards associés aux

1. EQUIPPE, Université Lille 2. Courriel : Goulven.Rubin@univ-lille2.fr

interventions du gouvernement risquent de conduire à une aggravation de l'instabilité macroéconomique. Pour Rivot, Keynes partage les préoccupations de Friedman sur ce terrain. Il s'inquiète de la nécessité pour l'État de collecter l'information pertinente et rejette le *deficit budgeting* qui consiste à « remédier aux déséquilibres si et quand ils se produisent » [Keynes, 1943]. La critique de Friedman se déplace sur le terrain de la théorie à partir des années 1950 lorsqu'il développe le concept de revenu permanent qui minimise l'ampleur des multiplicateurs keynésiens et l'instabilité du système économique. Cette critique de la fonction de consommation keynésienne ne s'appliquerait pas à Keynes lui-même. Reprenant l'analyse de Leijonhufvud, Rivot soutient que Keynes croyait en l'inertie des comportements de consommation et « s'approchait de l'idée de revenu permanent de Friedman » [page 18]. C'est pourquoi il s'opposait à des politiques visant à ajuster la consommation en fonction de la conjoncture. Le troisième temps de l'offensive de Friedman tourne autour de sa critique bien connue de la courbe de Phillips. Keynes n'est pas concerné parce qu'il ne s'appuie pas sur une hypothèse d'illusion monétaire et défend une vision de la relation emploi-salaire distincte de celle de Phillips ou Lipsey. Ensuite, Keynes est un « reflationniste », pas un « inflationniste ». Il admet la montée des prix en tant que « symptôme » du retour au plein emploi, mais refuse des politiques visant l'inflation comme moyen de ramener le plein emploi. Enfin en 1941, Keynes réfléchit à la manière de financer la guerre tout en évitant le « poison de l'inflation ». Pour finir, Rivot montre, contre Dostaler et Hirsch et De Marchi, que Friedman n'a jamais clairement pris conscience de la distance qui séparait Keynes de ses disciples.

Le second chapitre examine les visions métathéoriques de l'économie marchande fondant les travaux de Keynes et de Friedman. Si ces visions s'opposent, ce serait à cause de la façon dont chaque économiste appréhende action individuelle et action collective.

Keynes rejette le laissez-faire pour plusieurs raisons. Il prendrait au sérieux les imperfections inhérentes à toute économie de marché, imperfections qui disqualifieraient à ses yeux l'hypothèse de concurrence parfaite. Mais surtout, Keynes considère que les individus sont généralement incapables d'agir de façon éclairée. Soit ils sont irrationnels, soit ils n'ont pas assez d'information et de capacité de traitement de cette information pour qu'un calcul rationnel les conduise à des décisions appropriées. Ce problème conduirait à l'analyse des marchés financiers de la *Théorie générale* et à la conviction qu'il n'existe pas de mécanisme spontané de retour au plein emploi dans une économie monétaire. Pour Keynes l'action collective est généralement plus éclairée que l'action individuelle. Ainsi, à l'opposé de la théorie de l'agence, Keynes considère que l'apparition de grandes entreprises caractérisées par une séparation entre actionnaires et dirigeants est une chance. Elle conduit en effet les entreprises à agir en fonction de considérations plus larges et plus conformes à l'intérêt public que le seul motif de profit. L'État doit prendre appui sur cette tendance à la concentration. Il doit s'appuyer sur un ensemble de corps intermédiaires (administrations publiques, entreprises semi-publiques ou entreprises privées) pour développer son action notamment en recourant à des partenariats public-privé. La supériorité de ces « corps collectifs » en matière de prise de décision lui permettrait de devenir un agent de la rationalité sociale sans se substituer à l'initiative privée. Ce serait là la *middle way doctrine* défendue par Keynes.

La façon dont Rivot présente la vision de Friedman est plus difficile à saisir. Elle écrit que sa défense acharnée des marchés libres est enracinée dans sa méthodologie du *as if*. La concurrence parfaite et la rationalité des agents économiques seraient des hypothèses de travail qui s'imposeraient sur la base de leur puissance prédictive. Mais ceci n'explique pas pourquoi Friedman considère que ces conditions conduisent toujours aux résultats les meilleurs. À l'opposé de Keynes, Friedman considère que l'action collective est toujours dominée par l'action individuelle et ne croit pas en la responsabilité sociale des entreprises. Rivot souligne la faiblesse de son argumentation sur ce point, notamment le fait que les entreprises ne sont pas des individus. Elle souligne ensuite que si Friedman défend le laissez-faire, il n'est pas un libertarien. Friedman a développé une attitude de plus en plus critique à l'égard de l'État. Son action crée des externalités. Il peut être pris en otage par des intérêts privés comme le montre l'école des choix publics. L'État doit donc se retirer partout où cela est possible. Mais une fois toutes les privatisations possibles réalisées, il lui reste tout de même certaines tâches. Il doit définir, faire respecter et permettre l'interprétation des règles du jeu. Il doit prendre en charge les plus faibles et leur permettre d'accéder au marché sur la base d'un impôt négatif. Enfin, il doit poser le cadre monétaire de l'économie c'est-à-dire gérer la monnaie afin d'ancrer les anticipations de prix des agents.

Ayant dégagé ces visions contradictoires, l'auteur montre comment Friedman et Keynes se rejoignent en partie dans leur lecture de la crise de 1929. Tous les deux considèrent que le resserrement de la politique monétaire de la Fed a constitué le déclencheur. Ils s'opposent néanmoins sur les raisons de l'effondrement qui s'est ensuivi. Alors que Friedman se contente d'accuser la passivité du Fed, Keynes y voit la conséquence d'une interaction entre la sphère réelle et la sphère financière de l'économie.

Le troisième chapitre de l'ouvrage compare les « politiques de l'emploi » de Friedman et de Keynes. La présentation du point de vue de Keynes, à l'encontre de la vulgate, est particulièrement intéressante.

Les deux économistes partageraient l'objectif du plein emploi et en offrirait des définitions proches. Dans les années 1940, Keynes parle de chômage « structurel » pour désigner ce qu'il appelle chômage « volontaire » et « frictionnel » dans la *Théorie générale.* Keynes et Friedman forment néanmoins des diagnostics opposés concernant la nature du chômage des années 1930. Pour Keynes, il aurait existé un chômage involontaire c'est-à-dire un chômage qui n'aurait pas reculé face à une chute du salaire réel. Pour Friedman, le chômage des années 1930 serait un phénomène d'équilibre. Extrapolant à partir de plusieurs textes, Rivot affirme que Friedman considère que les travailleurs auraient réduit leur offre de travail en interprétant de façon erronée la chute des salaires monétaires comme une chute des salaires réels. Ceci étant, à l'opposé des théoriciens des cycles réels, tous les deux considèrent que la situation des chômeurs n'est pas optimale en situation de dépression. C'est pourquoi ils croient tous les deux en la nécessité pour l'État d'agir afin de stabiliser la demande agrégée.

Pour Keynes, le premier instrument de la politique de l'emploi est la politique monétaire. Cette politique relève selon Rivot d'une « règle discrétionnaire ». Keynes assigne aux autorités monétaires un objectif de long terme. Elles doivent recourir à l'*open-market* pour réduire le taux d'intérêt par étapes en suivant la baisse séculaire de l'efficacité marginale du capital. L'inscription dans le long terme est la seule façon de convaincre les agents et de modifier ainsi les croyances qui tendent à bloquer le taux d'intérêt du marché à un niveau trop élevé. Les autorités doivent cependant être laissées libres d'ajuster le rythme de leurs interventions en fonction des circonstances. Cette politique peut ne pas être suffisante pour sortir l'économie d'une profonde dépression et pour maintenir le plein emploi. Il faut alors recourir à la politique budgétaire. Le problème essentiel pour Keynes consiste à modifier les anticipations concernant la rentabilité à long terme du capital qui détermine le niveau de l'investissement agrégé. Cet effet peut être produit à court terme par un programme de travaux publics, mais, pour qu'il soit durable, l'État doit s'engager dans une action à long terme. C'est ce que Keynes appelle la planification ou la socialisation de l'investissement. En pilotant des partenariats public-privé, l'État devrait parvenir à financer les deux tiers de l'investissement national. Le gouvernement garde la possibilité d'ajuster le tempo de mise en œuvre des projets d'investissement en fonction des circonstances. Rivot insiste sur le fait que cette politique doit laisser des marges budgétaires à l'État. En effet, Keynes défend la distinction d'un compte capital et d'un compte ordinaire dans le budget public. Les investissements publics étant choisis en fonction de leur rentabilité et de leur capacité à accroître la compétitivité de l'économie, le compte capital serait équilibré à long terme. Une règle de strict équilibre budgétaire s'appliquerait par contre au compte ordinaire. Nous serions alors très loin de la finance fonctionnelle et du « réglage fin ».

Pour Rivot, Friedman partage avec Keynes l'optique du long terme et la volonté de concevoir une politique qui stabilise les anticipations des agents. Il s'agit cependant chez lui des anticipations de prix à court terme (anticipation des grandeurs de la période courante) et non des anticipations réels à long terme (anticipations des investisseurs concernant les grandeurs de périodes futures). En 1948, Friedman conçoit un schéma qui recourt aux stabilisateurs automatiques pour créer « un climat psychologique favorable à la stabilité ». Le gouvernement doit définir les dépenses publiques qui répondent aux besoins de la population et définir leur montant en fonction d'un revenu moyen hypothétique. Ce revenu étant inférieur au revenu de plein emploi, le budget de l'État oscille autour de l'équilibre en fonction de la conjoncture. En finançant le déficit par création monétaire on peut garantir une croissance régulière de l'offre de monnaie. Cependant, durant les années 1960, Friedman radicalise sa critique des politiques fiscales au point d'affirmer qu'en théorie elles sont sans effet sur les grandeurs réelles et monétaires de l'économie. Il place alors tous ses espoirs dans la politique monétaire. Rivot analyse pas à pas l'évolution de ses propositions en la matière. L'objectif bien connu est de permettre aux agents économiques d'anticiper correctement le taux d'inflation en stabilisant le taux de croissance de la masse monétaire. Dans un premier temps, Friedman recommande une règle de taux de croissance positif de la base monétaire accompagnée d'une obligation de réserve de 100 %. Dans les années 1980, il abandonne l'obligation de réserve et propose de fixer complètement la base monétaire. La dérégulation des marchés financiers devait alors répondre aux besoins croissants de moyens de transaction grâce à l'innovation financière. Conclusion de Rivot concernant la politique monétaire : « [A]u-delà de la surface, les points d'accord [avec Keynes] tombent en morceaux. » Et concernant la politique fiscale : « [L]e fossé paraît finalement infranchissable. »

Le chapitre 5 fait à nouveau apparaître un clivage profond entre les deux auteurs mais sur le plan de la théorie de l'économie monétaire.

Chez Keynes, l'incertitude radicale est au fondement d'une demande de monnaie liée à l'état des anticipations sur les marchés financiers. La monnaie est liquide dans la mesure où sa valeur est peu dépendante de l'état des anticipations. Lorsque la confiance des agents dans leurs propres anticipations s'érode, leur demande de monnaie s'accroît. Ceci agit en retour sur le taux d'intérêt monétaire qui peut rester bloqué à un niveau trop élevé pour permettre le plein emploi. Il ne joue plus son rôle de coordination de l'épargne et de l'investissement. Tout ceci expliquerait l'approche de la politique monétaire développée par Keynes c'est-à-dire l'importance qu'il accorde à la nécessité d'agir sur les anticipations des agents pour débloquer le taux d'intérêt.

Chez Friedman, le problème de la coordination de l'investissement et de l'épargne est résolu par avance. Soit il introduit une théorie de fonds prêtables à peine rénovée, soit il postule un taux d'intérêt réel de plein emploi. La théorie de la demande de monnaie de Friedman s'éloigne de celle de Keynes dans la mesure où il se contente de supposer l'existence d'une incertitude probabilisable. Dans ces conditions la demande de monnaie s'avère stable et le taux d'intérêt monétaire s'ajuste en fonction du taux d'intérêt réel et du taux d'inflation. Rivot s'avère nettement critique à l'égard des arguments de Friedman. Elle pointe notamment le fait que sa métaphore de l'hélicoptère est une façon commode d'évacuer les effets réels d'une politique d'*open-market* via les marchés financiers en imaginant une économie dépourvue de ces derniers.

La conclusion de l'ouvrage propose d'utiliser les intuitions de Keynes et de Friedman pour instruire le procès des anticipations rationnelles. Considérée du point de vue des œuvres qu'ils nous ont léguées, cette hypothèse néglige l'inertie des anticipations et leur imperfection systématique. Ceci conduit la macroéconomie contemporaine à surestimer la capacité de la politique économique à contrôler la conjoncture à court terme et à sous-estimer la nécessité d'une intervention à plus long terme. Une autre conséquence serait la formulation inadéquate des termes du débat concernant la politique macroéconomique. À l'alternative actuelle entre « règles » et « discrétion » et à l'alternative des années 1960 entre « contrôle optimal » et « instruments anticycliques », Rivot propose de substituer l'alternative formulée par Simons [1936] opposant « règles » et « autorités ». Elle finit en discutant la façon dont Keynes et Friedman tracent la frontière entre laissez-faire et planification.

La comparaison minutieuse proposée par Sylvie Rivot parvient-elle à convaincre que des « similitudes significatives et des liens puissants étaient à l'œuvre dans les logiques qui gouvernent les approches respectives de la politique économique de Keynes et de Friedman » [Rivot, p. 1] ? Jusqu'à un certain point oui. L'auteur nous a persuadé que les conceptions de la politique macroéconomique de Keynes et de Friedman partagent bien certaines caractéristiques : l'accent mis sur l'inertie des anticipations et sur la nécessité d'agir dans le long terme pour les stabiliser. Et ceci justifie l'idée d'un front commun Keynes-Friedman face aux *fine-tuning* d'hier et d'aujourd'hui. Certaines convergences, mises en avant par l'auteur, sont moins convaincantes. Que Keynes et Friedman croient tous les deux en la nécessité d'adopter une perspective de déséquilibre pour analyser la crise [p. 78] n'est vrai qu'en surface. Le déséquilibre que l'on trouve chez Keynes, un excès d'offre de travail persistant, est radicalement différent du déséquilibre que l'on peut trouver chez Friedman. Chez ce dernier, les agents se trompent mais les marchés s'apurent systématiquement. Que « quelque chose doive être fait » [p. 149] pour stabiliser l'économie et éviter les crises est banal au point d'être admis par tous les économistes excepté peut-être une minorité d'extrémistes. Que les « rigidités nominales » ne soient pas une « voie de recherche prometteuse » [*ibid.*] est aussi une leçon aujourd'hui intégrée par tous les macroéconomistes qui se penchent sur le phénomène des « récessions financières » et cherchent à intégrer les banques et les marchés financiers dans leurs modèles. Mais, surtout, il y a quelque chose de paradoxal dans la façon qu'a l'auteur de souligner des divergences toujours plus profondes entre Friedman et Keynes tout en choisissant de ne commenter que leurs convergences. Keynes et Friedman veulent stabiliser les anticipations mais pour des raisons opposées et en usant de moyens opposés. D'après Rivot elle-même, leurs visions, leurs méthodes, leurs politiques et leurs théories sont orthogonales… La question qui vient fatalement à l'esprit du lecteur est celle de savoir si ces divergences ne l'emportent pas finalement sur les maigres éléments de parenté entre les doctrines des deux penseurs. Or, l'auteur ne prend pas la peine d'expliciter et de discuter cette question qui reste en suspens.

L'ouvrage fournit pourtant une solution. Au fond, la thèse centrale de Rivot est la suivante. Le débat contemporain concernant la politique macroéconomique avant et après la crise de 2008 n'est pas satisfaisant. En établissant un parallèle entre Keynes et Friedman, on dévoile un argumentaire puissant pour (1) remettre en cause l'approche dominante des politiques de stabilisation et (2) formuler le débat en des termes plus adéquats. Mais une fois admise l'approche générale partagée par Keynes et Friedman, les différences reprennent toute leur place et la question consiste à choisir entre la politique de Keynes et celle de Friedman. Ce choix, l'auteur entend à l'évidence le laisser à l'appréciation du lecteur. On notera cependant qu'en dépit d'une volonté manifeste d'impartialité, Rivot ne formule pas la moindre objection à l'encontre de Keynes alors que Friedman fait l'objet d'une série de critiques sévères [chapitre 3, p. 48-49 et 58 ; chapitre 5, p. 129 et 134].

Reste à savoir si le front commun Friedman-Keynes nous offre une grille de lecture féconde pour chercher des solutions à la crise actuelle. Sur ce point, l'argumentation de Rivot nous semble insuffisante. Comme le montre le chapitre 3 de l'ouvrage, Friedman et Keynes partagent un angle mort. Aucun d'eux ne s'intéresse aux conditions qui préparent la crise des années 1930. Ils ne croient pas, en particulier, que la crise des années 1930 soit la conséquence d'un processus d'expansion excessive du crédit amorcée dans les années 1920. Adopter leur approche c'est donc mettre sous le boisseau une lecture de la crise de 2008 fortement suggérée par les faits et renoncer aux ressources offertes par les travaux d'autres auteurs du passé tels Irving Fisher, Friedrich Hayek ou Hyman Minsky. De façon plus générale, l'examen des termes du débat antérieur et postérieur à la crise actuelle est trop rapide pour convaincre le lecteur de l'apport représenté par un retour à Keynes et Friedman. De ce point de vue, la conclusion apparaît comme un chapitre inachevé.

Quelques remarques ponctuelles pour finir. Premièrement, si Keynes et Friedman on bien un point commun c'est d'avoir été formés à l'économie à partir des *Principles* d'Alfred Marshall. On aurait pu s'attendre à un examen détaillé de cette relation à Marshall pour expliquer les points de convergence entre les deux économistes ou pour mieux comprendre ce qui les oppose. Or, ce point est discuté trop brièvement et de façon ambiguë dans le chapitre 2 alors qu'il aurait pu s'intégrer au chapitre 3 sur la vision des deux économistes. Deuxièmement, dans son chapitre 3 [p. 52] Rivot présente Friedman comme un *old classical liberal* par opposition aux libertariens. Il manque une référence au travail de Mirowki et Van Horn [2009] sur cette question. Ils montrent en effet que Friedman est étroitement associé à un groupe de recherche mené par Aaron Director qui engage, en parallèle avec la création de la société du Mont-Pèlerin, un effort pour repenser le libéralisme. Dans ce contexte, Friedman publie un texte qui revendique le terme « néolibéralisme » et se démarque du libéralisme classique de Simons, un de ses professeurs à l'université de Chicago. Enfin, Rivot insiste à plusieurs reprises sur le fait que la rigidité des salaires n'est pas au cœur de l'analyse de Keynes [p. 101 et 149 par exemple]. Ce point est contestable. Il est certain que Keynes entend montrer que l'ajustement à la baisse des salaires ne ramène pas l'économie au plein emploi et que leur rigidité stabilise l'économie. Mais il est tout aussi difficile de nier que l'hypothèse de salaires rigides joue un rôle essentiel dans sa construction théorique et lui permet d'introduire le chômage dans l'analyse.

Au-delà de ces remarques, l'ouvrage de Sylvie Rivot offre une exploration stimulante de la relation entre les œuvres de Keynes et de Friedman. Écartant tous les clichés concernant les propositions de ces économistes en matière de politique économique, il invite à reconsidérer les débats contemporains. Enfin, cet ouvrage illustre les résultats auxquels on peut parvenir grâce à un travail d'analyse des textes du passé, conduit avec rigueur et patience.

Bibliographie

Dostaler G. [2005], « Friedman and Keynes: divergences and convergences », *European Journal of the History of Economic Thought*, 5 (2), p. 317-347.

Hirsch A., De Marchi N. [1990], *Milton Friedman, Economics in Theory and Practice*. Ann Arbor : University of Michigan Press.

Mirowski P., Van Horn R. [2009], « The rise of the Chicago School of Economics and the birth of neoliberalism », in P. Mirowki, D. Plehwe (ed.) *The Road from Mont Pelerin: The Making of the Neoliberal Thought Collective*. Cambridge : Harvard University Press, p. 139-178.

Simons H. C. [1936], « Rules versus discretion in monetary policy », *Journal of Political Economy*, 44 (1), p. 1-30.

NICHOLAS GEORGESCU-ROEGEN, UN RÉACTIONNAIRE AU SECOURS DU PROGRÈS

Gilles Raveaud[1]

Antoine Missemer, *Nicholas Georgescu-Roegen, pour une révolution bioéconomique*, Lyon, ENS Éditions, 2013, 136 p.

Nicholas Georgescu-Roegen (Constanța, Roumanie, 4 février 1906 – Nashville, Tennessee, 30 octobre 1994) est un auteur singulier. Économiste roumain de formation mathématique travaillant aux États-Unis, il ne s'inscrira dans aucun des courants constitués de la discipline pour tracer sa propre voie, celle d'une économie inscrite dans les sciences de la nature. Pour Georgescu-Roegen, la science économique doit définitivement tourner le dos à la physique et à la mécanique classique pour se tourner vers la biologie évolutionniste, pour son analyse du changement, et pour la thermodynamique, seule capable de prendre en compte l'irréversible détérioration de l'environnement naturel.

La présentation que fait Antoine Missemer de l'œuvre de Georgescu-Roegen se distingue par sa clarté et ses qualités pédagogiques, tout en bénéficiant du beau travail d'édition de cette collection (à l'exception de l'absence de la liste des ouvrages de la collection ainsi que d'un index en fin d'ouvrage). Le livre est agréable à lire à tous points de vue, du style de l'auteur jusqu'au format et à la mise en page de l'auteur.

Nous exprimerons cependant une double différence quant à la lecture proposée des travaux de Georgescu-Roegen. Tout d'abord, la dimension très pessimiste des travaux de Georgescu-Roegen n'est pas rendue à sa juste valeur, nous semble-t-il. En effet, on peut qualifier de « réactionnaire » la position de Georgescu-Roegen, au sens où il souhaite revenir à un état antérieur de développement afin de réduire l'activité humaine et les dégâts qui y sont associés. Pour lui, l'industrialisation, la hausse de la consommation ou encore la croissance démographique sont des processus néfastes. De ce fait, la forte charge portée par Antoine Missemer à l'encontre des théoriciens de la décroissance ne nous semble pas juste au sens où, parce qu'il insiste

1. LED, Institut d'Études européennes – Université Paris 8 Saint-Denis.
Courriel : gillesraveaud@gmail.com

sur le caractère irrémédiablement limité des ressources matérielles dont dispose l'humanité, Georgescu-Roegen fait de la réduction de l'empreinte écologique de chaque homme la condition de possibilité de perpétuation de la vie humaine sur terre.

Sur le plan formel, l'ouvrage propose une introduction biographique, suivie de trois parties intitulées successivement « Aux fondements de la matrice de Georgescu-Roegen » ; « Pour une révolution bioéconomique » ; « Halte à la (dé)croissance ». Enfin un article de Nicholas Georgescu-Roegen paru en 1978, « De la science économique à la bioéconomie », reproduit *in extenso* – une belle idée –, conclut l'ouvrage. Nous suivons le fil du livre dans notre recension.

Une riche vie

Antoine Missemer le rappelle, Nicholas Georgescu-Roegen a connu une riche vie, marquée par des voyages entre l'Europe et les États-Unis, au cours desquels il rencontrera, au cours des années 1930, notamment Karl Pearson à Londres et Joseph Schumpeter à Harvard, où il fera également la connaissance de Wassily Leontief. Cependant, sur le plan personnel, Georgescu-Roegen se révélera être un chercheur solitaire : « Brillant étudiant, promis à une longue carrière à Harvard » (p. 12), Georgescu-Roegen préférera retourner en Roumanie avant de revenir aux États-Unis, mais ce sera pour se fixer à Nashville où il disposera certes d'un poste permanent de professeur, mais en étant loin de Cambridge, Chicago ou Berkeley.

Comme le relève Antoine Missemer, l'économie dynamique et marquée par les irréversibilités de Georgescu-Roegen est philosophiquement proche des processus de destruction et de création soulignés par Schumpeter. Plus précisément, les deux piliers de la pensée de Georgescu-Roegen sont les suivants : i) tout processus implique des changements qualitatifs ; ii) ces changements sont la plupart du temps irréversibles. Cette double attention à la dynamique qualitative de l'économie va le conduire à rejeter les approches les plus répandues, marxistes comme néoclassiques. Ne se limitant pas au débat théorique, Georgescu-Roegen va se placer sur le terrain épistémologique, pour proposer une nouvelle définition de la science économique.

La science économique comme science de la nature

Né en Roumanie, Nicholas Georgescu-Roegen a été marqué par le fonctionnement d'une économie agraire, c'est-à-dire une économie dominée par l'agriculture et subissant une pression démographique importante. Cet élément biographique va se conjuguer à son exigence de faire de la science économique une… science, pour le conduire à apporter une attention toute particulière à la thermodynamique.

Née des travaux de Sadi Carnot en 1824, la thermodynamique analyse les processus de conservation et de dissipation de l'énergie. Selon son premier principe, le stock global d'énergie est toujours constant dans un système isolé : il n'augmente ni ne diminue. Par contre, selon le deuxième principe, l'entropie d'un système isolé croît de manière irréversible. Autrement dit, dans un système isolé, si la *quantité* d'énergie reste constante, sa *qualité* se détériore irrémédiablement.

La thermodynamique définit également deux autres systèmes. Tout d'abord les systèmes ouverts, qui échangent de la matière et de l'énergie avec leur environnement, comme le sous-système économique avec la Terre. Enfin, les systèmes fermés, telle la Terre, qui sont capables d'échanger de l'énergie (solaire) mais pas de la matière avec leur environnement. Sous l'importante réserve de l'énergie provenant du rayonnement solaire, la Terre, et avec elle le sous-système économique, est soumise à la contrainte entropique de dégradation continue de la qualité de l'énergie disponible.

Le changement de perspective proposé par Georgescu-Roegen a des conséquences très concrètes sur l'enseignement et la recherche en science économique. Antoine Missemer donne l'exemple de la fonction de production qui, dans les manuels, combine classiquement capital, travail et ressources naturelles – quand celles-ci sont incluses – afin de produire le bien final. Or, relève Georgescu-Roegen, cette vision est tronquée, car elle donne l'impression que le capital et le travail ne sont pas eux-mêmes des éléments naturels. Il convient donc de compléter le schéma de base, pour faire apparaître l'origine naturelle du capital et du travail. De plus, ajout essentiel, il convient de faire apparaître que tout processus de production engendre des déchets en plus du bien final.

On dispose alors d'une représentation simple, et donc la pertinence semble délicate à discuter, d'un processus de production économique. Il est alors désolant de constater que cette proposition n'a pas été reprise dans les manuels et que bien des supports de cours omettent la contribution des ressources naturelles à la production, supposant donc que l'on construit des ordinateurs avec des machines et des bras, mais sans électricité !

Par ailleurs Georgescu-Roegen insiste sur la non-substituabilité des facteurs de production : non seulement on ne peut aisément remplacer du travail par du capital, mais au sein même des ressources matérielles, toutes ne sont pas substituables entre elles, selon leurs propriétés physiques.

Au fond, insiste Missemer, ce qui fonde l'originalité de l'approche de Georgescu-Roegen, c'est sa conception du temps et son attention aux irréversibilités, c'est-à-dire les situations – qui constituent le cas général – dans lesquelles un processus ne peut être ramené à son état initial.

La révolution bioéconomique

En effet, l'énergie dite « libre », seule à même de fournir de l'entropie basse, est disponible en quantité limitée sur le sol terrestre. De ce fait, comme le note Missemer, « l'entropie basse, qui est à la base de l'utilité et donc de la valeur économique, fait figure de limite absolue à l'essor économique futur » [p. 39]. Il y a pire : « En surexploitant les ressources fossiles, l'homme ne subit pas seulement la dégradation entropique de son système thermodynamique, il l'accélère. » [*Ibid.*]

D'ailleurs, note Georgescu-Roegen, la plupart des technologies employées depuis la révolution industrielle sont non viables. Et la situation est rendue encore plus difficile par la dégradation subie par tout objet à chaque instant, et qui donne lieu à des pertes de matières irrécupérables. Missemer relève que cette « loi » établie par Georgescu-Roegen est contestable, car elle s'oppose à la physique élémentaire qui postule la conservation des particules. Mais il semble difficile de nier, que « à l'échelle humaine », il y a bien une érosion des objets sans que les particules perdues ne soient recyclées d'une manière ou d'une autre. On suivra donc Georgescu-Roegen ici, tout comme lorsqu'il pointe l'impossibilité d'un recyclage intégral.

Certes, il existe bien le Soleil, qui pourrait fournir une quantité très élevée d'énergie libre. Mais, pour Georgescu-Roegen, quand bien même il serait possible de capter cette énergie à un coût (environnemental) réduit, il n'en reste pas moins que l'énergie ne peut remplacer la matière. Or ce sont bien là les deux murs qui se présentent face à l'activité humaine : la rareté des ressources matérielles et la dissipation de l'énergie. Tout processus productif nécessite de recourir à ces deux éléments, non substituables entre eux.

Concernant les mesures à prendre, Nicholas Georgescu-Roegen proposera un « programme bioéconomique minimal » élaboré en 1975 et qui proposait de « remplacer l'énergie terrestre par de l'énergie solaire toutes les fois que cela est possible » [p. 48] ou de recourir à une agriculture entièrement biologique afin de définir « la taille soutenable de la population mondiale » [p. 49]. En effet, pour Georgescu-Roegen, l'augmentation de la population est le problème premier, en raison de la pression qu'elle fait peser sur les ressources naturelles. Il convient donc limiter sa hausse, voire de la réduire en termes absolus.

Souhaitant « orienter strictement » l'usage des ressources disponibles vers « la survie de l'espèce humaine », Georgescu-Roegen s'opposait à toute dépense militaire, gaspilleuse de ressources rares. Il souhaitait également accroître l'aide au développement des pays les moins avancés, et mettre en place des normes, par exemple relatives à la durabilité des produits. Enfin, Georgescu-Roegen souhaitait la mise en place d'un organisme international unique chargé de gérer les ressources. Dans tous les cas, il s'agira d'aller au-delà des mesures incitatives pour imposer des restrictions aux consommateurs comme aux producteurs. Toutefois, un changement de mentalité sera nécessaire, Georgescu-Roegen proposant comme commandement : « Tu aimeras ton espèce comme toi-même. » [p. 51]

Concernant le calcul économique, il faudra changer de métrique, pour passer de la maximisation des gains présents (et éventuellement de celle des gains futurs actualisés) pour la remplacer par la minimisation des regrets futurs. Autrement dit, selon un thème aujourd'hui populaire, « le problème bioéconomique » concerne l'affectation des ressources dans l'intérêt « de toutes les générations » [p. 52]. Or, dans le processus d'enchère qui fixe la valeur des ressources naturelles épuisables, les générations futures ne sont pas représentées. Leur point de vue ne peut donc être pris en compte que si la génération actuelle décide de le faire. Ainsi, la prise en considération des générations futures et la sobriété sont les « deux changements éthiques majeurs » [p. 53] que Georgescu-Roegen appelle de ses vœux.

Au total, note Missemer, Georgescu-Roegen propose l'ensemble des mesures aujourd'hui mises en avant par les mouvements écologiques : énergies renouvelables, durabilité des produits, sobriété, générations futures, aide au développement… Mais il note que la constellation des pensées écologiques comporte des étoiles qui entretiennent toutes un rapport spécifique avec l'œuvre de Nicholas Georgescu-Roegen.

Haro sur la décroissance ?

Comme le souligne Antoine Missemer, Nicholas Georgescu-Roegen n'a pas cherché à « former une école de pensée » [p. 57], mais à influencer de l'intérieur la théorie dominante. Malheureusement, il récoltera surtout indifférence et sarcasmes. On peut prendre la mesure de la fermeture de la théorie standard à l'égard des idées écologiques à la lecture des remarques prononcées en 1997 par Robert Solow et Joseph Stiglitz à l'égard d'Herman Daly, l'un des plus importants économistes écologiques, lors d'un séminaire consacré aux travaux de Georgescu-Roegen, décédé trois ans plus tôt. Ainsi, Solow s'est déclaré disposé à « accueillir à bras ouverts » les étudiants de Daly si ceux-ci souhaitaient « apprendre un peu d'économie » [Solow, 1997, p. 267-268 ; cité p. 60] tandis que Joseph Stiglitz ironisait sur les arbres abattus pour écrire l'article de Daly [Stiglitz, 1997, p. 270 ; cité p. 60][2].

La posture de Georgescu-Roegen compliquera également ses relations avec les économistes écologiques, qui s'organisent à partir de la fin des années 1980 avec la création de l'International Society for Ecological Economics, autour de Robert Costanza, Herman Daly ou Joan Martinez-Alier, et avec la revue *Ecological Economics*, fondée en 1989, Georgescu-Roegen ne rejoignant ni l'une ni l'autre. Plus précisément, Georgescu-Roegen rejettera les deux orientations majeures des économistes écologiques, le développement durable d'une part, et l'état stationnaire d'autre part, qu'il qualifie de « divertissantes théories » [Georgescu-Roegen, 1993, p. 194 ; cité p. 66].

En effet, pour Georgescu-Roegen, vouloir concilier croissance économique et protection de l'environnement a tellement peu de sens que cela permet à la notion de développement durable « d'être acceptée par le Bangladais comme les New-Yorkais » [*ibid.*]. Quant à la thèse plus radicale de l'état stationnaire, elle est *insuffisante*, car « ce n'est parce que la Terre peut supporter *x* individus à un instant donné qu'elle est capable de supporter ces mêmes *x* individus pendant une durée infinie » [p. 65]. Autrement dit, pour Georgescu-Roegen, il faut aller plus loin pour conserver l'espèce humaine. Selon lui en effet, « il ne peut y avoir de salut écologique, mais seulement une lutte acharnée avec une nature avare » [p. 115].

Dérision à l'égard du développement durable, rejet de l'état stationnaire considéré comme insuffisant, « vison pessimiste de l'avenir économique

2. Georgescu-Roegen n'est pas en reste, estimant que, par son oubli des aspects évolutionnistes, « l'économie standard » est devenue « un parc où tout amateur d'exercices mathématiques oisif peut s'amuser à son gré » [p. 99].

face aux contraintes environnementales[3] » [p. 42] : tout semble en place pour faire des théories de la décroissance les héritières de Georgescu-Roegen. Mais, pour Antoine Missemer, cet héritage se situe plutôt du côté de l'économie écologique, et plus particulièrement dans les travaux se revendiquant du développement durable. En effet, selon lui, la nature qualitative des phénomènes économiques a pour conséquence que « toute réflexion écologique [...] se doit de parler en termes de développement, et non de croissance » [p. 73].

Si l'on ne peut que souscrire à cette remarque, reste que la question de la réduction des activités économiques demeure, et ce d'autant plus que Georgescu-Roegen écrit que « la croissance que nous connaissons doit cesser, voire être renversée » [Georgescu-Roegen, 1975, p. 369 ; cité p. 69]. Mais, pour Antoine Missemer, cette affirmation doit être relativisée par le fait que l'évolution et l'histoire se font « dans des formes constamment renouvelées ». Revenir en arrière à l'identique est donc impossible.

Mais tel est précisément le message des promoteurs de la décroissance [Bayon *et al.*, 2012], pour qui il convient d'inventer une nouvelle économie, certes de taille plus réduite, mais qui fonctionne selon d'autres principes. À la vérité, on ne voit pas bien en quoi les positions « décroissantistes » diffèrent de l'affirmation de Missemer selon laquelle « les modalités actuelles de la croissance économique dans les sociétés développées doivent changer [...] *et même reculer* pour laisser place à de nouvelles modalités – bioéconomiques » [p. 70 ; nous soulignons].

Il existe en tout cas un impératif de décroissance chez Georgescu-Roegen, et de quelle importance, c'est celui concernant la population mondiale. On mesure en effet l'angoisse que ressent Georgescu-Roegen à l'égard de cette « population qui semble croître sans fin » [p. 119]. Et le problème ne peut aller qu'en s'aggravant, puisque « au-delà d'une certaine taille de la population mondiale, le coût en entropie basse terrestre pour maintenir une personne en vit croît avec la taille » [p. 119].

Pour Antoine Missemer, « [à] l'exception de la croissance démographique qui est appelée à être infléchie par les limites d'une agriculture uniquement biologique », l'avenir bioéconomique « n'est pas nécessairement incompatible, à moyen terme, avec la croissance » [p. 72]. Mais on a vu plus haut que Georgescu-Roegen critiquait l'état stationnaire car il doutait de la capacité de la Terre à entretenir la population *déjà existante*. Pour Georgescu-Roegen, il

3. Pour Missemer, Georgescu-Roegen considère que le monde va « vers le chaos généralisé » [p. 54].

existe une « quantité totale de vie de l'espèce humaine » [p. 120], qui est une grandeur finie ; il ne s'agit donc pas dans son esprit de limiter la croissance de la population, mais bien de la réduire absolument. Difficile de ce fait de ne pas penser à la décroissance et même à une de ses formes – la réduction de la population – que peu d'auteurs défendent explicitement.

Un vieil oncle un peu encombrant ?

Antoine Missemer partage visiblement le projet du développement durable, dont il donne une belle définition, celle d'un « projet global de changement social associant métamorphose de l'appareil productif et diminution des inégalités, le tout en adoptant un regard lucide sur la capacité de charge de l'environnement en termes écologiques et démographiques » [p. 74]. Pour lui, ce projet est « l'héritage le plus juste du projet de Georgescu-Roegen ».

Mais nous ne sommes pas convaincus. En effet, dans le débat public, le développement durable est associé à la recherche de la conciliation de la préservation de l'environnement et de l'expansion de l'activité économique. Or il n'est que trop clair à lire les citations données par Missemer ainsi que l'article de Georgescu-Roegen, « De la science économique à la bioéconomie » [1978], que Georgescu-Roegen cherche par tous les moyens à réduire l'activité des hommes afin de préserver l'espèce humaine. En effet, son attrait pour la thermodynamique tient au fait qu'elle enseigne que « les ressources naturelles s'épuisent irrévocablement » [p. 102].

Les choix seront donc brutaux : « [L]e fer, par exemple, que nous employons aujourd'hui pour produire des Maserati, des Rolls Royce, des Cadillac ou des Volga, signifie moins de socs de charrues pour certaines générations dans le lointain futur. » [p. 118] Georgescu-Roegen déplore « notre attachement pathologique au confort », qualifie la mode de « maladie de l'esprit humain » (!) [p. 123], et raille les « délices extravagants » dont la privation conduiraient ses contemporains à d'« apocalyptiques convulsions de crises de manque » [p. 91]. Georgescu-Roegen dénonce les gaspillages de la modernité, à commencer par le plus grand « crime écologique », celui qui nous fait « forger des socs de charrues qui appartiennent à des générations futures en 'épées' présentes capables d'anéantir toute vie sur cette terre » [p. 123]. Georgescu-Roegen a également des mots très durs contre le fait de tout jeter sans réparer, ou contre l'obsession du progrès technique qui conduit à « nous raser plus vite dans le seul but d'avoir plus de temps pour dessiner une machine qui rase encore plus vite » [p. 124].

Au final, il nous semble que le pessimisme radical de Georgescu-Roegen, ainsi que la nature réactionnaire, au sens premier, de son message, sont établis – et rien ne nous permet de penser qu'ils soient injustifiés. Mais même si l'on ne partage pas l'ensemble de ses enseignements et de ses « lois »[4], cela n'enlève rien à son apport décisif, celui de la nature évolutive des activités économiques, leurs conséquences irréversibles, et l'attention aux quantités absolument limitées de matière et d'énergie dont nous disposons pour produire et consommer.

Parce qu'il est un messager du pire, Nicholas Georgescu-Roegen peut faire penser à ces personnes porteuses de mauvaises nouvelles que l'on n'a pas envie d'entendre[5]. Et pourtant, et c'est le mérite essentiel de l'ouvrage d'Antoine Missemer que de le rappeler, il serait prudent de l'écouter. Car, comme il n'a cessé de le montrer, non seulement il n'y a pas de déjeuner gratuit, mais « le déjeuner coûte toujours plus qu'il ne vaut » [p. 115].

4. Pour Antoine Missemer, s'affranchir du « quatrième principe de la thermodynamique » avancé par Nicholas Georgescu-Roegen, celui de la perte irréparable de matière, est nécessaire afin de « donner un sens » à la « recherche d'un salut écologique provisoire » [p. 64]. On peut interpréter cette affirmation comme signifiant que, chez Georgescu-Roegen, ce salut est improbable.

5. Ce dont il était pleinement conscient, estimant proposer « de dures mesures » qui ne seraient pas facilement acceptées [p. 125].

Bibliographie

Bayon Denis, Flipo Fabrice, Schneider François [2012], *La décroissance. Dix questions pour comprendre et débattre*, Paris, La Découverte.

Georgescu-Roegen Nicholas [1975], « Energy and economic myths », *Southern Economic Journal*, vol. 41, n° 3, p. 347-381.

— [1993], « Thermodynamics and we, the humans », in J.C. Dragan, E.K. Seifert, M.C. Demetrescu (ed.) *Economics and Bioeconomics*, Milan, European Association for Bioeconomic Studies, p. 184-201.

Solow Robert [1997], « Reply : Georgescu-Roegen versus Solow/Stiglitz », *Ecological Economics*, vol. 22, n° 3, p. 267-268.

Stiglitz Joseph [1997], « Reply : Georgescu-Roegen versus Solow/Stiglitz », *Ecological Economics*, vol. 22, n° 3, p. 269-270.

« LA CROISSANCE ÉTONNAMMENT LENTE D'UNE THÉORIE DE LA BANQUE CENTRALE »

Ghislain Deleplace[1]

Arie Arnon, *Monetary Theory and Policy from Hume and Smith to Wicksell. Money, Credit, and the Economy*. Cambridge : Cambridge University Press, 2011, xxii + 424 p.

Cet ouvrage couvre un siècle et demi d'histoire de la pensée monétaire – son âge d'or. Bien sûr ce fut la période de l'étalon-or, de son adoption *de facto* en Angleterre dans la seconde moitié du XVIIIe siècle à son extension internationale *de jure* un siècle plus tard. Mais surtout s'y mit en place ce qui constitue aujourd'hui encore le socle de la théorie et des institutions monétaires, du mécanisme d'ajustement des balances extérieures *via* les variations de la quantité de monnaie à la politique de maniement du taux d'escompte pour stabiliser le niveau général des prix et le taux de change, de la règle d'émission des billets au prêt en dernier ressort, de l'indépendance de la banque centrale par rapport au pouvoir politique à l'émergence d'un système monétaire international hiérarchisé. C'est ainsi à un voyage passionnant en littérature monétaire qu'invite Arie Arnon – « our journey on the ascent of the British monetary orthodoxy » [p. 343]. Comme tout bon metteur en scène, il mêle une connaissance détaillée des grands textes du répertoire et le goût pour les pièces moins jouées, le respect pour les morceaux de bravoure et le talent pour les éclairer d'un jour inattendu. Un bon sujet – *Money, Credit, and the Economy*, indique le sous-titre –, un regard à la fois érudit et personnel, une écriture alerte : il n'est pas surprenant que la *European Society for the History of Economic Thought* ait décerné à ce livre le *Best Monograph Prize* en 2012.

Une pièce en cinq actes

Long de 446 pages, l'ouvrage est divisé en cinq parties et 18 chapitres, auxquels s'ajoutent une introduction et un épilogue. La première partie installe en quatre chapitres les fondations, tant analytique (Hume, Smith) qu'historique (le système financier britannique au milieu du XVIIIe siècle)

1. LED, Université Paris 8 – Saint-Denis. Courriel : ghislain.deleplace@univ-paris8.fr

et méthodologique (la référence à ce que Schumpeter appelle « monetary theories of credit »). La deuxième partie couvre en cinq chapitres la période d'inconvertibilité du billet de la Banque d'Angleterre (1797-1821) : après la description de la « nouvelle réalité » engendrée par la suspension de la convertibilité, Arnon analyse la controverse bullioniste en trois « rounds » successifs, centrés sur Boyd *versus* Baring (1800-1802), Thornton (1802), et Ricardo *versus* Bosanquet (1809-1811). Il propose enfin une grille de lecture de ces débats, dérivée cette fois des *credit theories of money* de Schumpeter. La troisième partie étudie en quatre chapitres la seconde controverse de la première moitié du XIXe siècle en Angleterre, suscitée par des crises monétaires récurrentes (évoquées d'abord en un chapitre). Sans surprise on y retrouve « the Currency School Trio » (Loyd, Torrens, Norman), « the Banking School trio » (Tooke, Fullarton, Wilson), et deux outsiders préoccupés de « Laissez-faire in Banking » (Joplin, Parnell). La quatrième partie, en trois chapitres, s'intitule « The Road to Defensive Central Banking ». Elle est dominée par la figure de Bagehot, incarnation de la « nouvelle sagesse conventionnelle » [p. 277] incorporée dans l'« orthodoxie monétaire britannique » ; le Marx de 1857-1859 (pour ses « traces de Tooke » ; p. 321) et le Marshall défenseur du bimétallisme y tiennent les seconds rôles. Enfin la cinquième partie, en deux chapitres, s'intitule « A New Beginning: Towards Active Central Banking ». C'est de Wicksell qu'il s'agit en un chapitre, avant un dernier chapitre récapitulant l'unité de l'ouvrage d'Arnon autour d'une question : pourquoi le développement d'une théorie de la banque centrale fut-il aussi lent (« The Puzzling Slow Rise of a Theory of Central Banking: Between Lender of Last Resort, Defensive, and Active Monetary Policies » ; p. 370) ?

Cette question lancinante et les titres des quatrième et cinquième parties illustrent à la fois ce qui ne se trouve pas et ce qui se trouve dans l'ouvrage, autrement dit sa limite et la force de son message. Plus que de « théorie et politique monétaires » comme l'indique le titre, le champ couvert est celui de la théorie *de* la politique monétaire, plus précisément encore « la théorie du *central banking* ». Des questions de théorie monétaire aussi essentielles que la nature de la monnaie et son intégration dans la théorie de la valeur en sont absentes, bien que plusieurs des auteurs étudiés y aient consacré de nombreuses pages[2]. Quant au message d'Arnon, il découle des deux ressorts dramatiques avec lesquels il met en scène les auteurs qu'il étudie.

2 Sur cette limite de l'ouvrage d'Arnon, voir Deleplace [2014].

Deux ressorts dramatiques

Le premier ressort est l'opposition entre les auteurs qui défendent la « main invisible » (un ajustement automatique) en matière monétaire et bancaire – ce qui implique le rejet de toute politique monétaire – et ceux qui se font les avocats d'une « main visible », celle d'une banque centrale mettant en œuvre une politique monétaire discrétionnaire. La première approche trouve son origine chez Hume (avec des « international equilibrating mechanisms to take care of the money supply » ; p. 395) et Smith (avec sa « belief in a competitive banking system » ; *ibid.*) ; elle fut partagée par Boyd et les « bullionistes », Ricardo avant 1823, la *Currency School* qui « added the metallic fluctuations principle [contenu dans le *Bank Charter Act* de 1844], but continued to reject any form of central banking » [*ibid.*] et, moyennant quelques qualifications, par Joplin et Parnell. La seconde approche fut développée par Thornton et elle se perpétua avec Ricardo dans son essai posthume sur la banque nationale, Tooke et la *Banking School*, Bagehot, Marshall (une « clear expression of central banking as an art, not a rule or predesigned set of instructions that can be summarized in a blue book » ; p. 338) et Wicksell. Cette seconde approche insiste sur l'intermédiation (le rôle de la banque centrale sur le marché du crédit) plus que sur l'échange.

Le second ressort dramatique utilisé par Arnon pour mettre en scène les auteurs est la distinction, parmi les partisans du *central banking*, entre ceux qui s'en tiennent à une « politique monétaire défensive » et ceux qui soutiennent une « politique monétaire active ». Thornton est à l'origine des deux courants. Après lui, Tooke et Bagehot se limitèrent au type défensif de banque centrale, combinaison de prêt en dernier ressort (une réponse *ex-post* à la crise) et de mesures *ex-ante* pour prévenir la crise, la plus importante étant une large réserve métallique de la banque d'émission : « [Selon Bagehot] The reserve should be built up in good times, and a clever policy [le prêt en dernier ressort] should be implemented in bad times » ; p. 299). La politique monétaire « active » « relates to actions aimed at improving the performance of the real economy via monetary instruments » [p. 371]. Elle n'est pas contradictoire avec une politique monétaire défensive mais la complète : l'objectif n'est plus alors seulement la stabilité du système financier mais aussi la gestion du système monétaire au bénéfice de l'économie. Thornton inventa la banque centrale « active », Ricardo s'y convertit juste avant sa mort, et Wicksell lui donna une forme achevée, dans un système de crédit pur.

En résumé, en dépit de la domination d'une conception de la monnaie et de la banque en termes de « main invisible », le développement d'une théorie du *central banking* prit selon Arnon deux voies : une « défensive » allant de Thornton à Bagehot en passant par Tooke, et une « active » allant de Thornton à Wicksell en passant par Ricardo [1824]. Arnon conclut que « the frameworks of both Thornton and Wicksell depart from "monetary theories of credit" and approach "credit theories of money" » [p. 396-397]. C'est pourquoi la cinquième partie de l'ouvrage commence par « A New Beginning » : bien qu'il en ait ignoré les écrits, Wicksell reprend la théorie de la politique monétaire « active » là où Thornton l'avait laissée, après une longue parenthèse qui en explique la « croissance étonnamment lente ».

Dramatis personæ

Pour un ouvrage principalement divisé en chapitres consacrés à des auteurs, leur longueur est un indicateur de l'intérêt que porte Arnon à chacun. Quatre auteurs dépassent les 25 pages : Bagehot et Tooke arrivent en tête avec 32 pages (le dernier sur les 40 pages consacrés au « Banking School Trio »), suivis de Thornton (30 pages) et Wicksell (27 pages). Un deuxième groupe d'intérêt comprend Marx (20 pages), Ricardo (18 des 26 pages du chapitre « Ricardo versus Bosanquet »), Hume (17 pages) et Smith (16 pages). D'autres auteurs britanniques (Boyd, Francis Baring, Loyd, Torrens, Norman, Fullarton, Wilson, Stuart Mill, Joplin, Parnell, Marshall, mais ni Steuart, ni Jevons) se partagent le reste. Aucun auteur continental (à l'exception de Marx et de Wicksell, étudiés explicitement en relation avec la pensée monétaire britannique) ne figure dans l'ouvrage.

Une autre information sur la perception qu'a Arnon des différents auteurs est leur importance dans l'index correspondant. Le nombre de citations renvoyant aux autres chapitres que celui consacré à un auteur est en effet un indicateur de la place qu'il occupe dans l'évaluation par Arnon de l'histoire de la pensée monétaire. Si son rôle de père fondateur confère sans surprise à Smith la première place, le deuxième rang est occupé par Ricardo, loin devant Thornton et Tooke, alors même que, comme cela a été indiqué, aucun chapitre en propre n'est consacré dans l'ouvrage à une étude en profondeur de ses idées. Ce traitement dispersé d'un auteur pourtant identifié par Arnon comme central s'explique par l'interprétation étrange qu'il en donne.

Un méchant repenti : Ricardo

Le chapitre sur Ricardo s'intitule « Ricardo versus Bosanquet. The Famous Round of the Bullion Debate » ; 8 de ses 26 pages concernent Bosanquet, dont les *Practical Observations on the Report of the Bullion Committee* firent l'objet en 1811 d'un pamphlet critique par Ricardo. Il n'est pas alors surprenant que l'essentiel du chapitre porte sur le « Bullion Debate », et particulièrement sur les arguments échangés entre Bosanquet et Ricardo autour du *Bullion Report.* Cela laisse peu de place pour la partie constructive des écrits monétaires de Ricardo, c'est-à-dire l'Ingot Plan. Dès la 4e édition en 1811 de *The High Price of Bullion, A Proof of the Depreciation of Bank Notes,* Ricardo compléta sa critique du comportement de la Banque d'Angleterre en inconvertibilité par un plan de réforme du système monétaire, fondé sur l'adoption de la convertibilité des billets en lingots plutôt qu'en espèces. C'est ce plan, développé dans *Proposals for an Economical and Secure Currency* en 1816 et repris à partir de la 2e édition des *Principes* en 1819, que Ricardo défendit au Parlement lors des débats précédant le retour en 1821 à la convertibilité à la parité d'avant 1797.

Or le traitement de ce plan par Arnon est surprenant. Il affirme d'abord que « Even though Ricardo's influence on the Bullion Committee was not as great as had been claimed by some of the secondary literature, the committee's final proposals were in line with the practical proposals of the Ingot Plan » [p. 144] ; on chercherait pourtant en vain dans le *Bullion Report* la moindre mention de la convertibilité des billets en lingots. Ensuite, Arnon expédie en une phrase cet aspect central des *Proposals* de 1816 : « Ricardo's plan for paper based on gold bars solves this problem [la dépréciation de la monnaie] by managing to keep the price of gold constant regardless of the amount of paper » [p. 146]. Plutôt que d'examiner comment Ricardo lui-même explique ce plan dans les *Proposals* ou les *Principes,* Arnon se contente enfin de reprendre le résumé que donne Bonar un siècle plus tard du mémorandum discuté par le Comité de la Chambre des Lords en 1819, au motif que la déposition de Ricardo devant ce Comité fut un « commentaire de ce texte » [p. 147]. Ce faisant il passe à côté du changement radical de système monétaire qu'impliquait ce plan, changement pourtant vu par Bonar dans le même article : « His [Ricardo] complete Plan was to be the euthanasia of metal currency. » [Bonar, 1923, p. 298]

Ce n'est de fait pas ce plan qui intéresse Arnon mais un autre plan de Ricardo, celui visant à la création d'une banque publique d'émission (le *Plan for the Establishment of a National Bank*, publié à titre posthume en 1824).

Car ce dernier s'inscrit mieux dans l'intrigue de l'ouvrage, certes au prix d'une interprétation baroque de l'évolution des idées monétaires de Ricardo : celui-ci abandonnerait juste avant sa mort une « application of free-trade principles in banking » [p. 133], inspirée d'une « free-banking position » [p. 260], pour aller dans une « direction of expanding the discretionary powers of the Bank » [p. 150], dont les « interventions aimed at influencing the quantity [of money] in circulation according to overall macroeconomic circumstances » [p. 383]. Le lecteur informé aura néanmoins autant de difficulté à voir dans le Plan pour une banque nationale une conversion tardive à l'activisme macroéconomique qu'à considérer l'Ingot Plan comme un manifeste du « free banking » : l'un comme l'autre expriment la même croyance de Ricardo en la nécessité d'une banque centrale soumise à une règle de politique monétaire telle que « the Bank regulated their loans and issues by the criterion, which I have so often mentioned, namely, the price of standard bullion, without attending to the absolute quantity of paper in circulation » [Ricardo, 1816, p. 67], et garantissant que « regulating their issues by the price of gold, the commissioners [en charge de la banque publique] could never err » [Ricardo, 1824, p. 293].

En définitive, les renvois à Ricardo éparpillés dans l'ouvrage jouent le rôle de fil rouge, qui conforte son explication de « la croissance étonnamment lente d'une théorie de la banque centrale » : « Thus, Ricardo was moving toward a rejection of the application of the invisible hand mechanism to money, and adopted a basically visible hand theory » [p. 383]. Si selon Arnon la conversion *in extremis* de Ricardo à la politique monétaire discrétionnaire lui permet d'intégrer le club très fermé des partisans d'une banque centrale « active » (entre Thornton et Wicksell), sa défense du libre-échange monétaire dans ses écrits antérieurs contribua puissamment à retarder l'émergence de cette conception : « One should note that this visible hand position was contrary to Ricardo's own writings on monetary issues before this text ; moreover, this new view was not accepted. What people usually described as Ricardo's monetary positions were either his basically Smithian position before his *Plan for a National Bank* or his recommendation to concentrate issuing in the hands of a single bank. » [*Ibid.*]

Un héros sans tache : Thornton

Des *Proposals* de 1816, Arnon écrit que « like the *High Price of Bullion*, it was written to be used as a weapon in certain political arguments » [p. 145]. En attribuant à des considérations politiques le cœur de la théorie monétaire de

Ricardo, Arnon fait ressortir la supposée rupture contenue dans le *Plan for a National Bank*. On retrouve le même jeu de scène à propos de Thornton, cette fois pour souligner au contraire la permanence de sa position « as a moderate anti-Bullionist . . . in defense of an inconvertible system based on discretionary policy » [p. 99]. Comme il est difficile (même en deux pages sur les 30 du chapitre qui lui est consacré) de passer sous silence la participation de Thornton à la rédaction du *Bullion Report* en 1810 et les deux discours qu'il prononça à cette occasion pour défendre la nécessité de soumettre à une règle les émissions de la Banque d'Angleterre dans la perspective d'un retour à la convertibilité de ses billets, Arnon attribue aux circonstances politiques cette attitude contradictoire avec son interprétation du « "real" Thornton » : « If Thornton can be said to have changed his views after 1802, he did so on a pragmatic level for political reasons ; his theories remained unchanged » [*ibid.*] ; « on the Bullion Committee he was and remained the third Thornton [le "moderate anti-Bullionist"] » [p. 125]. Ici aussi, le lecteur informé objectera que, dès l'ouvrage *Paper Credit of Great Britain* en 1802, Thornton évoque la possibilité d'une surémission et les moyens de l'empêcher, et que les idées novatrices qu'il y développe – le prêt en dernier ressort par la Banque d'Angleterre ou l'élévation de son taux d'escompte pour attirer les capitaux étrangers – s'appliquent au traitement d'une crise monétaire d'origine exogène (faisant de la Banque d'Angleterre une banque centrale exclusivement « défensive » et non « active »). Mais l'important est pour Arnon de montrer que « the one consistent Thornton was the innovative monetary theorist whose analysis favored a nonmetallic, managed monetary system » [p. 99], afin de mieux souligner que l'ignorance de cet auteur tout au long du XIXe siècle a entretenu « la croissance étonnamment lente d'une théorie de la banque centrale ».

Envoi

En caricaturant ainsi les premiers rôles en un héros sans tache et un méchant repenti, Arnon affaiblit plus qu'il ne nourrit son intrigue de la main invisible retardant l'avènement de la théorie du *central banking*. On ne dispose pas ici des compétences nécessaires pour examiner si cette intrigue est mieux servie par la peinture des autres personnages. Et il ne saurait être question de bouder le plaisir suscité, dans un domaine aussi complexe et négligé que l'histoire de la pensée monétaire, par un ouvrage engagé sur une thèse et personnel dans son approche des auteurs. Il est en définitive réconfortant de constater que, comme au théâtre, une bonne mise en scène est celle qui suscite l'envie de lire les textes.

Bibliographie

Bonar James [1923], « Ricardo's Ingot Plan: a centenary estimate », *The Economic Journal*, 33, September, p. 281-304. Réimprimé dans John Cunningham Wood (dir.) *David Ricardo. Critical Assessments.* Londres : Routledge, vol. IV, 1991, p. 25-43.

Deleplace Ghislain [2014], « Book Review » de Arie Arnon, *Monetary Theory and Policy from Hume and Smith to Wicksell, The European Journal of the History of Economic Thought*, 21 (1), p. 158-166.

Ricardo David [1816], *Proposals for an Economical and Secure Currency*, dans *The Works and Correspondence of David Ricardo*, édités par Piero Sraffa avec la collaboration de Maurice H. Dobb. Cambridge : Cambridge University Press, vol. IV, 1951, p. 49-141.

Ricardo David [1824], *Plan for the Establishment of a National Bank*, dans *The Works and Correspondence of David Ricardo*, édités par Piero Sraffa avec la collaboration de Maurice H. Dobb. Cambridge : Cambridge University Press, vol. IV, 1951, p. 275-300.

Thornton Henry [1802], *An Enquiry into the Nature and Effects of the Paper Credit of Great Britain.* Londres : George Allen and Unwin, 1939. Réimpression à Fairfield : A. M. Kelley, 1991.

FREEDOM AND HAPPINESS IN ECONOMIC THOUGHT AND PHILOSOPHY: FROM CLASH TO RECONCILIATION

Vincent Desreumaux[1]

Ragip Ege et Herrade Igersheim (ed.), *Freedom and Happiness in Economic Thought and Philosophy: From Clash to Reconciliation.* Londres : Routledge, *Routledge Frontiers of Political Economy,* 2011, 320 p.

Le recueil de textes édité par R. Ege et H. Igersheim aborde un sujet ambitieux : il s'agit de penser, à nouveaux frais, l'une des oppositions les plus célèbres et commentées entre deux grandes traditions de la pensée libérale en économie et en philosophie : celle qui entend distinguer entre libéralisme de la liberté et libéralisme du bonheur. C'est J. Rawls qui l'a, le plus récemment et explicitement, établie. Pour ce dernier, on le sait, les principes de liberté (politique et civile) sont prioritaires sur les autres, et notamment sur toute considération relevant de l'utilité. Rawls, comme le rappellent les auteurs en introduction, s'associe ici à Hegel, Kant et J.S. Mill, tandis qu'il s'oppose à Bentham, Sidgwick et James Mill, rangés, eux, du côté du libéralisme du bonheur.

Chez Rawls, l'opposition la plus fondamentale est celle qui sépare le juste et le bien. Dans le libéralisme du bonheur, priorité est accordée au bien, dont le juste dérive. Dans le libéralisme de la liberté, à l'inverse, est donné priorité au juste, universel, tandis que le bien est vu comme quelque chose qui relève de la subjectivité, de l'arbitraire, du particulier. En aucun cas le juste ne peut en dériver. D'autres concepts proches renvoient à la même opposition. Le couple déontologie/téléologie, d'abord : l'individu moral se comporte selon la justice par devoir, dans le premier cas ; il a toujours une visée subjective, un désir, une préférence, dans le second. Tout ceci renvoie aux catégories kantiennes de l'autonomie et de l'hétéronomie. Les termes les plus synthétiques recouvrant cette distinction sont sans doute, comme le suggèrent les auteurs, ceux du couple « raisonnable et rationnel » – le raisonnable ayant toujours trait à un rapport à autrui (comme l'illustre l'impératif catégorique de Kant).

1. IESEG School of management. Courriel : v.desreumaux@ieseg.fr

Cette célèbre dichotomie, pour éclairante qu'elle soit, s'avère aussi trop simple, et l'un des objectifs de l'ouvrage consiste, en partant d'elle, à affiner et approfondir l'analyse du libéralisme. Le programme de recherche dont cet ouvrage constitue une sorte de bilan d'étape s'est ainsi fixé deux objectifs : un objectif théorique – mieux comprendre, en passant par l'analyse des textes, les auteurs en question à la lumière de cette distinction mais aussi cerner la pertinence de cette distinction – et un objectif présenté comme plus « pratique » – contribuer à une meilleure appréhension de la notion de préférence individuelle en analyse économique.

Le fil rouge de l'ouvrage consiste en une tentative de dépassement de ce clivage : il s'agit bien de proposer des pistes de réconciliation entre liberté et bonheur. Cette tentative s'incarne de deux manières.

Dans les deux premières parties, il s'agit de montrer que les principaux penseurs, qu'ils soient rangés d'un côté ou de l'autre, ménagent en fait un espace de conciliation entre liberté et bonheur. Ainsi, chez les auteurs donnant priorité à la liberté, il ne s'agit pas d'exclure la question du bonheur – et vice versa. C'est singulièrement le cas chez Rawls : dans la liste des biens premiers, l'item « revenu et richesse », ainsi que le principe de différence, témoignent d'une volonté d'intégrer la « question sociale » (la possibilité pour chacun d'atteindre un certain niveau de bien-être individuel, d'utilité ou plus généralement de bonheur) au respect de la liberté, donc de réconcilier liberté et bonheur. C'est plus généralement l'objectif d'une société moderne : émanciper au maximum les individus rationnels en maintenant la priorité du raisonnable. Autrement dit, le seul principe de liberté ne suffit pas : il faut aussi, selon Rawls, concevoir des principes de justice et des institutions tels que chacun soit en mesure d'atteindre un certain niveau de bien-être, ou de bonheur – c'est à cette fin qu'est introduit le principe de différence, qui est accepté par des individus raisonnables, libres, certes, mais aussi conscients et soucieux du bonheur d'autrui. Ainsi le refus de sacrifier le bonheur à la liberté est-il net : il faut, plutôt, chercher à concilier les deux.

Il s'agit ensuite, dans la troisième partie, d'incarner concrètement cette réconciliation : cela passe par la conception des préférences individuelles : est ici introduit le concept de métapréférence (qu'on doit initialement à Sen). L'idée que sous-tend ce concept est la suivante : le seul être vivant capable d'avoir une position réflexive sur ses préférences est l'homme. L'homme fait ainsi fonctionner une logique du raisonnable pour appréhender ses désirs ou préférences subjectives, et éventuellement pour les refaçonner à l'aune de principes moraux. Quelques précurseurs ont déjà abordé ce thème : outre

Sen, Harsanyi, qui distingue entre préférences avec et sans prise en compte de considérations éthiques impersonnelles ; Arrow qui fait la distinction entre goûts et valeurs. Il en va de même chez Goodin (préférences « nettoyées » par les individus eux-mêmes). Frankfurt parle quant à lui de « wanton » pour désigner ces individus capables de critiquer et modifier leurs propres préférences. L'aspect essentiel de la démarche est le suivant : ce doit être les individus eux-mêmes, exprimant ainsi leur liberté, qui modifient leurs préférences ou désirs, et non un quelconque planificateur extérieur.

Dans le recueil, l'idée de la réconciliation s'appuie ainsi sur cette capacité des individus à tenir compte d'autrui pour réviser et façonner leurs propres fins, désirs ou préférences.

Parties I et II : les textes et les auteurs

Les deux premières parties de l'ouvrage offrent un nombre important d'analyses variées de la pensée de quelques-uns des auteurs de référence sur cette question, avec un objectif avoué : montrer que liberté et bonheur peuvent être – ou de fait, sont – conciliés chez tous ces auteurs. Démarrant par le principal responsable de cette dichotomie, Rawls, les textes s'achèvent par une lecture de celui qui, à la lecture de l'ouvrage, apparaît comme la figure de proue de cette tentative de réconciliation : Hegel.

L'analyse serrée des textes de Rawls que propose R. Hawi met utilement en perspective la position complexe de Rawls à l'endroit de l'utilitarisme – hâtivement réduite trop souvent à un rejet univoque et définitif. Rawls est, de toute évidence, inspiré par certains utilitaristes : Hume pour les circonstances de la justice (la rareté et l'altruisme limité), Sidgwick pour la méthode permettant de mettre au jour des principes de justice (équilibre réfléchi, confrontation des individus). Mais il est vrai qu'il refuse la subordination de la liberté au principe du plus grand bonheur du plus grand nombre. C'est alors, on le sait, du côté de la théorie du contrat social qu'il cherche une meilleure réponse. Rawls reproche à l'utilitarisme de concevoir les individus comme des machines à produire de l'utilité, et le problème de la justice comme un simple problème d'allocation des ressources rares visant le maximum d'utilité totale. Dans la théorie de Rawls, les individus sont mis face-à-face, en relation, et acceptent les principes de justice par réciprocité, tandis que dans l'utilitarisme, aucun lien n'existe entre individus et le choix du critère est le fait d'un observateur extérieur. C'est, rappelle l'auteur, le cadre du contrat social de Rousseau qui permet le mieux de rendre compte de cette acceptation des principes de justice selon Rawls. Malgré ces grands emprunts à Rousseau, Rawls y perçoit deux limites :

– on n'est pas sûr que les volontés particulières et la volonté générale coïncident toujours ;
– on ne peut accepter la célèbre formule « obliger les gens à être libres ».

Il faut donc, selon Rawls, dépasser Rousseau sur cette question fondamentale de la réconciliation entre intérêt individuel et intérêt général, et plus généralement sur le thème de la liberté. C'est bien pour cette raison que Rawls se compte au nombre des tenants du libéralisme de la liberté – mais le texte a le mérite d'en proposer une interprétation nuancée, où le bonheur trouve une place. Rawls s'inspire alors de J.S. Mill (utilitariste soucieux des libertés du citoyen, connu notamment pour son refus de la tyrannie de la majorité), de Kant, pour la conception de l'individu libre comme législateur de sa propre conduite, obéissant librement aux lois qu'il s'est prescrites, au-delà de ses désirs (donc alliant raisonnable et rationnel et donnant priorité au premier) et de Hegel, pour l'inscription de ces thèmes dans l'histoire et la société réelle (l'État, la société civile, la quête d'une réconciliation entre le citoyen et l'État, entre l'individu et l'universel). Tout le mouvement conceptuel des deux premières parties du recueil nous semble synthétisé ici : le parcours conduit de Rawls vers Hegel.

Ce parcours est jalonné d'éclairages importants sur d'autres figures tutélaires de la pensée libérale qui, tous de fait, pensent davantage la conciliation de la liberté et du bonheur plutôt que leur hiérarchisation.

Certains des grands utilitaristes sont d'abord étudiés. La contribution de C. Le Chapelain et J.-D. Boyer démontre qu'il en va ainsi de la pensée de Smith et Condorcet. Celle-ci n'entre pas parfaitement dans la typologie rawlsienne, cependant cette dernière offre un éclairage qui permet néanmoins de mettre en exergue la subtilité et les nuances de leur pensée (à travers l'exemple de leurs positions respectives sur l'instruction).

N. Sigot, elle aussi, montre qu'il est réducteur de classer de façon univoque J.S. Mill et – ce qui est plus surprenant – Bentham dans le « libéralisme du bonheur ». Bentham, tout comme Mill, fait une large place à la liberté, même si celle-ci prend la forme d'un outil : en instaurant ce qu'on appellerait aujourd'hui les bonnes incitations, le calcul de Bentham permet de faire coïncider l'exercice d'une certaine conception de la liberté individuelle avec l'obtention du plus grand bonheur du plus grand nombre. De même chez Mill, même si la liberté est centrale, il ne s'agit pas d'en conclure que le Juste jouit d'une priorité absolue sur le Bien. Chez Mill, dans une société qui aurait vocation, par exemple à travers l'éducation, à élever les aspirations et le « caractère » des individus, cultivant notamment chez eux une propension à l'altruisme, dans une telle société, les individus, en exerçant leur liberté, parviendraient à une forme de bonheur. N. Sigot invite à penser une conciliation de ces deux vertus dans la pensée de Bentham et dans celle de Mill.

La perspective de P. Sekerler sur Jevons est sensiblement la même : certes, Jevons, qui fait l'objet de son article, peut légitimement être considéré comme un auteur de tradition utilitariste, donc relevant du libéralisme du bonheur, néanmoins lui aussi fait une vraie et large place à la notion de liberté, et ménage lui aussi les conditions d'une réconciliation entre ces deux vertus – même si, en termes de priorité, le bonheur reste premier, comme le précise en conclusion P. Sekerler.

À l'issue de ces travaux sur des auteurs de la tradition utilitariste, se trouve en définitive confirmée l'idée suivante : compte tenu de la perspective philosophique dans laquelle tous ses auteurs s'inscrivent, celle du « radicalisme philosophique », pour reprendre les termes d'Halévy, autrement dit d'une forme d'individualisme qui – et cet élément les réunit tous peu ou prou – se forge contre les formes anciennes et traditionnelles de la monarchie ou de la religion, il semble effectivement qu'aucun de ses auteurs ne pouvait éclipser la liberté au nom du bonheur. À l'appui de cette thèse, bien étayée dans le recueil, on peut mentionner les éclairages de F. Vergara qui signalait déjà dans *Les fondements philosophiques du libéralisme*, que l'un des fondements les plus solides du libéralisme est bel et bien l'utilitarisme.

Quelques-uns des textes suivants du recueil adoptent une position davantage tournée vers l'empirique, en mêlant utilement théorie et histoire des faits.

Dans son texte sur l'école historique allemande, K.-H. Schmidt adopte un tel positionnement : il s'intéresse à la mise en place de lois de sécurité sociale en Allemagne à la fin du XIXe siècle. D'une certaine façon, il prend la question à revers : il permet de voir que des décisions fondamentales, qui peuvent relever du libéralisme de la liberté ou du bonheur, ont été provoquées par un certain nombre d'éléments ressortissant davantage de l'histoire des faits que de l'histoire des idées, comme la paupérisation des classes ouvrières, les mouvements sociaux revendiquant certains droits, etc. Plutôt que de partir de grands principes moraux ou philosophiques, l'analyse de l'émergence de nouvelles institutions sociales part ici des évolutions de la vie économique et sociale dans une communauté donnée.

L'analyse menée par H. Hagemann au sujet de la pensée d'Adophe Lowe s'avère à ce sujet particulièrement riche. Plutôt que d'opposer liberté et bonheur, Lowe cherche les voies d'une conciliation entre liberté individuelle et ordre social. Comme l'explique Hagemann : « Le prix de la liberté est pour l'individu sa volonté de se conformer aux contraintes spécifiques et aux contrôles qui se manifestent en tant que structures, institutions et règles. Le fonctionnement de ces dernières dépend de facteurs subjectifs tels que leur compréhension et leur approbation par ceux qui sont contrôlés. » [p. 135] Le concept de « conformité spontanée » est alors, comme le remarque Hagemann « la combinaison idéale d'auto-détermination individuelle et d'ordre macro-social » [p. 136]. Un tel concept autorise une forme d'aller-retour entre règles sociales et préférences individuelles, qui enrichit la compréhension des sociétés libérales. Une forme « d'individualisme enraciné dans la responsabilité sociale », pour reprendre les termes de Hagemann.

Sur le plan conceptuel, cette dernière formule n'est pas si loin de la conception hégélienne de la société libérale. Le texte de R. Ege et B. Walraevens, qui est consacré à Hegel, en apporte une intéressante démonstration. Les auteurs visent à considérer de façon critique l'affirmation, due à Rawls lui-même, selon laquelle Hegel serait de manière univoque un auteur relevant du libéralisme de la liberté. En insistant sur le fait que Hegel est lecteur attentif d'Adam Smith ou Ferguson, les auteurs mettent l'accent sur le fait qu'il y a chez Hegel une place primordiale accordée à la notion de bonheur : au sein de la société civile, l'individu, « le bourgeois », est à la recherche de son bonheur, de la satisfaction subjective de ses désirs. Ceci passe par le travail, et les relations sociales induites. C'est une première modalité de réalisation de la subjectivité humaine. Dans cette sphère se crée entre les individus une forme d'interdépendance – le système des besoins –, illustrée par la division du travail, et donc une forme organique de sociabilité. Cette activité essentiellement économique de satisfaction de ses besoins constitue pour l'individu une occasion importante d'émancipation, même si celle-ci n'est sans doute que partielle. Cependant si cette société civile, celle des hommes économiques, réalise déjà d'une certaine façon l'universel, elle le fait en quelque sorte à l'insu des individus (c'est une forme de ruse de la raison). La réalisation pleine et consciente de la liberté individuelle passe par une autre sphère, qui rend possible la précédente : celle de l'État, au sein duquel l'individu peut déployer sa vie de citoyen. C'est grâce aux règles de Droit édictées par l'État que peut s'émanciper pleinement l'individu. Les institutions politiques, auxquelles participent les individus-citoyens libres, garantissent en quelque sorte la stabilité de la société au sein de laquelle les individus-bourgeois poursuivront leur bonheur. L'individu raisonnable, éduqué à une forme d'éthique altruiste par les institutions de l'État, encadre l'individu rationnel poursuivant son bonheur. Grâce à cette forme d'éducation à l'Autre, l'individu saisit qu'il ne peut atteindre pleinement son bonheur que dans une forme de relation aux autres, instituée dans l'État qui préserve sa liberté. C'est en cela que Hegel est un auteur de la réconciliation entre liberté et bonheur : il démontre leur complémentarité.

Arrivé au terme de ce parcours théorique, le recueil entreprend une sorte de mise en application de cette idée de réconciliation, cherchant à forger un outil théorique opérationnel qui enrichirait la théorie économique des préférences. Cette incarnation théorique plus précise de l'idée de réconciliation entre liberté et bonheur passe par le concept de métapréférence. Il nous semble que cette idée, prometteuse, ne trouve pas complètement son aboutissement ici – des pistes intéressantes sont ouvertes, néanmoins. Cette troisième partie, par ailleurs, offre plusieurs mises en perspective critiques éclairantes de la théorie économique standard du consommateur.

Partie III : incarner la réconciliation : le concept de métapréférence

Les contributions de Claude d'Aspremont et Maurice Salles situent la théorie du choix social (TCS) dans cette réflexion sur libéralisme et justice. Tous deux soulignent à leur manière le caractère très flexible de cette théorie qui, à un certain degré d'abstraction, n'est qu'un cadre formel pouvant accueillir divers contenus philosophiques. L'opposition libéralisme de la liberté/libéralisme du bonheur prend dans la TCS la forme d'une dichotomie entre doctrines téléologiques, au premier rang desquelles on trouve une forme ou une autre d'utilitarisme, et doctrines déontologiques, où s'intègrent les travaux de Rawls : dans le premier cas, les états sociaux ne sont jugés qu'à l'aune de l'utilité qu'y ressentent les individus ; dans le second, une priorité est accordée aux libertés et aux droits. D'Aspremont montre toutefois que le « welfarisme », entendu sur un plan purement formel, peut fort bien intégrer des éléments relevant des droits, libertés ou opportunités, et ne se réduit donc pas à une approche purement conséquentialiste en termes d'utilité. Maurice Salles, quant à lui, revient sur le théorème d'impossibilité du parétien libéral dû à Sen, qui témoigne de la tension entre liberté et critère de Pareto, et donc d'une certaine manière entre liberté et bonheur. La leçon essentielle de ces deux contributions consiste à rappeler, en tout état de cause, que la TCS est un cadre conceptuel à même d'accueillir des théories éthiques diverses, et sert à montrer la compatibilité logique entre divers axiomes formalisant ces intuitions éthiques.

On peut regretter que ces contributions semblent toutefois un peu connexes à la problématique générale de l'ouvrage : plutôt que d'aborder explicitement le thème du recueil, elles rappellent les propriétés de la TCS sur un plan un peu général. L'idée de métapréférence, présentée dans le recueil comme le cœur de la question, en tant que possible formalisation d'une réconciliation entre poursuite du bonheur par satisfaction des désirs subjectifs et exercice d'une forme de liberté de l'individu moral capable de réviser ses propres désirs dans une visée d'éthique sociale, est notamment peu abordée – on trouve toutefois chez d'Aspremont une mention de la préférence fondamentale de Kolm, qui s'apparente à une contribution en ce sens, puisque cette préférence fondamentale est en effet, formellement, une forme de métapréférence commune à tous les individus ayant intégré les sources de leurs préférences subjectives dans une autre préférence, nécessairement plus générale et partagée par tous les membres de la société. Cet aspect aurait gagné, dans le contexte de ce recueil, à être développé.

Cette troisième partie du recueil offre, enfin, des mises en perspective critiques très éclairantes de la théorie économique standard des préférences.

L'article de C. Guibet Lafaye et E. Picavet présente les analyses de Rousseau sur la question des échanges et du bonheur des individus. Le pessimisme de Rousseau en la matière pourrait être synthétisé de la manière suivante : le développement des échanges commerciaux dans une société est facteur de réduction du bonheur individuel, car il exacerbe la rivalité, l'envie des individus, accroît les inégalités de richesse mais aussi de pouvoir et de statut social, de prestige, enfin parce qu'il accroît la dépendance mutuelle des individus. Au-delà de cela, les mécanismes d'échanges tendent à modifier les préférences des individus, faisant naître chez ces derniers des sentiments antisociaux qui les conduisent à se satisfaire du spectacle de l'échec d'autrui. Ce tableau est en complète rupture avec le schéma néoclassique traditionnel où l'accroissement des échanges n'est que le vecteur neutre d'un accroissement des possibilités de consommation et donc de jouissances des individus. Dans le contexte du recueil, on pourrait présenter les choses comme suit : chez Rousseau, le développement de la société prend notamment la forme d'une multiplication des échanges, donc d'un accroissement des opportunités ouvertes aux individus et donc d'une certaine manière de l'exercice de leur liberté de choix, et cependant ceci conduit à une réduction du bonheur des individus. En quelque sorte, on a là le contraire de l'éducation des individus rencontrée chez Hegel : chez ce dernier, le progrès de la raison au sein de la société des citoyens conduit à allier de façon paisible recherche du bonheur et liberté ; chez Rousseau, le développement de la société au contraire exacerbe des désirs maléfiques qui conduisent les individus formellement libres sur les marchés à courir à leur malheur.

Les limites de la théorie standard des préférences et du consommateur sont également bien mises en évidence dans la contribution de Claire Pignol au travers de son analyse serrée des *Choses* de Georges Perec. Les héros de ce roman sont à la recherche du bonheur dans une société de consommation, et ont patiemment construit des préférences raffinées, socialement partagées par leurs semblables, qui devraient leur permettre de jouir des biens matériels et de trouver ainsi le bonheur. Pourtant, leur quête ne cesse d'échouer : non pas que la recherche du bonheur par la consommation des biens soit condamnable ou vaine, seulement, les héros du roman de Perec sont déçus, pas tant par les biens matériels eux-mêmes que par la nature de leurs propres désirs : tout se passe comme s'ils étaient dotés d'une métapréférence leur indiquant que ces désirs devraient être changés. La liberté de ces héros, qui les rend capables d'un jugement réflexif sur leurs désirs, les éloignent en même temps sans cesse du bonheur et les plongent dans la frustration – d'autant que, en définitive, jamais ils ne parviennent à clairement identifier quelles préférences révisées pourraient être préférables aux leurs.

Conclusion

Arrivé au terme de ce foisonnant et éclairant recueil, et sans ignorer la variété et la profondeur des analyses qui y sont rassemblées, nous avançons un élément qui nous est apparu comme une sorte de manque. Une majorité des textes proposés adopte ainsi une démarche purement individualiste, privilégiant le passage par l'individu, l'universel – par des principes moraux anhistoriques. C'est cela qui conduit, nous semble-t-il, à la focalisation affichée sur le concept de préférence individuelle, comme outil d'appréhension satisfaisant du problème. D'autres pistes – d'ailleurs repérables dans certaines contributions du recueil – auraient mérité d'être davantage explorées : penser la liberté de l'individu au sein de conventions, de normes, d'institutions, de groupes, autrement dit conceptualiser le fait que l'individu a une certaine autonomie, mais toujours inscrite dans du social structurant.

Sans doute peut-on chercher dans les tréfonds de la conscience individuelle des principes de morale, et Kant constitue alors un appui important. Mais on peut aussi aller y chercher immédiatement du collectif. D'emblée, immédiatement, l'individu expérimente le collectif, et jamais autre chose (il n'existe pas, en fait, de pur « Robinson »). L'individu ne connaît pas un monde sans les autres. Il est dans la société, mais réciproquement toute la société est, d'une certaine manière, en lui. Il s'agirait alors de penser sa liberté et son bonheur avec cette grille de lecture. De penser son autonomie et son émancipation dans ce cadre. On songe alors à Cornélius Castoriadis – économiste et philosophe qui aurait pu trouver sa place dans un tel ouvrage. Castoriadis rappelle que c'est Kant qui s'inspire de Rousseau, et non l'inverse. Les deux auteurs partagent cette formule : l'individu libre est celui qui obéit aux lois qu'il a érigées lui-même. Kant pense que ces lois sont le produit de la raison universelle activée par chaque individu en son for intérieur. Rousseau, lui, pense que ces lois sont le produit de l'association de citoyens égaux. Si c'est Rousseau qui inspire Kant, et non le contraire, c'est, autrement dit, pour Castoriadis, que la politique n'est pas la réalisation de la morale, mais bel et bien l'inverse : la politique, la société, en se créant et en créant ses lois, crée la morale pour des citoyens libres. On trouve du reste un écho assez net de cette analyse dans la contribution de R. Ege et B. Walraevens consacrée à Hegel.

Plus généralement, l'ouvrage fait le choix d'un individualisme méthodologique parfois un peu trop strict. Peu de place est faite à un mode de raisonnement qui, au lieu de partir de l'individu (intéressé ou moral), partirait de normes sociales, de règles ou de conventions qui, au plan de l'explication, seraient premières. On peut pourtant concevoir que les principes de fonctionnement d'une société libérale ne soient pas nécessairement intégralement produits par la rationalité – fût-elle éclairée de morale – des individus, mais qu'il existe aussi des facteurs proprement sociaux qui façonnent leurs préférences et leurs choix. Il nous semble d'ailleurs, paradoxalement, que l'analyse économique apparemment la plus standard y invite, d'une certaine façon. C'est en effet une manière de lire, nous semble-t-il, le dernier chapitre de l'ouvrage d'Arrow, *Social Choice and Individual Values* : face à l'impossibilité de produire, à partir des préférences individuelles souverainement isolées, exogènes – en quelque sorte « a-sociales » –, un choix collectif satisfaisant, Arrow suggère, comme une voie de sortie de cette impasse, qu'en fait les membres d'une collectivité partagent d'emblée un socle, non discuté, de valeurs communes, qui n'est pas nécessairement le produit d'une morale individuelle, mais qui peut très bien être un ensemble de règles, culturellement situées, et fonctionnant comme une sorte de ciment social permettant la cohésion. C'est grâce à cette hypothèse qu'Arrow parvient à mettre au jour un choix collectif. Certes, Arrow lui-même craint qu'une telle conclusion conduise à une forme de relativisme éventuellement problématique. Mais on pourrait concevoir une capacité des individus à faire évoluer ces règles, sans pour autant dénier à ces dernières une prégnance sur la société.

Le processus démocratique se présente alors comme une modalité en ce sens : la discussion ouverte entre citoyens, sans cesse renouvelée, permet d'approcher une forme de consensus satisfaisant – mais toujours provisoire – pour tous les membres d'une communauté. C'est ainsi que nous lisons la conclusion de l'ouvrage. R. Ege et H. Igersheim synthétisent cette idée de réconciliation entre liberté et bonheur de la façon suivante : au fur et à mesure de son inscription dans la société démocratique, l'individu rationnel développe des attitudes morales qui lui permettent – et c'est là l'exercice de sa liberté – de juger et réviser ses priorités pour y intégrer des éléments éthiques qui font de lui un individu raisonnable, apte à interagir de façon satisfaisante avec autrui. La conceptualisation de cette idée *via* la notion de préférence est-elle pleinement satisfaisante ? En tout état de cause, l'ouvrage convainc le lecteur de ce que cette forme d'allers-retours entre rationalité individuelle et rationalité socialisée constitue une piste d'analyse prometteuse.

Bibliographie

Arrow K. [1963], *Social Choice and Individual Values*, 2e édition. Yale University Press.

Halévy É. [1994], *La formation du radicalisme philosophique*. Paris : PUF.

Prat J.-L. [2012], *Introduction à Castoriadis*. Paris : La Découverte.

Vergara F. [1992], *Les fondements philosophiques du libéralisme. Libéralisme et éthique*. Paris : La Découverte.

13

Rfse

1er sem. 2014

Faire de la sociologie économique avec Pierre Bourdieu

LA DÉCOUVERTE

13

REVUE FRANÇAISE
DE SOCIO-ÉCONOMIE

Rfse

PREMIER
SEMESTRE
2014

Faire de la sociologie économique avec Pierre Bourdieu

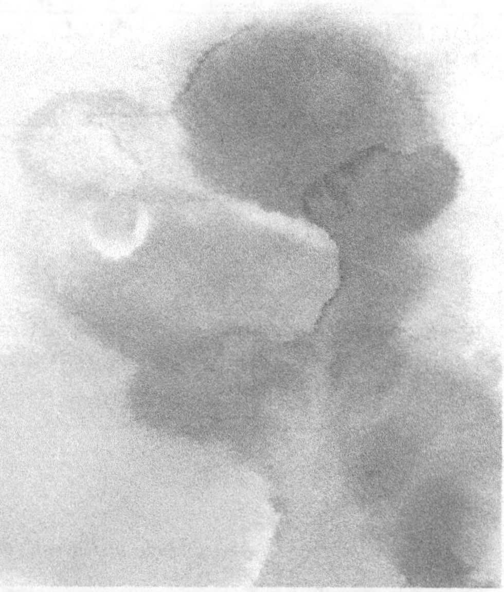

ÉDITIONS **LA DÉCOUVERTE**

L'Harmattan
Édition -Diffusion
5-7, rue de l'École Polytechnique 75005 Paris

Tél. 01 40 46 79 20 (comptoir et renseignement libraires)
Tél. 01 40 46 79 14 (manuscrits et fabrication)
Tél. 01 40 46 79 22 (service de presse)
Fax 01 43 25 82 03 (commercial)
Fax 01 43 29 86 20 (manuscrits et fabrication)

TARIFS PREFERENTIELS ACCORDES AUX ADHERENTS DE L'Association Charles Gide Pour l'Histoire de la Pensée Economique (ACGPE) ou de *l'European Society for the History of Economic Thought* (ESHET). **Joindre les justificatifs.**

BULLETIN D'ABONNEMENT POUR LA REVUE « **CAHIERS D'ECONOMIE POLITIQUE** » (n°s 66 à 67)

NOM : ....

ADRESSE : ....
....

Tarif pour envois en France : 30,80 €

Je joins un chèque de .... € à l'ordre de l'Harmattan. Pour l'étranger, merci de régler en euros sur banque domiciliée en France, par virement sur notre CCP 23 625 44 N Paris ou par carte bancaire VISA n°................................ date d'expiration.........................

BULLETIN D'ABONNEMENT POUR LA REVUE « **CAHIERS D'ECONOMIE POLITIQUE** » (n°s 64 à 65)

NOM : ....

ADRESSE : ....
....

Tarif pour envois à l'étranger 33,80 €

Je joins un chèque de .... € à l'ordre de l'Harmattan. Pour l'étranger, merci de régler en euros sur banque domiciliée en France, par virement sur notre CCP 23 625 44 N Paris ou par carte bancaire VISA n°................................ date d'expiration.........................

Relevé d'identité postale 20041 00001 2362544 N 020 11 PARIS / RC 75 B 3599
SIREN 311 023 121 / SIRET 00024 - APE 221 A TVA FR 88 311 023 121

L'Harmattan
Édition -Diffusion
5-7, rue de l'École Polytechnique 75005 Paris

Tél. 01 40 46 79 20 (comptoir et renseignement libraires)
Tél. 01 40 46 79 14 (manuscrits et fabrication)
Tél. 01 40 46 79 22 (service de presse)
Fax 01 43 25 82 03 (commercial)
Fax 01 43 29 86 20 (manuscrits et fabrication)

BULLETIN DE REABONNEMENT POUR LA REVUE « **CAHIERS D'ECONOMIE POLITIQUE** » (n°s 66 à 67)

NOM : ....

ADRESSE : ....
....

Tarif pour envois en France : 44 €

Je joins un chèque de .... € à l'ordre de l'Harmattan. Pour l'étranger, merci de régler en euros sur banque domiciliée en France, par virement sur notre CCP 23 625 44 N Paris ou par carte bancaire VISA n°................................ date d'expiration.........................

BULLETIN DE REABONNEMENT POUR LA REVUE « **CAHIERS D'ECONOMIE POLITIQUE** » (n°s 64 à 65)

NOM : ....

ADRESSE : ....
....

Tarif pour envoi à l'étranger : 47 €

Je joins un chèque de .... € à l'ordre de l'Harmattan. Pour l'étranger, merci de régler en euros sur banque domiciliée en France, par virement sur notre CCP 23 625 44 N Paris ou par carte bancaire VISA n°................................ date d'expiration.........................

Relevé d'identité postale 20041 00001 2362544 N 020 11 PARIS / RC 75 B 3599
SIREN 311 023 121 / SIRET 00024 - APE 221 A TVA FR 88 311 023 121

Cahiers d'Economie Politique

Bon de commande

à retourner à

Editions L'Harmattan, 5-7 rue de l'Ecole Polytechnique, 75005 Paris

Tél: 01.43.54.79.10, **Télécopie**: 01.43.25.82.03

Page Web (commande en ligne): http://www.editions-harmattan.fr

	Prix en euros	Nb	Montant en euros
N°24-25 Quelles hypothèses de rationalité pour la théorie économique ?	27,44	- -	- - - - -
N°26	21,34	- -	- - - - -
N°27-28 Le libéralisme à l'épreuve : de l'empire aux nations (Adam Smith et l'économie coloniale)	24,39	- -	- - - - -
N°29	13,72	- -	- - - - -
N°30-31: Keynes, économie et philosophie	27,44	- -	- - - - -
N°32	16,77	- -	- - - - -
N°33	21,34	- -	- - - - -
N°34 Qu'a-t-on appris sur la relation salaire-emploi depuis Keynes ?	22,87	- -	- - - - -
N°35	13,72	- -	- - - - -
N°36	16,77	- -	- - - - -
N°37 Qu'a-t-on appris sur la concurrence imparfaite depuis Cournot ?	28,96	- -	- - - - -
N°38	18,29	- -	- - - - -
N°39 J.R. Hicks, Une œuvre multi-dimensionnelle	21,35	- -	- - - - -
N°40-41 Lectures de J.R. Commons	25,90	- -	- - - - -
N°42	18,00	- -	- - - - -
N°43	17,50	- -	- - - - -
N°44 Qu'a-t-on appris sur les institutions ?	20,50	- -	- - - - -
N°45 Qu'a-t-on appris sur le prêteur en dernier ressort ?	25,00	- -	- - - - -
N° 46	17,50	- -	- - - - -
N° 47 Les économistes et la démocratie. Qu'a-t-on appris depuis Schumpeter ?	22,00	- -	- - - - -
N° 48	21,00	- -	- - - - -
N° 49 L'agent économique : théorie et histoire	21,00	- -	- - - - -
N°50	22,00	- -	- - - - -
N°51 Les économistes autrichiens 1870-1940	27,50	- -	- - - - -
N°52	18,50		
N°53 Rousseau : philosophie et économie	17,50	- -	- - - - -
N°54	20,00	- -	- - - - -
N°55 David Ricardo 199 ans après	16,50	- -	- - - - -
N°56	22,00	- -	- - - - -
N°57 Éditer des économistes	28,50	- -	- - - - -
N°58	21,00	- -	- - - - -
N°59 Pauvreté et misère dans l'histoire de la pensée économique	25,00	- -	- - - - -
N°60	22, 50	- -	- - - - -
N°61 Qu'a-t-on appris sur la répartition du revenu en macroéconomie depuis les années de haute théorie ?	24,50	- -	- - - - -
N°62	24,40	- -	- - - - -
N°63 De la concurrence parfaite : definitions, usages et fondements	25,00	- -	- - - -
N°64	32,00	- -	- - - -
N°65 Philosophie économique	26,00	- -	- - - -

CES PRIX DOIVENT ETRE MAJORES DE 4 € POUR FRAIS DE PORT

TOT. ____________

Achevé d'imprimer par Corlet Numérique - 14110 Condé-sur-Noireau
N° d'Imprimeur : 108891 - Dépôt légal : juin 2014 - *Imprimé en France*

www.ingramcontent.com/pod-product-compliance
Lightning Source LLC
LaVergne TN
LVHW011256061026
849535LV00005B/1276
* 9 7 8 2 3 4 3 0 3 8 6 8 1 *